KB261987

또 파??????

눈먼 돈, 대한민국 예산

256조 예산을 읽는 **14**가지 코드

정광모 지음

시대의창

또 파? 눈먼 돈, 대한민국 예산

지은이 ㅣ 정광모
삽화 ㅣ 장봉군
펴낸이 ㅣ 김성실
편집주간 ㅣ 김이수
편집 ㅣ 박남주 · 천경호
마케팅 ㅣ 이동준 · 이준경 · 강지연 · 이유진
디자인 · 편집 ㅣ (주)하람커뮤니케이션(02-322-5405)
인쇄 ㅣ 중앙 P&L(주)
제본 ㅣ 대흥제책
펴낸곳 ㅣ 시대의창
출판등록 ㅣ 제10-1756호(1999. 5. 11)

초판 1쇄 인쇄 ㅣ 2008년 5월 20일
초판 1쇄 발행 ㅣ 2008년 6월 2일

주소 ㅣ 121-816 서울시 마포구 동교동 113-81 4층
전화 ㅣ 편집부 (02) 335-6125, 영업부 (02) 335-6121
팩스 ㅣ (02) 325-5607
이메일 ㅣ ckh1196@hanmail.net(책임편집자)

ISBN 978-89-5940-105-5 (03300)
값 13,500원

또 파????

눈먼 돈,
대한민국 예산

"이 바보야, 문제는 예산이야"

《또 파? 눈먼 돈, 대한민국 예산》, 처음 제목을 보았을 땐 정부 예산을 다룬 책이라 '의미'는 있지만 '재미'는 없을 거라고 생각했다. 그런데 웬걸, 그게 아니었다. 모든 국민을 향해 "이 바보야, 문제는 예산이야"라고 말하는 게 아닌가? 이 책의 메시지는 바로 그것이다. 저자는 글을 점잖게 썼지만, 독하게 말하자면 다음과 같은 이야기가 되지 않을까?

"예산은 쥐뿔도 모르고 관심조차 없는 언론과 지식인들이 언로言路를 독식해 뜬구름 잡거나 싸움질에 관한 이야기만 하느라 국민의 관심을 예산으로부터 멀어지게 만들고 있다. 눈먼 돈을 붙들기 위한 사생결단식의 전쟁이 벌어지고 있는데도 그들은 천하태평이다. 이거야말로 진짜 대對국민 사기극이다."

눈먼 돈을 붙들기 위한 사생결단식 전쟁은 그것만으로 끝나는 게 아니다. 한국 정치와 행정의 전반적 과정에 심대한 영향을 끼친다. 전국에 걸쳐 무슨 선거에서건 후보자들이 이구동성으로 입을 맞춘 듯이 하는 말이 있다. "나 중앙에 줄 있다. 나 돈 끌어올 수 있다. 나는 아예 중앙부처 옆에 가서 살란다. 돈 못 끌어오면 죽을란다."

어느 곳, 누구의 것이건, 지방자치단체와 국회의원의 홈페이지를 들어가보라. 중앙정부가 지방자치단체에 나눠주는 특별교부세를 따낸 성과로 가득하다. 이걸 못 따내면 그야말로 '죽음'이다. 민선 도지사와 시장이 처음 선출된 1995년 7월 이후 임명된 행정부지사와 부시장은 모두 100여 명인데, 이 가운데 행자부 출신이 90명을 넘는 이유도 바로 여기에 있다.

이런 '줄 장사'가 정치와 행정의 주요 메뉴가 되는 나라의 민주주의가 어찌 생산적일 수 있겠는가. 당연히 치열한 '줄 전쟁'이 벌어질 수밖에 없다. 지하에 잠복해 있다가 선거 때만 되면 어슬렁거리고 나타나는 지역주의라는 괴물의 정체도 따지고 보면 바로 그 '줄 전쟁'의 산물이다. 내 고향 사람이 권력을 잡아야 튼튼한 줄이 생긴다는 믿음, 그것이 한국형 지역주의의 알파요 오메가다.

사정이 이와 같음에도 우리는 좀처럼 예산에 대해 말하지 않는다. 의례적인 정부 발표 정도가 끝이다. 뭘 알아야 비판도 할수 있을 게 아닌가. 정치는 과잉이지만, 권모술수와 전략전술에만 미쳐 돌아가는 과잉일 뿐, 예산은 관심 밖이다.

신문엔 예산 낭비를 비판하는 기사가 자주 실리는데, 그게 웬말이냐고 항변하려는가? 묵은 신문철을 들춰보시라. 매년 비슷한 시기에 비슷한 기사가 지겨울 정도로 반복되고 있다는 걸 금방 알 수 있을 것이다. 이게 비판인가? 정녕 이런 게 비판이란 말인가?

우리 언론이 즐겨 쓰는 '혈세血稅'라는 말은 새빨간 거짓말이다. 별 생각 없이 습관적으로 써대는 상투어 그 이상의 의미는 없다. 언론인들이 정말 예산이 혈세라고 믿는다면 지금처럼 직무유기를 범할 수는 없으리라. 공무원들과 정치인들이 변하지 않으면 안 되게끔 언론부터 기존 정치·경제 보도의 틀을 대폭 뜯어고쳐야 한다.

예산을 분배하는 투명하고 공정한 게임의 룰을 만들자. 이 분야에 관해서는 혁명적인 정보공개제를 실시하자. 우리는 그런 정도는 얼마든지 할 수 있는 역량을 가진 국민이다. 눈먼 돈을 붙잡기 위해 그 수많은 엘리트들의 주요 역량이 탕진되는, 이 기막힌 현실을 바로잡지 않고서는 정치·행정의 선진화는 요원하다.

저자는 이러한 문제의식과 답답함으로 이 책을 썼으리라. 저자는 '예산실명제'를 하자고 했다. '책임'이라곤 눈곱만큼도 없는 예산 관련 정치·행정의 도덕적 타락을 바로잡기 위해서다. 죽을 때까지 책임을 물어야 한다. 내 돈 같으면 벌벌 떨면서 아껴 쓸 돈도 예산이라면 쓰레기 내버리듯이 함부로 써대는 작태를 바로잡지 않고서는 이 나라가 결코 바로설 수 없으리라. 이 바보들아, 문제는 예산이다!

전북대 신문방송학과 교수

강 준 만

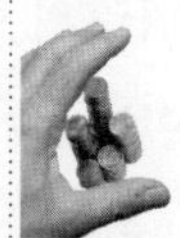

예산과 재정의 관점에서
국가와 그 미래를 바라보다

오래전 노무현 전 대통령이 국회의원 하던 시절에 이렇게 토로하는 것을 들은 적이 있다. "내가 국회의원을 해보니 법률과 회계를 잘 안다는 것이 아주 큰 도움이 되더라. 어떤 공무원도 이 두 잣대로 따지고 들어가면 막히지 않는 사람이 없었다."

법률적 근거와 재정적인 부분을 파고들면 대부분 항복하고 만다는 것이다. 노 대통령은 상고 출신인데다 변호사 출신이므로 이 두 가지 기능을 다 갖추고 있는 셈이었다.

기본적으로 대한민국은 법치주의국가이므로 법률이 중요하다는 것은 두말할 나위가 없다. 법에 근거하지 않은 행정은 있을 수 없다. 또 모든 행정처분과 정책결정은 예산의 고려와 뒷받침 없이 이루어질 수 없다. 따라서 예산은 한 나라의 정책과 행정의 방향 그리고 미래를 결정하는 중요한 요소가 아닐 수 없다. '법률과 예산' 이 두 가지 요소야말로 모든 행정과 정치, 아니 경제와 사회의 요체다.

국회에서 의원 보좌관생활을 하면서 의정활동에 직·간접적으로 참여해온 정광모 씨가 펴낸 《또 파? 눈먼 돈, 대한민국 예산》은 이런 점에서 아주 유익하고 의미 있는 책이다. 나라의 예산이 중요함에도 불구하고 이에 대해 제대로 설명하고 있는 책이 없기 때문이다. 따라서 이 책이 가지는 의미는 자못 크지 않을 수 없다.

나라의 예산이 한해 256조에 이르는데 사실 그 예산이 마련되고 분류되어 어디에 사용되는지 제대로 아는 사람은 드물다. 자신의 호주머니에서 나가는 돈에 대해서는 신경을 쓰지만 막상 그 돈이 어디에 어떻게 집행되고 있는지 챙겨보는 사람은 거의 없는 것이다. 그렇다고 국회에서 제대로 통제하는 것도 아니다. 예결산위원회가 몇 달 동안 활동하긴 하지만 국민들의 시각에서 제대로 따지고 고치고 대안을 내지는 못한다. 더구나 국회의원들은 흔히 자신의 지역구나 이해관계 단체들의 로비에 따라 예산을 책정하는데 보통 마지막까지 끌어당기기를 계속하다가 한꺼번에 통과시켜버린다.

미국은 유명한 싱크탱크 중의 하나인 해리티지 재단이 미국 정부의 예산 편성에 대해 독자적인 의견을 정리하여 하나의 책자로 매년 발행하고 있다. 나는 과거 참여연대 사무처장 시절에 해리티지 재단의 사례를 모델로 국가예산의 올바른 편성에 대한 방향과 구체적 대안을 마련해보려 한 적이 있었다. 그런데 그 일을 할 만한 사람을 찾기가 어려웠다. 공인회계사들은 기업회계만 알고 공공재정에 대한 것은 알지 못했다. 재정학자들 역시 이론에는 밝았지만 구체적으로 정부예산의 편성과 대안을 만들어

낼 만큼 경험과 실무적 지식을 가지고 있지 못했다. 이런 상황에서 정부예산안에 대한 제대로 된 감시와 대안을 만들지 못해 아쉬워했었다.

그러나 이 책의 저자인 정광모 씨는 정부예산을 14가지 테마로 나누어 꼼꼼하게 분석하고 비판했다. 그리고 그 하나하나에서 우리의 혈세가 어디에 어떻게 쓰이는지를 아주 자세하게 보여주었다. 또 이런 예산의 편성과 지출에 대한 혜안과 비판에 그치지 않고 보다 바람직한 예산제도와 운용을 위한 다양하고도 구체적인 대안을 제시했다. 예산을 잘못 사용한 공무원들에게 책임을 물을 수 있도록 '예산실명제'를 제안한 것도 그 하나의 예다.

국민 누구나가 세금을 내고 있고 정부예산의 혜택을 받고 있다. 따라서 예산은 온 국민의 관심사가 되어야 한다. 정광모 씨의 이 책을 계기로 우리 국민들이 예산에 좀더 관심을 가질 수 있었으면 한다. 다시 한 번 좋은 책을 내 준 정광모 씨에게 축하와 격려의 말을 전한다.

희망제작소 상임이사

박 원 순

'10대 재정' 사업을 전개하자

이명박 정부가 예산 20조 원을 줄인다고 한다. 찬성한다. 낭비되는 예산이 많기 때문이다. 그런데 어떻게 20조 원이나 되는 예산을 줄이는 걸까? 그리고 줄인 돈은 어디에 쓰는 걸까? 아마 정부는 감세 카드를 활용할 것이다. 법인세를 내리고 유류세를 깎아주며 소득세도 내릴 것이다. 줄어드는 돈만큼 지출을 줄이는 것이다.

20조 원은 어마어마한 돈이다. 이 20조 원을 어디에 쓰느냐에 따라 우리 사회의 분위기가 달라질 수 있고 사회가 나아가는 방향도 바뀔 수 있다. 그런데 우리 사회는 예산 줄이는 것에만 관심을 쏟을 뿐, 줄인 예산이 어떻게 사용되고 있는지에 대한 논쟁은 없다.

우리 사회의 가장 큰 문제는 주거와 교육과 의료다. 바꿔 말하면 주거비와 교육비와 의료비에 많은 돈이 들어간다는 것이다. 그런데 20조 원이면 주거와 교육, 의료 문제를 해결하는 획기적인 돌파구를 열 수 있다. 좋은 자리에 장기전세주택을 지을 수도 있고, 저소득층을 위한 대학등록금 지원 재단을 만들 수도 있다.

20조 원이면 사회 진로를 바꿀 수 있다

우리나라는 4명 중 1명의 어린이가 아토피를 앓고 있다. 아토피 때문에 이민을 가는 가정이 있을 정도다. 보건복지가족부는 2008년 처음으로 아토피와 천식에 대한 예산 27억 원을 마련했다. 그것도 일반예산이 아니라 담배에 부과하는 국민건강증진기금에서 나온 돈으로 말이다.

스스로 목숨을 끊는 대학 강사가 늘고 있다. 그들의 월 평균 수입은 90만 원 정도다. 최저생계비도 못 받는 것이다. 고급인력을 이렇게 대우하는 나라의 국가경쟁력이 살아날 수 있을지 의문이다. 국가 재정으로 모든 문제를 해결할 수는 없지만 국가가 시간강사의 강의료를 올리는 대학에 인센티브를 주고, 시간강사만을 위한 우수논문 지원 제도를 만들어 임기제 '국가교수'로 임명할 수는 있다. 국가가 최소한의 사회안전망을 마련하는 것이다.

살기 어렵다 보니 자살하는 사람이 하루가 다르게 늘고 있다. 하루 30명이 넘는다. 경제협력개발기구OECD 국가 중 최고 수준이다. 정부는 '자살 예방 5개년 종합 대책'을 세웠지만 제대로 실행하지도 못했다. 돈이 없기 때문이다. 2007년의 '자살 예방' 예산은 공익광고비를 빼면 단돈 1억 7000만 원에 불과하다.

학자들은 입만 열면 인문사회학이 위기라고 말한다. 그런데 공공도서관의 도서구입비 예산을 올리는 것만으로도 인문사회학은 살아날 수 있다. 막힌 숨통을 뚫을 수 있다.

이처럼 우리나라의 개혁진보진영이나 보수진영은 구체적인 문제를 해결할 수 있는 예산에는 크게 관심을 갖지 않는다. 국민생활과 밀접한 주택문제와 사교육비 문제를 꾸준히 파고들어 해결책을 내놓는 싱크탱크도 거의 없다. 대신 거대담론은 넘쳐난다.

우리는 정부가 정책을 발표하면 그 정책이 그대로 실행된다고 생각한다. 그러나 그렇지 않다. 정책을 실현하기 위해서는 재정을 마련해야 한다. 그런데 예산을 책정하고 심사하고 집행하는 과정에서 재정 문제로 본래의 사업 내용이 달라지는 경우도 많다. 우리 사회는 권력만 잡으면 뭐든지 할 수 있다는 슈퍼맨 증후군에 빠져 있다. 그러나 돈이 없으면 아무 일도 할 수 없다. 예산은 바로 정책과 연결되어 있기 때문이다.

재정은 국가 운영의 물질적인 기반입니다. 재정을 어떻게 쓰느냐에 따라서 국가의 성격이 달라질 수밖에 없습니다. 산업도 달라지고 고용도 달라집니다. 사람들의 사는 방식도 달라지고 삶의 질도 달라집니다. 그런데 재정에 대해서는 관심이 없어요. 권력만 잡으면 뭐든지 다 할 수 있다고 생각합니다. 권력 잡아봤는데 뭐했습니까? 달라진 게 없어요. 막대한 재정을 땅 파고 공사하는 데 쓰고 있습니다.[1]

국민생활에 꼭 필요한 '10대 재정' 운동이 필요하다. 예산은 정치의 핵심이다. 1조 원이라는 돈을 앞에 두고 주택문제 해결을 이야기하면 정책만 난무하다 끝나는 일은 없을 것이다. 2000억 원이라는 돈을 놓고 대학생 등록금 문제 해결을 말하면 탁상공론

[1] 홍성태, 〈운하는 망국의 길이다〉, 《인물과 사상》, 2008년 3월호, 37쪽.

에만 머물지는 않을 것이다. 또 200억 원을 들고 아토피 문제 지원방법을 모색하면 전문가들의 열띤 토론을 이끌어낼 수 있을 것이다. 20조 원은 이렇게 써야 바람직하다. 이것이 '국민성공시대'의 예산이다.

'예산비평'은 정치와 삶의 뒷면이다

언론에는 영화비평부터 시사칼럼까지 많은 비평이 올라온다. 그런데 정작 국민 생활에 커다란 영향을 끼치는 예산비평은 거의 없다. 예를 들어, 노무현 정권 5년 동안 풀린 개발보상금은 103조 원인데 2007년에만 29조 원이 넘었다. 김대중 정부의 2.8배 수준이다. 이로 인해 개발예정지의 땅값은 뛰었고, 풀린 보상금이 다시 집값을 끌어올렸다. 안타깝게도 우리는 이 돈을 한국 사회의 문제를 해결하는 데 쓰지 못했다. 그리고 제대로 된 예산 비평도 하지 못했다. 모든 예산은 사회진로와 국민생활과 직결되어 있는 것이다.

우리 언론은 정치 과잉이다. 정치인들의 한마디 한마디를 대서특필한다. 반면 정치의 이면인 예산비평은 정치기사에 비해 덜 자극적인지 관심이 적다. 하지만 국민 생활과 직결되어 있다는 측면에서 본다면 정치인의 말을 보도하고 분석하는 것보다 예산 비평이 훨씬 더 값지다. 거칠게 말하면 사람은 거짓말을 하지만 돈은 거짓말을 하지 않는다.

서울 중구청이 2007년 말까지 숭례문 야간경비업체에 지급한 돈은 월 30만 원이었다. 하지만 그마저도 무상경비를 약속한 KT텔레캅으로 바뀌었다. 화재방지시설은 소화기 8대와 소화전이 전부였다.

숭례문 수문장 교대식 행사에는 연간 17억 원을 쓴다. 그리고 중구청이 2007년 가로수를 소나무로 교체하기 위해 배정한 예산은 16억 원이었다. 또 서울시는 2008년부터 3년간 보도블럭 교체에 5000억 원이 넘는 돈을 쓴다.

숭례문이 불탄 건 결코 우연이 아니다. 어떤 사업에 얼마나 많은 재정을 쏟는가와 관심도의 크기는 비례한다. 숭례문과 우리 문화재가 그동안 받은 대우를 생각해보면 숭례문이 자신의 몸을 불태워 우리에게 경고를 했는지도 모른다. 낙산사 화재로도 부족했던 것이다.

매년 국정감사 때가 되면 언론에서 예산낭비와 부정비리를 질타하는 목소리가 높아진다. 그런데 똑같은 예산낭비 유형이 매년 되풀이된다. 모두의 책임은 무책임이듯이 이들 예산은 내 호주머니 속의 돈이 아니기 때문에 절실한 비평 대상이 되지 않는다. 국민들과 언론들은 한번 둔중한 톤으로 질타한 것으로 제 역할을 다한 것이라 여긴다.

결국 예산을 많이 차지하는 쪽은 로비력이 강한 이익집단이다. 부분의 이익은 전체의 이익보다 강하다. 이것이 건설예산이 줄지 않는 이유다. 반대로 국민생활에 큰 영향을 끼치는 예산은 쉽게 줄어든다. 이들은 숫자는 많으나 조직화되어 있지 않기 때문이다.

우리는 모두 예산에 대해 발언할 권리가 있다. '내 돈'이 들어

갔기 때문이다. 실업자들에게도 권리가 있다. 그들이 마시는 술과 담배에는 주세와 담배세가 들어 있기 때문이다.

정부가 예산을 책정하고 국회에서 심사한 뒤, 집행하는 과정을 살펴보면 우리사회의 작동 원리와 문제점이 무엇인지 알 수 있다. 이것을 가지고 구체적인 개선책을 만들 수도 있다. 이건 펜과 말로 하는 담론이 아니라 돈을 놓고 하는 논쟁이라 생생하고 효과가 빠르다.

그런데 언론은 정부가 국회에 예산을 제출하는 10월이나 되어서야 예산분석 자료를 낸다. 그러나 이때는 이미 늦다. 정부 예산안이 거의 그대로 국회를 통과하기 때문이다. 또 많은 언론들은 정부의 보도자료에 기대 기사를 쓴다. 그런데 그 기사들은 나라 살림이 이렇게 되니 국민살림은 저렇게 변한다는 다 똑같은 내용이다. 따라서 3월에 정부 부처가 예산안을 만들 때부터 비평 작업은 시작되어야 한다. 좀더 꼼꼼한 예산 추적 작업이 필요한 것이다.

'예산실명제'를 하자

법은 공무원의 신분을 보장한다. 그래서 잘못된 정책으로 예산을 낭비한 공무원이 있다 해도 뇌물을 받지 않았으면 처벌하기 힘든 것이다. 도로와 철도의 수요예측을 잘못해서 수천 억, 수조 원의 예산을 '최소운영 수입보장'이라는 명목으로 건설회사에 안겨준 공무원들도 법적으로 어떻게 할 수가 없다.

그러나 예산을 낭비한 공무원의 이름은 반드시 알아둬야 한다. 사업을 하다보면 어쩔 수 없이 발생하는 낭비도 있지만, 관련 기업과 유착되었거나 로비로 인해 시작한 사업으로 생긴 낭비도 있다. 또 결과를 뻔히 알면서도 단기간의 성과를 위해 일을 벌이는 경우도 있다. 그러므로 '모두의 돈'인 예산을 누가 어떻게 사용했는지 추적할 수 있도록, 예산을 기획하고 운용한 부처의 과장과 국장, 차관과 장관 이름이 예산사업에 붙어 다니도록 해야 한다.

예산사업은 몇 년 후에 효과가 나타난다. 터무니없는 곳에 예산을 사용해도 오랜 시간이 지난 후에야 그 결과를 알 수 있을 때가 많다. 그런데 그때가 되면 그 사업을 담당했던 고위 공무원들은 다른 부서로 옮겨간 경우가 많아 책임을 추궁하기가 어렵다. 따라서 '예산실명제'야말로 훗날 그들이 장관이 되거나 선거에 출마하거나 영전할 때 그 사람을 평가할 수 있는 자료가 될 것이며, 나아가 우리 국민들의 생활고 해결의 열쇠가 될 것이다. '공적인 일'의 평가와 자료 축적이 매우 빈약한 우리 사회에서, 예산에 대한 냉정한 비평 그리고 구체적인 평가는 예산 낭비를 없애는 시발점이 될 수 있을 것이다.

국회에서 일한 지 4년이 되었다. 예산을 심사할 때마다 이 과정이 국민 생활에 얼마나 큰 영향을 미치는지에 대해 절실히 느낀다. 국회는 많은 자료가 넘쳐나지만 국회의원이나 보좌진 개인의 암묵지를 정리한 책은 드물다. 또 예산을 다룬 책은 거의 없다. 그래서 이 책을 쓰게 되었다. 하지만 흔히 하는 말로 '내공'이 부족하다는 것을 많이 느낀다. 예산은 단지 돈만을 의미하는 게 아니다. 사회 구조, 정치 관행, 국민의식, 가치관 등과 연결된 복합체이기도 하다. 인문사회적인 예산비평을 하려고 노력했지만

나의 일천한 지식으로 다 담아내기도 어려웠거니와 국민 생활과 직결되는 주요 부분인 보건과 국방, 기금 등 넣지 못한 부분도 많다. 이 부분은 기회가 되면 매진해 정리할 계획이다.

이명박 정부가 들어서면서 정부 부처의 이름이 많이 바뀌었다. 기획예산처는 기획재정부로, 행정자치부는 행정안전부로, 건설교통부는 국토해양부로 바뀌었다. 이 책에서는 특별한 경우를 제외하고는 종전의 부처 이름이 사용된 자료를 그대로 인용했다.

이 책이 나오기까지 항상 격려해주신 조성래 의원님과 바쁜 와중에서도 많은 자료를 구해준 국회 보좌진 김범모, 김상숙, 김승연, 김정훈, 김천우, 박선게, 신평우, 유경선, 이미영, 임정진, 정정훈, 최수정 님 그리고 예산결산특별위원회의 박정녀 님께 감사드린다. 또 함께 자료를 정리한 한주연 그리고 책 쓸 용기를 불어넣어주신 서인석 보좌관에게도 감사드린다. 아울러 책을 출판할 수 있도록 기회를 만들어준 시대의창에도 고마움을 표한다.

이 책을 통해 앞으로 '대한민국 예산'이 '우리 모두의 돈'이 될 수 있기를 바란다.

2008년 5월

정 광 모

C**O**NTENTS 또 파? 눈먼 돈, 대한민국 예산

CHAPTER

01 **경로의존**의 희생물, 지방공항 *023*

CHAPTER

02 국제경기대회 유치와 **재원 전쟁** *043*

CHAPTER

03 영어마을과 **구별 짓기** *063*

경로의존의
희생물,
지방공항

어떤 제도나 조직도 일단 생기고 나면 웬만해서는 없애거나 바꾸기 어렵다. 규모가 커지고 역사가 쌓이면 운영방식은 고착되고, 스스로 확대 재생산하려는 경향마저 생긴다.

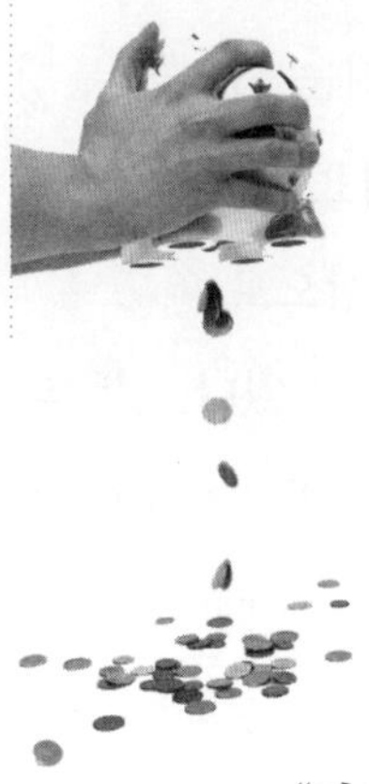

"과거에 지나온 경로가 미래의 진행 방향을 결정한다." 이를 '경로의존'이라 부른다. 영英연방 국가에서 차량의 좌측 통행 관행은 이제 바꿀 수 없는 제도가 됐다. 운전대의 위치와 교통체계가 여기에 맞춰졌기 때문이다. 1868년 크리스토퍼 숄수Christopher Latham Sholes가 창안한 배열방식QWERTY이 영문타자기의 표준이 된 것도 단지 그것이 처음 나왔기 때문이다. 그 후에 아무리 좋은 대안이 나와도 이미 제도로 굳어진 자판 배열을 바꾸지 못했다.

이와 마찬가지로 어떤 제도나 조직도 일단 생기고 나면 웬만해서는 없애거나 바꾸기 어렵다. 규모가 커지고 역사가 쌓이면 운영 방식은 고착되고, 스스로 확대 재생산하려는 경향마저 생긴다.[1]

그런 점에서 '누가 유리한 공간을 먼저 차지하는가'의 문제는 엄청난 결과를 낳을 수 있다는 점에서 굉장히 중요하다. 예를 들어, 영국은 선발 자본주의 발전의 길을 밟았기 때문에 세계경제에서 별다른 경쟁 없이 유리한 고지를 선점할 수 있었다. 그러나 독일과 같은 후발 자본주의 국가들은 달랐다.[2]

우리나라에서도 유리한 고지를 먼저 차지하려는 치열한 투쟁이 많이 있었다. 경부고속도로와 고속철도가 대표적인 예다. 그리고 최근에는 지방공항 건설이 새로운 투쟁 대상으로 떠오르고 있다. 그런데 이 투쟁에서 막대한 예산이 낭비되고 있다. 전국의 15개 공항 가운데 인천, 김포, 김해, 제주, 광주를 제외한 지방공항 10곳은 만성 적자로 인해 애물단지로 전락한 지 오래다.

'세계공항 서비스 평가 2년 연속 1위' '전세계 항공화물 유치 실적 2위', 이는 2007년 인천공항이 달성한 실적이다. 인천공항은 2002년부터 2008년까지 약 4조 원을 들여 공항시설을 확충하고 있다. 4000미터 활주로를 신설하고 여객계류장을 60곳에서 108곳으로 늘릴 예정이다. 이에 비해 지방공항의 현실은 참담하다. 강원도의 국제공항인 양양공항은 2006년 하루 평균 국제선 이용객 수가 11명에 불과했다. 국내선을 포함한 전체 탑승률도 33퍼센트 수준이다. 2006년에만 약 129억 원의 적자를 기록한 양양공항은 지방공항 중 최악의 성적표를 냈다.

한국공항공사는 인천공항을 제외한 국내 14개 공항을 운영하고 있다. 그런데 그 중 2006년에 흑자를 기록한 공항은 김포, 김해, 제주, 광주 등 네 곳 뿐이다. 그나마 광주공항은 당기순이익이 1억 원 정도로 거의 본전 수준이다. 한마디로 3개 공항이 나머지 공항을 먹여 살리는 꼴이다.

지방공항의 적자행진

한국공항공사 직원들조차 "특단의 조치가 이뤄지지 않는 한 윗돌을 빼 아랫돌을 괴는 식의 구조가 바뀌기는 어렵다"고 말하는 실정이다. 지방공항이 이처럼 속을 썩이게 된 근본 원인은 구체적인 수요 예측에 근거하지 않고 마구잡이식으로 공항을 건설했다는 데 있다. 상당수 지방공항이 정치권의 입김에 따라 지어졌다는 것은 공공연한 비밀이다. 지난 2004년 폐쇄된 경북 예천공항은 별칭이 '유학성 공항'으로 불릴 정도로, 정치권의 입김에 의해 지어진 지방공항의 대명사였다.[3]

2007년 11월 개항한 무안국제공항을 가보자. 겨우 20여 명의 승객만이 서성거리는 모습이 마치 한적한 시골 역 대합실에 와 있는 느낌마저 들게 한다. 국제선은 아예 개점휴업 상태다. 명색이 국제공항인데도 외국인 모습은 찾아보기 힘들다.

2007년 11월 현재 무안공항 국제선은 무안과 중국 상해, 심양을 오가는 노선에 주週 7편이 운항되고 있고, 국내선 역시 무안과 김포를 오가는 노선에 주 7편이 전부다. 즉, 하루에 국제선 1편, 국내선 1편이 운항되는 것이다. 농협 무안국제공항 지점장은 "하루에 환전하는 여행객이 많아야 4명가량에 불과하다"고 전했다.[4]

사정이 이러니 광주공항과 무안공항이 국제노선 배분을 둘러싸고 서로 다투고 있는 실정이다. 건설교통부가 2007년 11월 8일 무안국제공항을 개항하면서 광주공항의 주 11편 국제노선을 무안공항으로 옮겨간다고 발표하자 광주의 지역단체들이 반발하고 나선 것이다. 2007년 10월, 광주상공회의소 등은 광주 쌍암공

원에서 '광주공항 국제선 무안공항 이전 반대 광주지역 경제인 총궐기대회'를 개최했으며 광주시도 이전계획 철회를 촉구하는 성명을 내는 등 광주지역의 반발이 거셌다.[5]

그렇다면 무안공항은 아무것도 얻지 못했는가. 아니다. 공항이 있으면 연결도로가 만들어지게 마련이다. 현재 무안공항과 광주를 연결하는 고속도로가 건설 중이고 2008년 6월에 개통될 예정이다.

이 외에도 지방공항을 둘러싼 예산 낭비사례는 많다. 예천공항은 1997년부터 계류장·청사·주차장을 짓기 시작해 2002년 12월에 완공했다. 총공사비는 386억 원이었다. 그런데 완공 9개월 만에 운행을 중단했다. 승객이 없기 때문이다. 또 양양국제공항은 2003년 상반기에 월 6300만 원의 수익을 올렸다. 그런데 월 평균 전기요금이 약 3500만 원이었다. 두 달 치 전기요금도 내기 힘든 상황인 것이다.

이미 2003년부터 지방공항의 적자는 심각한 상태였다. 이처럼 지방공항이 실패한 가장 큰 원인은 정부의 판단 착오에 있다. 공항 개발을 책임지고 있는 건설교통부가 1999년 12월 마련한 공항 개발 장기 기본계획을 살펴보자.

건교부는 예천, 강릉, 속초 등 10개 지방 공항 시설이 한계용량에 도달했다고 내다봤다. 특히 예천공항은 항공 수요가 1999년 17만 명, 2005년 59만 명에서 2020년에는 131만 명으로 늘어날 것으로 분석했다. 그러나 지난 2003년, 9개월 간 예천공항을 이용한 승객은 1만 8000명에 불과했다.

양양공항 건설은 대선공약으로 시작되었다. 건설비로 3567억 원이 소요되었다. 추가로 건설되는 울진공항, 김제공항 역시 모두 대통령 후보의 선거 공약이었다. 그리고 이들 공항 건설에는 막대한 예산이 책정되었다. 울진공항에 1257억 원, 김제공항에 1474억 원씩이 책정된 것이다. 그러나 이들 공항이 제 구실을 할지는 알 수 없다. 한 항공사 관계자는 "지금 있는 공항도 파리를 날리는데, 새로 건설되는 공항이 잘 되겠느냐"며 공항 건설을 부정적으로 내다봤다.[6]

울진공항은 1999년에 착공해 1100억 원이 넘는 돈을 들여 10년 넘게 공사를 계속하고 있지만 개항 시기가 불투명하다. 그리고 공항으로써 장래마저 어둡다. 항공기 정비 전용이나 군용으로 이용하는 방안을 추진하고 있으나 주민들의 반발이 거세다.[7]

2006년, 건설교통위원회 국정감사에서 지방공항 활성화 대책을 묻는 의원에게 이근표 한국공항공사사장은 저가 항공사 진입을 확대하면 상당한 효과가 있을 것이라고 답변했다.[8] 그러나 열차에 비해 탑승시간이 오래 걸리고 탑승절차가 까다로운 지방공항에 저가 비행기가 뜬다고 해서 승객이 늘어나지는 않을 것이다. 그리고 저가 비행기는 제주노선에서만 수지가 맞을 뿐이다. 그렇다고 국제선을 유치하기도 어려운 일이다.

보상비를 480억 원이나 들인 김제공항은 건설을 중단한 후 그 부지를 농민들에게 고구마밭으로 임대하고 있다. 2006년에는 임대료로 1억 4395만 원을 받았고 2007년에는 8554만 원을 받았다.

원래 정부와 전라북도는 1999년부터 2010년까지 1474억 원을 들여 김제공항을 지을 예정이었다. 그리고 지금까지 480억 원을 들여 편입용지 46만 5000평에 대한 보상을 완료했고 실시설계와 현장사무실을 짓는 등 사업에 착수했다. 그러나 공사는 2003년 9월부터 중단된 상태다.[9]

한국공항공사에 따르면 양양공항과 목포공항 등 10개 공항은 2006년에만 401억 500만 원의 적자를 기록했다. 이들 10개 공항에서 하루에 1억 원 이상씩 적자가 발생한 것이다. 1년 전인 2005년의 339억 6000만 원에 비해서도 61억 4500만 원이나 늘어난 것이다. 양양공항은 연간 4억 9800만 원의 수익을 올렸지만 시설관리비로만 무려 133억 8800만 원이 들어가 128억 원의 적자를 냈으며, 여수공항은 58억, 포항, 울산, 청주공항도 각각 43억 원씩의 적자를 냈다.

하루 왕복 한 편씩이 운행 중인 목포 공항은 하루 이용객이 25명에 불과하지만 항공사와 협력업체 직원, 경찰, 군인 등 상주인원은 85명이나 된다. 탑승인원을 연간으로 환산하면 9125명으로, 목포공항이 이들로부터 거둬들이는 1인당 4000원씩의 공항이용료를 모두 합하면 1800만 원에 불과하다. 공항공사 직원 한 명의 평균연봉 6200만 원에도 턱없이 못 미친다. 양양공항 역시 하루 이용객이 76명인데 비해서 항공사와 협력업체 직원, 경찰 등 상주인원은 180명이나 된다.[10]

그런데 왜 이렇게 이익이 나지 않고 이용객도 없는 지방공항이 늘어나는 걸까? 그건 지역구민들이 원하기 때문이다. 지역구민들이 간절히 원하는데 정치인과 자치단체장이 움직이지 않을 수 없는 것이다.

지역구민이 공항을 원한다

영남권은 지금 '동남권 공항'을 요구하고 있다. 지금의 인프라로는 항공 물동량 수송이나 해외 투자 유치 활동 그리고 1300만 명에 이르는 주민들의 해외 나들이에 이르기까지 불편한 점이 한 둘이 아니라는 이유에서다. 이에 따라 부산, 대구, 울산, 경남, 경북 등 이른바 영남권 5개 광역자치단체장과 상의 회장단이 2007년 10월 한덕수 국무총리를 방문해 '동남권 국제관문 공항' 조기 건설을 거듭 촉구했다. 그리고 영남 언론들은 동남권 허브 공항은 영남권 발전에 꼭 필요한 인프라라고 주장했다.[11]

한나라당 대통령 후보 경선에서 이명박 후보와 박근혜 후보도 동남권 공항 건설에 찬성했다. 노무현 전 대통령 역시 2007년 10월 31일 김해공항 2단계 확장공사 준공식에서 "앞으로 15년 정도는 김해공항으로도 큰 불편이 없겠지만 공항 개발이 10년 이상 소요되는 사업이라는 점을 감안하면 미리부터 준비해야 한다"면서 "신공항 건설은 지금 당장이 아니라 앞으로의 지역 발전 전망에 근거해서 검토해야 할 것"이라고 말했다. 또 "장기적인 안목으로 미래수요에 차질 없이 대비할 수 있어야 한다"고 강조했다.[12]

그렇다면 앞으로 있을 수요예측이나 타당성 조사는 누가 할 것인가? 그건 용역업체를 통해 적절하게 만들면 되는 것이다. 뜻이 있으면 길이 있게 마련이니까 말이다.

2004년, 감사원의 공항 확충사업 감사에 따르면 전라북도는 호남고속전철 운행으로 김제공항의 항공수요가 65퍼센트 이상 감소될 것으로 예상되는데도 17퍼센트 정도만 감소되는 것처럼 꾸미는 등 수요예측을 일부러 높인 것으로 나타났다. '편익/비용 (B/C)' 값이 0.63 정도인데 1.19로 경제적 타당성을 맞춘 것이다 ('편익/비용(B/C) 비율'이 1보다 크면 경제성이 있다고 한다). 무안공항 역시 B/C 값이 0.49에 불과했지만 편익항목으로 산정하지 않는 공항 임대수익 등을 편익항목에 포함시키는 등 B/C 값을 1.49로 만들어 사업을 시작했다. 또 울진군은 연간 43만 2000명(2020년 기준) 정도인 울진공항의 서울노선 수요를 59만 1000명으로 예측하는 등 공항 영향권역을 지나치게 넓게 잡아 0.9 이하인 B/C 값을 1.45로 만들었다.

감사원은 항공수요의 경우 고속철도 영향권에 있는 노선은 최고 80퍼센트까지 수요가 감소한다고 발표했다. 이에 따라 김해공항은 최고 57퍼센트, 대구공항은 최고 80퍼센트, 광주공항은 최고 66퍼센트, 목포공항은 최고 64퍼센트 정도 수요가 감소한다고 밝혔다.[13] 그러나 공항건설을 준비하는 관계자들은 오래전부터 계획되어 있던 고속철도와 고속도로 같은 육상교통 정책과는 사전에 어떠한 조율도 하지 않았다.

그런데 1968년, 경부고속도로를 건설할 당시에 '편익/비용 (B/C)'을 조사했다면 과연 높게 나왔을까? 아마 그렇지 않았을 것이다. 1968년의 일반재정은 2657억 원이었다. 그런데 경부고속도로의 건설비용은 429억 원으로 1968년 재정의 무려 16퍼센트였다. 2008년 예산인 256조 원에 맞게 환산하면 43조 원 정도 되는 금액이다. 당시 재정에 비춰보면 이는 엄청난 돈이다. 그런데 1968년에 전국의 버스는 총 1만 2786대, 승용차는 3만 3112대, 트력은 3만 1582대에 불과했다는 점을 기억할 필요가 있다.[14] 참고로 1970년의 우리나라 1인당 GNP는 242달러였고 1974년에는 483달러였다.[15] 그 당시는 풋보리가 익을 6월쯤에 양식이 떨어지는 보릿고개가 있었고 동네에 흑백 TV가 한 대밖에 없어 그 집에 동네 주민들이 모두 모여 TV를 보던 시절이었다. 따라서 B/C 값은 무척 낮았을 것이다.

지방공항들이 만성적자에 시달리고 있는 이유는 정확한 수요예측보다는 정치논리에 따라 공항을 건설했기 때문이다. 건설교통부가 2006년에 내놓은 제3차 공항개발 중장기 종합계획(2006~2010)에는 1995년부터 2004년까지 국제선 항공여객은 연 4.2퍼센트, 화물은 연 6.1퍼센트씩 증가했으나 국내선 항공여객과 화물수요는 고속도로와 고속철도 등 육상교통체계의 강화와 복합적인 요인이 작용해서 오히려 감소하고 있다고 나와 있다.

그런데 정확한 수요예측에 따른 사회기반시설 공사가 의미하는 것은 무엇일까? 가령 경부고속도로를 건설할 때는 수요예측이 정확히 맞았을까? 그런데 당시에도 '국도와 지방도로 대부분이 포장도 안 된 자갈길 그대로인 나라에서 고속도로 건설은 지나친 낭비'라는 비난이 빗발쳤다.

그렇다면 지역주민들이 무리하게 지방공항을 건설하려고 하는 이유가 무엇일까? 경부고속도로 건설이 가져온 결과를 보고 어떻게든 자신의 지역에도 도로와 공항, 항만을 지어야 한다는 강력한 '학습효과' 때문이 아닐까? 모든 국민들이 경부고속도로로 인한 '경로의존 효과'를 똑똑히 보지 않았던가.

경부고속도로와 근대화의 과실

　　　7월 7일은 '도로의 날'이다. 이 날은 경부고속도로가 완공된 1970년 7월 7일을 기념해 제정했다. 준공일은 일부러 행운의 숫자 '7'이 세 개나 겹친 날로 잡았다고 한다. 한 신문은 이렇게 말한다. "2007년 7월 7일을 맞아 돌아보는 경부고속도로는 나라와 국민에게 큰 행운이었다. 경부고속도로는 대한민국이 전통 농업사회에서 근대 공업사회로 탈바꿈하는 기폭제였다. 국민들은 37년 전 경부고속도로처럼 지금 우리 경제에 새로운 돌파구를 만들어줄 일대 전환점을 기다리고 있다."[16]

　경부고속도로는 1968년 2월 1일에 첫 삽질을 시작해 1970년 7월 7일 개통했다. 그러나 경부고속도로가 대한민국 국민 모두에게 골고루 행운을 가져다준 것은 아니었다. "경부고속도로는 조국 근대화의 길이며 국토통일의 길이다." 추풍령 고개에 세워진 준공기념탑의 글이다. 그런데 여기서 말한 '근대 공업사회'와 '조국 근대화'의 열매는 경부고속도로 축에 있는 지역과 그 지역 주민들이 거의 다 가져갔다.

　고속도로가 들어서면 주위에 산업단지가 들어선다. 그렇기 때문에 도시가 성장하고 인구가 늘어난다. 당연히 부동산 값도 오르고 고용도 많아진다. 또 교통로를 통해 사람과 물자와 문화가 이동하기 때문에 접근성을 높여주는 교통 시설에 대한 투자가 증가한다. 이처럼 교통로의 발달은 각종 산업시설과 사업체의 집중을 촉진하기도 하고 이에 따른 인구 이동과 주택 건설 및 각종 서비스업의 발달을 가져오기 때문에 국토 공간구조의 변화에 큰 영향을 준다.

2001년 말 현재 우리나라의 국가 및 지방산업단지 입주 업체 중 76퍼센트가 고속도로 인터체인지에서 10킬로미터 미만에 위치하고 있다. 국토연구원의 조사에 따르면 고속도로 인터체인지와의 인접성 여부가 제조업체의 입지 결정에서 두 번째로 중요한 요인이라고 한다.[17]

1966년에서 1990년까지의 시·도별 순 인구 이동률을 보면 8개 도는 전출 초과 현상을 보였는데 특히 강원, 충청, 전남, 전북 지방은 1970년대 후반에 들어 전출 현상이 두드러졌다. 이처럼 전입 초과지역과 전출 초과지역이 발생했다는 것은 교통이 편리한 서울~부산 축의 대도시 공업지역으로 소외 지역의 농·어촌 인구가 이동했음을 의미한다.[18]

경부고속도로가 완공된 1970년의 전국 인구는 3224만 1000명이었고 2004년에는 4808만 2000명이었다. 그런데 전북권(전북)의 인구는 1970년 249만 1000명에서 2004년 184만 2000명으로 약 26퍼센트가 줄었다. 광주권(광주, 전남) 역시 410만 1000명에서 330만 9000명으로 약 21퍼센트가 줄었다.

반면, 경부 축인 부산권(부산, 울산, 경남)은 같은 기간 512만 3000명에서 778만 8000명으로 52퍼센트가 늘었고, 대구권(대구, 경북)은 466만 9000명에서 523만 명으로 12퍼센트가 늘었다. 그리고 수도권(서울, 인천, 경기)은 912만 6000명에서 2305만 4000명으로 무려 252퍼센트나 늘었다.[19] 수도권이 경부고속도로 경로의 최종승리자가 된 것이다. 이로 인해 경부고속도로 건설로 1000배 이상

땅값이 뛰어오른 강남 '말죽거리 신화'도 탄생하게 되었다.

이처럼 사회기반시설의 유치가 득이 되는 것을 모든 지역 주민들이 똑똑히 지켜보았기 때문에 이들이 공항과 도로 건설에 매진할 수밖에 없는 것이다. 1970년대 이후로 대한민국 국민들에게 남은 것은 '경부고속도로'였다. 그리고 경부고속도로로 인한 '경로의존 효과'가 모든 사회가치를 압도해버렸다.

그런데 경로는 또 다른 경로를 낳게 마련이다. 정부는 2007년 6월, '동탄 제2 신도시' 개발계획을 발표했다. 이미 경부고속도로를 따라서 분당 신도시를 비롯해 용인 죽전지구·수지지구와 동탄 제1 신도시가 건설된 상태다. 또 앞으로 성남 판교, 수원 광교, 평택 국제화 도시 등이 경부고속도로 주변에 잇따라 들어설 예정이다.[20]

정부는 서울과 용인 그리고 행정중심복합도시를 잇는 제2경부고속도로를 2010년께 착공한다. 이제 수도권 경부 축을 따라 한 걸음만 떼면 신도시라는 깃발을 볼 수 있다. 그런데 수도권에 잇달아 신도시가 건설되는 것을 두고 지방의 반발이 거세다. '수도권 비대화와 지방의 왜소화'를 더욱 심화시킨다는 이유에서다.

경로는 또다른 경로를 낳는다

건설교통부(현 국토해양부)는 2003년 9월 〈서해안고속도로 주변지역 개발계획 수립연구〉라는 두툼한 보고서를 발간했다. 이 보고서는 2001년 말 서해안고속도로 완전 개통 후 새로운 발전지역으로 부상한 서해안지역 개발계획을 연구한 것으로, 서해안고속도로의 개통으로 서해안 지역의 산업, 관광, 주거, 교통 등 모든 분야에서 많은 변화가 예상되며 이미 많은 변화가 발생하고 있다고 말한다. 그리고 서해안고속도로의 개통으로 그동안 침체되었던 남북 간 교통량이 급격히 증가하고, 고속도로 인터체인지 주변 10킬로미터 이내에 많은 기업체가 입주하면서 주변 국도와 지방도로 교통량에 영향을 주어 각 지역별로 교통흐름이 크게 바뀌고 있다고 분석했다. 물론 생산유발효과와 고용효과도 큰 것으로 나타났다.[21]

만약 경부고속도로 대신 서해안고속도로를 먼저 놓았다면 어떻게 되었을까? 한국의 국토 공간과 지역 경제력은 지금과 완전히 달라졌을 것이다.

이해찬 전 국무총리는 2005년 1월, 호남고속철도의 경제성이 없기 때문에 철도가 생기면 그 적자는 국민세금으로 메울 수밖에 없다면서 '호남고속철도 조기 착공 불가' 발언을 했다. 이에 양형일 의원은 "이 총리가 정초부터 호남 지역의 민심에 찬물을 뿌리고 '제2의 비 내리는 호남선'을 만들려 하고 있다"고 비판하면서 "돈이 많이 들고 재정 수요를 감당하기 어렵다는 건 알지만 단기간 수익만 노리고 고속철도를 건설하는 나라는 없다. 당장은 수요가 크지 않더라도 장기적인 안목으로 사회간접자본시설의 경제적 파급효과를 고려해 조기 착공에 나서야 한다"고 주장했다.[22]

한국철도공사는 2007년 11월, 용산국제업무지구 개발사업자로 삼성물산과 국민연금 컨소시엄을 선정했다. 용산 개발사업은 서울 용산구 한강로 일대 56만 6800제곱미터에 약 28조 원을 들

여 152층짜리 물방울 모양의 랜드마크 초고층 빌딩을 비롯해 오
피스텔·아파트·호텔 등을 짓는 초대형 개발사업이다. 미군 주둔
지 용산이 우리들 손에 들어오자마자 제일 처음 한 일이 주위의
국유지를 삼성에 넘겨서 900퍼센트 이상의 가공할 용적률을 적
용한 일이다. 이 사건은 2007년 대한민국의 현실을 보여주는 단
면이다. 최근 국제적인 고층빌딩 건축사업에는 세 가지 모델이
이야기되고 있다. 첫째가 맨해튼 모델, 둘째가 두바이 모델 그리
고 셋째가 '콤팩트 시티(압축도시)' 모델이다. 맨해튼 모델은 이름
그대로 세계 경제의 최상부에 미국이 서고, 그 상층부에 뉴욕이
그리고 그 최정점에 맨해튼이 서는 모델이다.

경로의 마지막 한 자락, 지방공항과 예산낭비

용산 한 곳에만 28조 원을 투입하니 용산은 뉴욕의
맨해튼처럼 될지도 모른다. 이로 인해 용산 주변의 부동산 값은
하늘 높은 줄 모르고 뛰고 있다. 뭐니뭐니해도 이 사건의 가장 큰
피해자들은 '맨해튼 모델'의 전격 도입으로 더욱 더 강화될 '서울
중심주의'에서 소외되는 지방 주민들이다.[23] 앞으로 서울에는 수
많은 도심재개발과 SOC 투자사업이 시작될 것이다. 결국 서울의
부가가치는 계속 올라갈 것이다. 이미 서울과 지방 간의 경로투
쟁은 서서히 마무리되어가고 있다. 아니, 이미 끝났는지 모른다.

전북발전연구원의 한 연구원은 전북에서 '공항문제'는 일종의
신화라고 말한다. 현재 전북의 김제공항은 경제성 문제로 공사가
중지된 상태다. 그는 "베이징에서 인천공항까지는 1시간 반이 걸

리고, 오사카는 1시간이 조금 넘게 걸린다. 그런데 인천공항에서 전주까지 오는데 다시 4시간이 걸린다면 그 지역의 글로벌 경쟁력이 어떻게 살아날 수 있겠는가. 그러고도 전북에게 지방외교를 펼치며 스스로 외자를 유치하고 경제를 발전시키라고 한다면 그건 너무 가혹한 이야기다. 언제까지 전북도민들이 새벽 3시에 일어나 졸린 눈을 비비며 4시간 동안 리무진 버스를 타고 인천공항까지 가서 아침 비행기를 타야 하는가. 전북의 비즈니스맨들도 아침에 일어나 김제공항으로 가서 중국으로 건너가 일과를 보고 마지막 비행기를 타고 전주로 돌아오는 라이프스타일을 갖고 싶어 한다"고 말한다.[24]

경로 의존 현상으로 어떤 경로가 '고착화'되고 나면 새로 시장에 참여하는 집단이 시장을 차지할 가능성은 거의 없다. 예전에는 중앙정부가 지역발전을 좌지우지해왔다. 공항, 항만, 철도, 고속도로 등 주요 간선교통시설을 중앙정부가 계획해서 건설해온 것이다. 그러나 지금은 다르다. 지방은 어떻게든 마지막 경로의 한 자락이라도 붙잡으려고 몸부림치고 있다. 지방공항 건설과 예산낭비는 바로 그 몸부림의 대가다. 지방의 주민과 정치인들이 지방공항의 경제성을 과연 모르고 있을까? 지방공항을 건설하지 않으면 그 돈이 다시 지방에 투자될까? 그렇지 않을 것이다. 아마 수도권 광역교통망이나 인천공항 확장에 쓰일 것이다. 지방공항으로 대표되는 예산 낭비는 '경로의존' 사회의 덫이자 비극인 것이다.

1 김종수, 〈경로 의존성〉,《중앙일보》, 2007년 1월 8일.

2 하연섭, 〈제도분석〉, 다산출판사, 2003년, 186쪽.

3 김재곤, 〈날개 접은 지방공항, 해법은 없나〉,《교통》, 113호, 2007년 7월, 50쪽.

4 김철수, 〈비행기도 없는디 뭔 공항이다요〉,《매일경제》, 2007년 11월 22일.

5 〈무안공항 국제공항으로 인정〉,《내일신문》, 2007년 10월 25일.

6 차형석, 〈비행기 대신 파리 날립니다〉,《시사저널》, 737호, 2003년 12월 11일, 76쪽.

7 〈'천덕꾸러기' 울진공항〉,《연합뉴스》, 2008년 3월 6일.

8 《2006년도 국정감사 건설교통위원회 회의록》, 2006년 10월 30일, 9쪽.

9 이명환, 〈김제공항, 건설 중단 후 경작지로 임대〉,《내일신문》, 2007년 5월 4일.

10 박종환, 〈지방공항, '하루 탑승객보다 상주인원 더 많아'〉,《CBS 노컷뉴스》, 2007년 10월 11일.

11 〈동남권 허브공항 건설 빠를수록 좋다〉,《부산일보》, 2007년 10월 15일.

12 〈노 대통령 "남부권 신공항 건설 내달 결론"〉,《연합뉴스》, 2007년 10월 31일.

13 〈공항확충사업 추진실태 감사결과〉.《감사원 보도자료》, 2004년 6월 14일.

14 경제기획원,《1970년판 경제백서》, 105쪽, 337쪽.

15 김일곤,《한국경제개발론》, 예문관, 1976년, 333~334쪽.

16 김기천, 〈경부고속도로〉,《조선닷컴》, 2007년 7월 6일.

17 조남건,《국토공간의 효율적 활용을 위한 도로망체계의 구축방향 연구》, 국토연구원, 2002년, 35~38쪽.

18 이학원,《한국의 경제개발·국토개발·공업개발정책과 국토공간구조의 변화》, 강원대학교출판부, 2002년, 169~170쪽.

19 건설교통부,《제4차 국토종합계획 수정계획(2006~2020) 부문별 보고서》, 84쪽.

20 최종훈,〈강남 대체 '먼거리' …… 서울 집값 영향 "별로">, 한겨레, 2007년 6월 2일.

21 건설교통부,《서해안고속도로 주변지역 개발계획 수립연구》, 2003년 8월, 119쪽, 519쪽.

22 조계완,〈비 내리는 호남선, 완행열차만 …… >,《한겨레21》, 제545호, 2005년 1월 25일.

23 우석훈,〈'용산 맨해튼'의 승자와 패자>,《시사IN》, 제9호, 2007년 11월 20일, 57쪽.

24 원도연,〈전북도민은 공항을 갖고 싶다>,《경향신문》, 2007년 9월 28일.

국제경기대회 유치와 재원 전쟁

영국 스포츠학자인 스지만스키는 "월드컵의 거시경제적 효과는 없다"고 말한다. 그는 "국가는 스포츠이벤트 유치에 나서면서 경제적 효과를 '창조'하는 나쁜 버릇을 멈춰야 한다"고 주장했다.

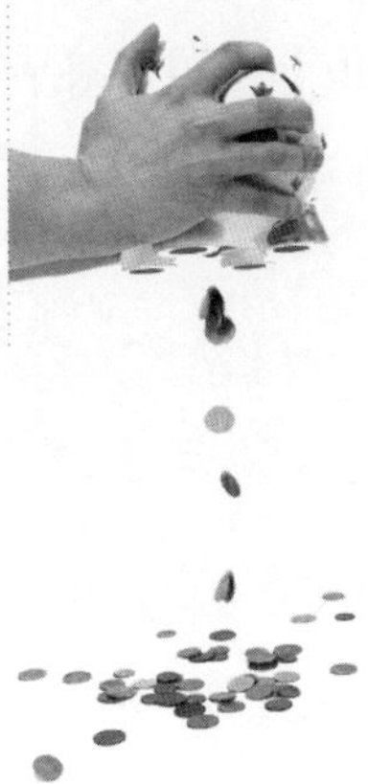

"인천이 세계 10대 도시로 도약합니다." 안상수 인천시장이 '2014년 아시안게임' 유치에 나서면서 한 말이다. 그는 이어서 "21세기는 아시아의 시대입니다. 2014년엔 전세계 GDP의 45퍼센트를 아시아가 차지하게 될 것입니다. 이런 때 아시안게임을 유치하는 것은 국운상승의 계기가 될 것으로 확신합니다"라고 말했다.[1] 모든 지방자치단체는 국제대회 유치에 나서면서 도시 발전과 국운상승을 유치 이유로 내건다. 올림픽과 월드컵을 치렀지만 우리 국민들에게 그 정도론 미진하다. 아직 우리의 '국운'은 상승하지 않은 것이다.

국제대회 유치를 통해 국운상승을 꾀한다는 우리의 의지는 확고하다. 그래서 우리의 대회 유치 노력은 절실하다 못해 비장하기까지 하다. 88올림픽 유치활동이 어땠는지 살펴보자.

1981년 9월, 올림픽유치단이 바덴바덴으로 출발하기 전 안기부장 유학성은 유치단에게 '결사항전'을 주문한다. 그리고 정주

영을 위시한 유치단에게 이렇게 이야기했다. "올림픽 유치에 실패할 경우, '지중해 푸른 물'이 기다리고 있을 겁니다."[2]

이와 같은 한국의 필사적인 작전과 달리 나고야는 일본정부의 협조마저 거부하고 지자체 위주의 순수한(?) 유치활동을 펴나갔다.[3]

국제대회와 국운상승

과연 우리가 올림픽을 유치할 수 있을까 하고 반신반의하던 옛날과 달리, 월드컵을 유치할 때는 언론과 전 국민들이 유치전에 동참했다. 언론은 개최국의 국민 호응도도 중요하다면서 월드컵 붐을 조성하는 데 앞장섰다. 신문들마다 "세계로 가는 월드컵, 우린 해낼 수 있어요"라는 캠페인을 전개했고, 기업들은 전면광고를 통해 "월드컵 유치야말로 '21세기 코리아'를 만드는 큰 전환점이 될 것입니다"라고 외쳐댔다.

방송사들은 매일 내보내는 고정 프로그램으로도 모자라 앞다투어 특집 프로그램을 제작하고 이벤트를 기획했다. 미국과 유럽에서까지 '월드컵 유치를 위한 열린 음악회'가 열리기도 했다. 또 곳곳에서 월드컵 유치 지원모임도 열렸다.[4] 우리의 '스포츠 민족주의' 저력은 이처럼 강력했다.

그러나 올림픽과 월드컵이 '21세기 코리아'를 만드는 큰 전환점이 될 수는 없었다. 올림픽과 월드컵은 분명 나라의 축제였지만 이러한 일회성 대형 이벤트로 나라 전체의 틀을 바꾼다는 것은 애당초 불가능한 목표였다. 그런데 이런 유치 열기는 지방자치단체로도 고스란히 전해졌다. 그러나 헌신적인 노력을 기울였음에도 불구하고 대회 유치가 실패하면 그만큼 충격도 크게 마련이다.

2014년 동계올림픽 개최지가 발표된 2007년 7월 5일, 러시아 소치가 개최지로 결정되자 평창 주민들은 넋 나간 듯 굳은 표정이 되었다. 일부 주민들은 "지난 8년간 그렇게 간절히 소망했는데…… 어떻게 또 이럴 수가 있느냐"며 울음을 터뜨리기도 했다. 주민들은 한동안 말을 잃은 채 자리를 뜨지 못했고, 유치위원회 관계자들은 굳은 표정으로 눈물만 삼켰다. 그리고 폭탄을 맞은 듯 시가지 전역에 침울한 기운이 감돌았다. 각 거리응원장에 마련됐던 축하시설물은 바로 철거됐다.[5]

최근 여러 자치단체들이 국제스포츠 행사를 유치하겠다고 밝혔다. 이미 대구는 2011년 세계육상선수권대회를 유치했고 인천 역시 2014년 아시안게임 개최권을 획득했다. 이러한 가운데 광주가 2013년 여름 유니버시아드 유치를 노리고 있고, 청주는 2017년 동아시아경기대회, 부산은 2020년 하계올림픽 유치를 이미 선언한 바 있다. 이 정도다보니 지역마다 이 대열에 끼지 못하면 팔불출이란 말까지 나올 정도다.[6]

원래 정치인들은 올림픽, 월드컵 같은 메가 스포츠 이벤트나 대규모 국제행사를 좋아한다. 이처럼 '폼'나는 게 없기 때문이다. 쉽게 말하면 방송과 신문에 자신의 얼굴을 홍보할 수 있는 가장 좋은 기회인 것이다. 어떤 면에서는 공장을 유치해서 지역주민들에게 일자리를 제공하는 것보다 100배, 1000배 매력적이다. 또 우리나라처럼 '스포츠 민족주의' 토양이 우수한 곳에서는 이른바 '묻지마 유치'도 일어나고 있다. 돈이 들어오건 나가건 모든 것을 '경제효과'로 포장해서 선전하면 대회 준비가 '고생길'이건 '세금길'이건 주민들은 다 좋아하게 마련이니까 말이다.[7]

그러나 평창 동계올림픽 유치를 정치인들뿐 아니라 지역 주민들까지 열렬히 희망한 이유는 또 있다. 지역 발전 때문이다. 올림픽은 단기간에 막대한 지역 홍보 및 지역경제의 진흥을 가져온다. 그리고 나라의 재원 배분 경쟁에서 한층 유리한 고지에 설 수 있도록 해준다. 나라 돈을 당겨쓰려면 여기에 걸맞는 명분이 있어야 하기 때문이다.

따라서 평창 동계올림픽 유치 실패는 바로 지역개발 실패를 의미한다. 당초 건설교통부는 평창이 2014년 동계올림픽 개최지로 최종 확정되면 도로, 항공, 철도 등 교통 인프라 건설에 6조 원(민자 1조 5418억 원)을 투입할 계획이었다. 그러나 유치 실패로 3조 8500억 원이 들어가는 '원주~강릉 간 철도복선화 사업' 등을 원점에서 재검토해야 할 처지에 놓였다. '알펜시아' 등 경기시설 조정도 불가피하다.[8] 물론 부동산 값도 더 이상 오르지 않는다.

평창 동계올림픽 타당성 조사 보고서는 올림픽 개최에 따른 총생산액 유발효과가 11조 5166억 원, 부가가치 유발액이 5조 1366억 원, 고용증대 효과가 14만 3976명에 이른다고 추정했다. 대회 유치용 통계를 그대로 믿기는 어렵지만 그 중 강원도에서의 총생산 유발효과는 전체의 54.5퍼센트를 차지했다.[9] 효과 계산 방식이 문제가 있긴 하지만 대부분 국가예산을 투입한 건설효과다.

국제대회와 지역개발사업

결국 강원도는 평창 동계올림픽에 세 번째 도전할 수밖에 없는 처지에 놓였다. 강원도는 2007년 9월, 2018년 평창 동계올림픽 유치에 재도전하겠다는 의사를 밝혔다. "강원도 의회와 강원도 시장군수협의회 등 도내 각급기관과 단체들로부터 재도전 촉구 결의 및 건의가 있었고, 국민 여론도 재도전을 지지"하기 때문이다.[10]

김진선 강원지사는 "대한민국이 국민소득 2만 달러를 넘어 3만 달러를 향해 도약하기 위해서는 반드시 평창 동계올림픽이 필요하다"고 말했다. 그는 평창 동계올림픽 유치를 '대한민국 올림픽의 완성'이라고 규정하기까지 했다.[11]

그러나 강원도가 올림픽을 포기할 수 없는 상황에 처했다고 보는 것이 더 정확할 것이다. 가장 큰 문제는 8년 동안 꾸려온 유치위원회 사무국을 해체해야 한다는 점이다. 그렇게 되면 강원도에서 파견된 많은 공무원들이 다시 제자리로 돌아가야 한다. 또 유치를 포기한다는 것은 이제까지 유치활동을 위해 지원받았던 수백억 원의 국고를 포기한다는 것을 의미한다. 어쨌든 돈이 들어와 사용할 수 있는데 이를 굳이 마다할 이유가 없다. 중앙정부로부터 약속받은 올림픽을 위한 지역개발사업을 계속 진행시키기 위해서라도 '올림픽 정국'은 계속 이어져야 하는 것이다.[12]

국제경기대회는 아니지만 '2012년 엑스포'를 유치한 여수는 도로와 항만, 철도 등 사회간접자본에 8조 원을 투자한다. 경제효과도 약 10조 원으로 서울올림픽의 두 배 이상이며 월드컵과 비숫한 수준이다. 또 엑스포 개최를 계기로 상대적으로 낙후돼 있는 여수 일대가 미래형 해양도시로 변모하는 계기가 될 수 있다고 한다.[13] 그야말로 뒤떨어진 지역발전을 단박에 뒤집을 수 있게 된 것이다. 이것이 바로 '한 방' 효과다. 1993년, 대전엑스포가 끝난 뒤 '황량한 엑스포공원'만 남긴 했지만 이 문제는 나중에 생각해도 될 이야기일 뿐이다.

대구는 '2011년 세계육상선수권대회' 유치에 성공했다. 당연히 재원배분 경쟁에서 대구는 우위에 설 수밖에 없다. 대구는 2007년 7월, 문화관광부를 통해 국회 '국제경기대회 지원 특별위원회'에 대회 비용 1927억 원 가운데 963억 원의 정부 지원을 건의했다.

그러나 이 자리에 참석한 특위 소속 대구 출신 한나라당 이해봉 의원과 김석준 의원 등은 "2014년 아시안게임을 치르는 인천도 4조 9000억 원의 예산을 책정했는데, 1900억 원이 말이 되느냐"면서 "대회 비용을 1조 원 이상으로 올리라"고 호통을 쳤다.

이에 대구는 급히 대회 예산을 1조 8997억 원으로 올리고 처음 계획의 10배가 넘는 1조 원을 정부가 지원해줄 것을 건의했다. 새로 짠 계획서에는 순수한 대회 경비뿐 아니라 경기장 진입로 개설비 3700억 원, 육상진흥센터 건립비 480억 원, 장애인 편의시설 2485억 원 등 40가지가 넘는 사업이 들어 있었다.[14]

국제경기대회를 유치하면 특별법으로 정부에서 예산을 지원받을 수 있다. 2007년 11월 국회를 통과한 〈2011년 대구 세계육상선수권대회 및 2014년 인천 아시아경기대회 지원법〉에 따르면, 국가와 지방자치단체는 대회 준비와 운영에 필요한 예산을 지원할 수 있고, 대회 경비를 충당하기 위해 기금을 설치할 수도 있게 되어 있다. 기금은 정부 등의 출연금과 기부금으로 이루어진다. 또 국가와 지방자치단체는 조직위원회에게 대회를 위해 국유재산과 공유재산을 무상으로 사용하게 할 수 있다. 그뿐 아니라 조직위원회는 수익사업을 벌일 수도 있다. 수익사업에는 택지 등 분양사업도 포함된다.

특별법과 대회 예산

이러한 특별법 1조에는 꼭 "대회를 성공적으로 개최하여 국민체육을 진흥하고 국가발전에 이바지"한다는 내용이 들어간다. 그러나 국제대회는 국민 체육이 아니라 엘리트 체육 진흥용일 뿐이다.

올림픽과 아시안게임, 월드컵 개최 때는 이런 특별법이 늘 제정된다. 하지만 나라의 예산은 한정돼 있기 때문에 대회 개최지에 예산이 많이 들어가면 다른 곳은 줄어들 수밖에 없다.

'86 서울 아시안게임' 이후 약 20년 동안은 특별법에 따라 옥외광고 사업도 허용됐다. 그리고 이 기간 동안 옥외광고 사업으로 약 2505억 원의 공공재원이 조성됐다. 지주를 이용한 옥외광고는 광고효과가 크다. 특별법은 갓길로부터 30미터만 떨어져도 광고물을 세울 수 있도록 특혜를 허용했다. 일반법은 500미터 정도니까 당연히 경쟁상대가 될 수 없다.

국제대회 기금 조성용 야외광고물은 총 353개였다. 대부분 고속도로와 국도 변에 만들어졌고 약 70퍼센트가 수도권에 위치하고 있다.[15] 우리가 고속도로를 다니며 본 광고판은 대부분 기금조성용인 것이다. 그런데 몇 개 광고업체가 이 옥외광고 사업을 독점해서 불법 거래를 했다는 비난이 크게 일기도 했다. 국제대회를 지원하는 특별법을 통한 옥외광고는 비리를 저지를 수밖에 없는 구조적 한계를 가지고 있다.[16]

그렇다면 국제대회가 과연 대회를 유치한 지역의 발전을 보장할까? '2002년 월드컵'을 살펴보자. 월드컵을 통해 우리 국민들은 상상할 수 없을 정도의 단결력을 세계에 과시했고 자신감을 얻었다. 국민들의 열정과 질서의식도 전세계에 강한 인상을 남겼다. 심지어 신흥시장 국가들의 장기적인 성공을 알리는 신호라고 평가한 미국 학자도 있었다.[17]

이런 열기와 감동적인 축제 문화를 통한 '신명'은 돈으로 계산하기 어렵다. 그러나 이런 무형재산은 우리나라가 16강을 넘어 4강까지 진출하는 바람에 챙긴 '로또'성 이득일 뿐이다. 일단 월드컵 경기장 중심으로 경제효과를 살펴보자.

'2002년 월드컵' 경기장 10곳에 대한 건축비용은 총 1조 9189억 원이었다. 국비 2714억 원, 지방비 1조 3590억 원이 투입되었고 부산은 지방비로 1563억 원, 대구는 2115억 원을 썼다.

지방자치단체 중 재정력이 가장 큰 6대 도시의 1년간 총 투자경비가 부산, 대구의 경우 4000~5000억 원대, 인천, 광주, 대전이 2000억 원대라는 점을 감안하면 지방자치단체의 재정부담은 엄청났다. 더 큰 문제는 월드컵 폐막 후의 시설운영비다.[18]

2003년부터 2006년까지 서울 상암경기장을 제외한 9개 경기장은 모두 적자였다. 부산은 약 12억 원, 대구는 약 124억 원, 인천은 약 85억 원, 전주는 54억 원의 적자를 냈다.[19]

월드컵 경기장 한 곳의 적자가 이렇다. 2001년 완공된 상암경기장은 용지 확정시점부터 서울 서북부 지방의 상권을 분석했고, 경기장에 입점시킬 업종까지 선정해 경기장 설계에 반영하는 바람에 2006년에만 100억 원의 이익을 냈다. 그러나 상암경기장은 서울 도심에 있는 덕이 크다. 서울 도심의 월드컵 경기장만한 땅에 상업시설을 만들었는데 파리 날릴 수는 없는 것이다.

경기장의 감가상각은 매년 진행된다. 유지보수비는 더 큰 문제다. 시간이 흐를수록 급속하게 늘어나기 때문이다. 약간 경우가 다르지만 1985년 개통한 부산의 지하철 1호선은 '돈 먹는 하마'로 전락하고 있다. 23년이 지나자 지하철 레일에서부터 전동차, 방음벽, 신호설비까지 한꺼번에 내구연한이 도래해 매년 수백억 원의 예산을 쏟아부어야 하기 때문이다.[20] 지하철은 대중교통수단이니 그렇다손 치더라도 없어도 상관없는 경기장의 유지보수 비용은 어떻게 감당할 것인가.

경기장의 적자 행진

월드컵으로 관광객이 늘거나 지역경제가 활성화됐다는 곳은 없다. 1993년 아시안게임 유치위원회를 조직해 2002년 아시안게임을 치를 때까지 9년 동안 부산시민들은 들떠 있었다. 그리고 2002년 월드컵도 치렀다. 그러나 대회가 끝나고 부산 시민들에게 남은 것은 거대한 경기장들과 도로 뿐이었다. 반짝 특수로 끝난 것이다. 대회 관계자는 대회 개최로 부산이 얻은 것 두 가지를 든다면 '공무원들의 대회운영능력'과 '경기장 시설'이라고 말한다.[21] 월드컵 직후인 2003년 한 해 동안 5개 신설경기장의 관리 및 운영비는 총 200여억 원이었다. 반면 입장료와 임대수입은 30여억 원에 그쳐 약 170억 원의 적자를 냈다.[22] 부산이 염원했던 경제 활성화는 어디에도 없었다.

부산은 '2002년 아시안게임'을 치른 후 시설유지비를 벌기 위해 경륜사업을 시작했다. 아시안게임을 위해 만든 사이클경기장에 194억 원을 또 쏟아부어 금정경륜장을 만든 것이다. 그러나 개장하자마자 적자였다. 이에 부산시는 66억 원을 다시 지원했다. 그리고 이어서 2004년 140억 원, 2005년 115억 원, 2006년 60억 원의 혈세를 경륜공단에 지원해야 했다. 그러니까 600억 원을 날린 것이다.[24]

스포츠이벤트나 국제행사를 유치하려는 전국의 모든 지자체는 하나 같이 경제효과, 관광객 유치, 지역브랜드 이미지 제고를 유치 이유로 내세운다. 그런데 영국 스포츠학자인 스지만스키는 "월드컵의 거시경제적 효과는 없다"고 말한다. 그는 "국가는 스포츠이벤트 유치에 나서면서 경제적 효과를 '창조'하는 나쁜 버릇을 멈춰야 한다"고 주장했다. 몬트리올 올림픽경기장의 별명은 '큰 빚The Big Owe'이다. 1976년 올림픽을 치르기 위해 지은 이 경기장은 몬트리올시에 엄청난 재정부담을 안겼다. 몬트리올은 30년이 지나서야 그 빚을 다 갚았다. 그리스 아테네도 2004년 하계올림픽 개최 비용이 10조 원에 달하자 책임 소재를 둘러싸고 정치권에서 공방이 벌어졌다.

2000년 시드니 하계올림픽을 유치한 호주는 1만 5000명이 거주할 수 있도록 올림픽단지를 건설했다. 그러나 이 단지는 대회 이후 전혀 활용하지 못해 '유령마을'로 전락한 상태다. 관광객은 2년 만에 25퍼센트나 줄어 당시 지었던 호텔들은 경영난에 시달리고 있다.

우리나라도 하계올림픽, 월드컵, 아시안게임, 동계·하계 유니버시아드, 엑스포 등 웬만한 메가 이벤트들은 다 해봤다. 그러나 행사 하나 했다고 경제가 활성화 된 곳은 없다.[25] 그럼에도 불구하고 한국의 국제경기대회 유치경쟁은 멈출 것 같지 않다. 한국인들만큼 국제경기대회를 사랑하는 민족은 없을 것이다. 큰 판을 벌여보고자 하는 국민들의 욕심도 한 이유겠지만 국제경기대회를 유치하면 지방자치단체가 얻는 이점이 너무 많다는 것이 실질적인 이유일 것이다.

사정이 이렇다보니 지자체는 무조건 유치 분위기를 만들려고 한다. 이미 부산시는 2005년에 '2020년 하계올림픽 부산 유치'를 선언했다. 그런데 마음만 급할 뿐 2007년이 다 가도록 유치 타당성 조사보고서 하나 없다. 2007년 9월, 부산지역 시민단체들로 구성된 '2020년 하계올림픽 유치 범시민 지원협의회'가 주최한 시민토론회가 열렸다. 그런데 여기에 참석한 발제자와 토론자들은 부산 하계올림픽 유치를 찬성하는 사람들로만 구성되었다. 한마디로 '찬반 토론'이 일어날 수가 없는 것이다.[26]

국제경기대회의 과장된 경제 효과와 중앙 재정

올림픽과 같은 국제경기대회를 유치하려는 지자체는 타당성 조사를 먼저 해야 한다. 그리고 문화관광부 등 담당 부처가 그 조사보고서를 바탕으로 검토의견을 제시해서 국무조정실의 '국제행사심사위원회'의 심사를 받아야 한다. 그런 심사와 승인을 거치고 나야 국제경기단체에 '유치의향서'를 보낼 수 있다.[27] 그런데 부산시는 이런 절차를 밟지 않고 대회 유치 선언부터 먼저 했다.

한편, 2011년 세계육상선수권대회는 점점 다가오는데 대구시는 좋은 육상선수를 길러내지 못해 애를 태우고 있다. 대구 세계육상선수권대회에서 스타디움을 누빌 우리나라 선수는 보이지 않는다. 육상인들은 선수 발굴 단계부터 쉽지 않다고 하소연이다. 생활체육을 통한 저변확대가 전혀 되어 있지 않고 육상이 비인기종목이다보니 육상선수 발굴이 어려운 것이다. 전국체전에서는 지자체가 돈을 주고 메달권 선수를 미리 데려오지만 국제대회다보니 그렇게 할 수도 없다. 3년 후, 대구 스타디움에 우리 선수가 없다고 가정해보자. 관중이 들어올 리 없을 것이다. 설사 동원한다 해도 무슨 열기가 있겠는가.[28]

국제경기를 하려면 대회 개막식과 폐막식 그리고 경기를 수행할 수 있는 경기장과 관련시설 및 도시환경정비가 필요하다. 그래서 인천시는 2014년 인천 아시안게임을 치를 주경기장을 새로 짓기로 했다. 원래 아시안게임의 주경기장으로 쓰려고 했던 문학경기장의 관람석이 주경기장 관람석 규모인 7만 석에 못 미친

5만여 석밖에 안 돼 새로 지을 계획이라는 것이다.[29]

또 아시아게임 37개 종목 경기를 치르는 데 필요한 40개 실내·외 경기장 가운데 22개는 새로 짓는다. 인천시는 아시안게임을 위해 주경기장 건설비용 4000여억 원, 경기장 신축과 개·보수에 1조 4342억 원, 체육공원 조성에 1조 7617억 원 등 모두 3조 1959억 원이 필요한 것으로 추산하고 있다. 이에 따라 인천시는 국고에서 30퍼센트를 지원받고 나머지는 선수촌 등의 분양수익과 개발사업을 통한 수익금으로 충당할 계획이다.[30]

인천 문학경기장은 2488억 원을 들여 건설했지만 2003년부터 2007년까지 모두 111억 원의 적자를 냈다. 그렇기 때문에 경기장을 새로 짓는 것은 상식적으로 무리다. 그러나 국회를 통과한 인천 아시안게임 지원 법안이 버티고 있어 다른 방법이 없다.

지방자치단체의 국제대회 유치 경쟁은 앞으로도 끝이 없을 것이다. 대회 유치 경쟁에 뛰어들면 대회조직위원회가 만들어져 공무원을 파견할 수 있으니 지자체로서는 조직과 인력이 늘어 좋을 것이다. 또 대회 유치는 자치단체장의 훌륭한 공적이 된다. 그래서 큰 경기를 유치하거나 유치하는 노력을 하는 동안 단체장은 쉽게 재선할 수 있다. 그뿐 아니라 경기장 건설과 도로공사를 많이 하기 때문에 건설자본도 기뻐한다. 대형 이벤트나 볼거리도 당연히 많아진다. 지역주민들 역시 중앙의 돈을 끌어올 수 있어 좋아한다.

이 모든 것을 위해 국제경기대회의 '경제효과'는 과장되고 보기 좋게 포장된다. 단체장과 지역주민 그리고 중앙정부도 이 사실을 알지만 모른 체 한다.

그러나 어쩌랴. 어차피 이 모든 것은 중앙의 재정을 더 많이 가져오기 위한 전쟁인 것을. 국제경기대회에는 중앙예산 외에 지방비도 많이 들어간다. 그런데 그 돈이면 지역의 대학과 도서관을 육성하고 탁아소를 만드는 데 한량없이 쓸 수 있다. 그러나 이 말은 지자체에 전혀 먹히지 않는다.

우리는 국제경기대회라는 '반짝 효과' 마약에 길들여져 있다. 마약은 언젠가 끊어야 한다. 금단현상이 심하겠지만 살림살이는 훨씬 나아질 것이다.

1 전호성, 〈"세계 10 도시로 도약할 것"〉, 《내일신문》, 2007년 4월 13일.

2 정희준, 〈올림픽과 개발민족주의〉, 《'평창 동계올림픽 유치를 바라보는 3개의 다른 목소리' 발표회 자료집》, 《문화연대》, 2007년 4월 11일. 20쪽.

3 안영도, 《월드컵, 그 환희의 뒤끝》, 비봉출판사, 2002년, 15쪽.

4 강준만, 《축구는 한국이다》, 인물과사상사, 2006년, 208~211쪽.

5 최승현, 〈"8년 열정 물거품" 눈물만 삼켰다〉, 《경향신문》, 2007년 7월 6일.

6 육동일, 〈국제행사 유치 경쟁 이대로 좋은가〉, 《중앙일보》, 2007년 8월 22일.

7 정희준, 〈평창 올림픽, 죽지도 않고 또 오려고?〉, 《프레시안》, 2007년 7월 18일.

8 김동욱, 〈원주~강릉 철도 등 4조 사업 재검토〉, 《한국경제》, 2007년 7월 6일.

9 강원도, 《2014 평창 동계올림픽 개최 타당성 조사보고서》, 2004년. 149쪽.

10 〈'2018 평창 동계올림픽' 재도전 문제와 관련하여〉, 강원도 홈페이지, 2007년 9월 3일.

11 박성원, 〈생산효과만 15조 …… 평창 삼수 포기할 수 없어〉, 《동아일보》, 2008년 3월 4일.

12 정희준, 〈평창 올림픽, 죽지도 않고 또 오려고?〉, 《프레시안》, 2007년 7월 18일.

13 김동욱, 〈10조원 낳은 황금알 …… 월드컵 특수 재현한다〉, 《한국경제》, 2007년 11월 18일.

14 구대선, 〈"국제육상대회 비용 1900억 → 1조 8000억"〉, 《한겨레》, 2007년 8월 2일.

15 행정자치부, 《행정자치백서 2007》, 439쪽.

16 국회문화관광위원회, 〈국제경기대회 개최 지원 등에 관한 특별법안 공청회 자료집〉, 2007년 6월 19일, 24~26쪽.

17 신현암, 《월드컵 이후의 8대 핵심과제》, 삼성경제연구소, 2002년, 2쪽.

18 최진우, 《2002년 월드컵 경기장의 효율적 건설방안》, 삼성경제연구소, 1998년, 13~14쪽.

19 문화관광부 내부 자료, 〈월드컵축구경기장 예산〉, 2007년.

20 이노성, 〈늙고 병든 지하철 1호선 '돈먹는 하마'〉, 《국제신문》, 2008년 3월 3일.

21 소유리, 〈남은 건 경기장뿐 …… 부채만 쌓여〉, 《인천일보》, 2007년 4월 30일.

22 곽태영, 〈과잉투자로 재정부담만 늘 수도〉, 《내일신문》, 2008년 2월 20일.

23 〈'브레이크' 없는 부산 인구 감소 대책은〉, 《부산일보》, 2007년 10월 19일.

24 정희준, 〈올림픽과 개발민족주의〉, 《'평창동계올림픽 유치를 바라보는 3개의 다른 목소리' 발표회 자료집》, 《문화연대》, 2007년 4월 11일. 26쪽.

25 정희준, 〈평창 올림픽, 죽지도 않고 또 오려고?〉, 《프레시안》, 2007년 7월 18일.

26 강춘진, 〈2020 올림픽 부산유치 공론화부터〉, 《국제신문》, 2007년 9월 20일.

27 국무총리 훈령 제 489호, 《국제행사의 유치·개최에 관한 규정》.

28 신동재, 〈세계육상대회는 다가오는데〉, 《중앙일보》, 2007년 11월 15일.

29 최재용, 〈아시안게임 주경기장 또 지어〉, 《조선닷컴》, 2007년 11월 18일.

30 곽태영, 〈과잉투자로 재정부담만 늘 수도〉, 《내일신문》, 2008년 2월 20일.

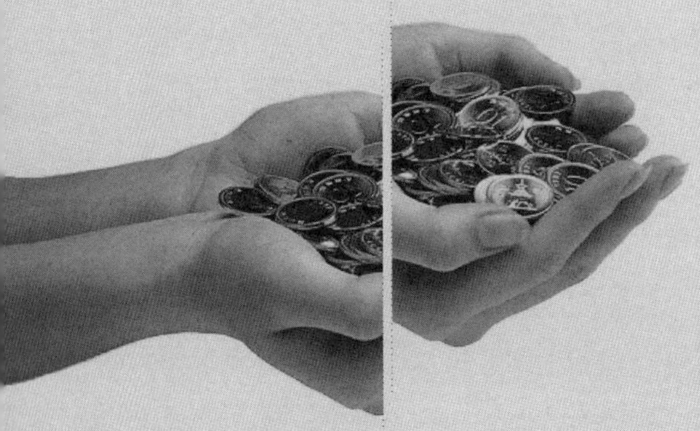

영어마을과
구별 짓기

영어교육학자인 인하대 이현우 교수는 한국의 영어교육 발전을 가로막는 오적으로 대학입시, 상업주의적 비전문교육, 문제풀이식 교육 및 그릇된 처방 등을 들면서 이 모든 것에 앞선 제1의 적은 영어가 경쟁력이라는 믿음이라고 지적했다.

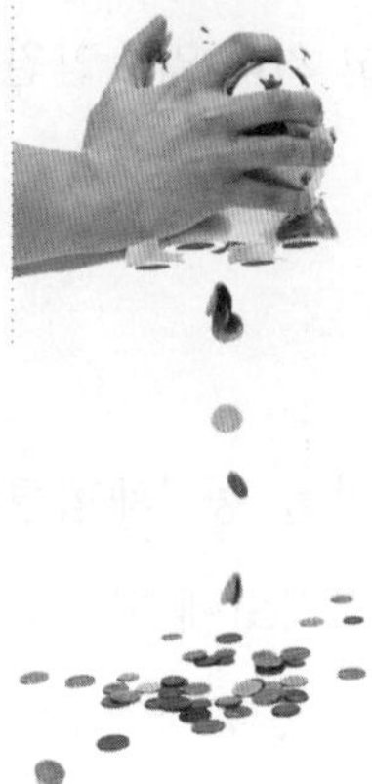

영어마을의 인기가 점점 높아지고 있다. 2006년 5.31 지방선거에서 단체장 공약 1순위가 바로 영어마을 조성사업이었다. 당선된 기초자치단체장 중 44명이 영어마을 조성을 공약으로 내건 것이다. 우리나라 영어마을 1호는 2004년 8월에 문을 연 '경기영어마을 안산캠프'다.

안산캠프의 운영을 살펴보자. 일단 영어마을에 들어오면 마치 외국에 입국하는 것처럼 출입국심사장을 통과해야 한다. 그리고 호텔에서 체크인을 해야 하며 은행에서 영어마을 전용 화폐인 EV달러를 받아 생활해야 한다. 영어마을에는 우체국, 병원, 약국, 잡화점 등의 체험시설과 도서관, 체육관, 강당, 자료실, 방송실, 음악실, 과학실 등의 교육시설 그리고 노래방, PC zone, 휴게실, 식당, 숙소 같은 다양한 편의시설이 갖춰져 있다. 여기에서는 원어민 선생님 및 내국인 선생님과 함께 영어만 사용해야 한다.[1]

안산캠프의 주중반은 경기도의 중학교 단위로 입소할 수 있다. 참가비는 12만 원이다. 4주 방학 집중프로그램도 있는데 경기도의 초등학교 5학년에서 중학교 2학년 학생을 대상으로 운영된다. 개별 신청인데 참가비는 160만 원이다. 그리고 최대 입소인원은 226명이다.

지방선거 공약 1순위 '영어마을'

경기지역 지방자치단체들은 영어마을 등 '체험형 영어교육기관' 설립을 잇달아 추진하고 있다. 경기도에 따르면 개원이 확정되거나 유력한 체험형 영어교육기관 6곳과 경기영어마을 그리고 파주캠프 등 이미 운영 중인 곳을 모두 합하면 2010년경에는 10곳이 넘을 것이라고 한다.[2]

영어마을 설립을 원하는 지역의 여론이 확산되고 경기영어마을이 지역주민들에게 큰 호응을 얻자 다른 지방자치단체들도 저마다 영어마을 설립을 추진하고 있다. 경기영어마을은 영어 공교육 보완시설로 사회 각 층에 부담 없는 대안으로서 제시되었다. 그리고 언론매체를 통해 많이 알려져서 영어마을에 입소 가능한 해당 학년의 자녀를 둔 학부모들은 한번쯤 입소를 고려해보았을 것이다. 이러한 주민들의 관심과 자녀 교육에 대한 열망을 지방자치단체가 묵과할 수는 없을 것이다.[3]

한국교육과정평가원은 경기영어마을에 대해 "아이들이 외국인과 대화하는 것을 두려워하지 않고 영어에 대해 흥미를 갖게 되었다"면서 긍정적으로 평가했다. 그러나 영어마을의 사교육비 경감 효과는 검증되지 않았다. 그리고 영어마을의 수용인원이 적기 때문에 학생들에게 돌아가는 참여 기회도 그만큼 적을 수밖에 없다. 영어마을에 참가한 학생들과 학부모들은 입소기간 연장과 재참여 그리고 참여 기회 확대를 가장 바라고 있다. 따라서 일회성 입소보다 지속적인 참여나 후속프로그램의 개발이 시급한 실정이다.[4]

2007년 10월, 지방자치단체에서 운영하는 영어마을은 서울 3곳, 인천 2곳, 경기 5곳, 전북, 전남, 경남 각 1곳으로 총 13개다. 그리고 설립을 추진하고 있는 곳은 부산, 대구, 울산, 광주, 전남, 경남 등 총 11개 지역이다.[5]

대구시는 공개입찰을 통해 민간과 공동으로 2007년 하반기 대구영어마을을 열었다. 이곳에는 미국에서 수입한 DC-9 항공기를 개조한 체험시설도 있다. 경상북도와 경상북도교육청은 2006년 경상북도의회의 예산삭감으로 무산됐던 영어마을 조성사업을 다시 추진할 방침이다. 경상북도 관계자는 "재정상황이 좋은 경기도도 힘겨워하는 것이 영어마을이다. 그렇기 때문에 경상북도도 대구시 영어마을과의 연계방안 등 다각도로 고민해 가장 효율적인 방안을 찾아야 한다"고 말했다.[6]

영어마을 조성비용을 살펴보자. 광역자치단체 영어마을을 보면 서울시 풍납캠프가 600억 원, 수유캠프가 375억 원, 인천이 25억 원, 경기영어마을 파주캠프가 997억 원, 안산캠프가 84억 원이 소요되었다. 기초자치단체가 운영하는 영어마을 중 조성비용이 가장 많은 곳은 성남시로 55억 원이고, 서울 노원구가 6억 5000만 원으로 가장 적다.

2006년에 흑자를 낸 영어마을은 한 곳도 없다. 가장 많은 적자를 낸 곳은 경기영어마을 파주캠프로 170억 2700만 원이다. 원어민 교사 수도 파주캠프가 85명으로 가장 많다. 안산캠프 역시 33억 5600만 원의 적자를 냈다. 이처럼 적자가 많아지자 경기도는 파주캠프에 100억 원, 안산캠프에 30억 원의 보조금을 지급했다. 가장 적게 적자를 낸 곳은 서울시 풍납캠프로 1억 5800만 원이다.[7]

이렇게 적자가 나자 2007년 6월 김문수 경기지사는 공개적으로 손학규 전 지사의 가장 큰 '치적'인 '경기영어마을'을 비판했다. 그는 경기도의회에서 "우리 경기 영어마을의 적자가 다른 지역의 적자를 합친 것보다 몇 배 많다. 전시성, 낭비예산의 대표적인 사례라고 생각한다. 영어마을에 들인 1700억 원이면 경기도 5개 시·군에 10개의 소방서를 지을 수 있다"고 발언했다.[8]

그렇지만 영어마을 열풍이 식을 것 같지는 않다. 오히려 영어카페와 영어거리로까지 진화하고 있다. 허남식 부산시장과 설동근 부산교육감은 '영어도시 부산' 만들기 실험에 나섰다. 부산시와 교육청은 시민과 학생들이 생활 속에서 쉽게 영어를 사용할 수 있는 환경을 조성할 계획이다. 이를 위해 두 기관은 '영어 인프라 구축 종합계획안'을 확정했다. 2020년까지 사업비 2775억 원(부산시 1582억 원, 교육청 1040억 원, 나머지는 국비 및 민자)을 들여 4개 분야의 100개 사업을 2008년부터 본격 추진할 계획이다.

실제로 부산시는 개성중학교를 리모델링해 도심형 영어마을을 만든다고 한다. 이곳에는 영어전용 도서관, 영어 전용 쇼핑몰이 들어선다. '원어민 카페'도 준비 중이다. 해운대·서면·부산대

와 같은 도심 곳곳에 카페를 만들어 원어민들과 영어로 대화를 나눌 수 있도록 할 계획이다.[9]

한편, 열린우리당 최재성 의원은 경기영어마을의 연간 수혜인구가 경기도 전체 초중학생의 4퍼센트에 불과하고, 신청자가 많아 한 번 영어마을을 체험한 학생은 다시 체험할 수가 없다며 영어마을의 문제점을 지적했다. 그래서 영어체험의 기회를 확대하기 위해 민간자본을 유치해 외국인 종업원이 상주하는 상가를 만들고 여기에서 학생들이 쇼핑할 수 있도록 하는 개방형 영어마을인 '영어거리'를 만들자고 주장했다.[10]

그런데 왜 이렇게 영어마을이 인기일까? 한국인은 왜 영어공부에 매진하는 걸까? 한국 최초의 영어 교육 기관인 동문학교가 서울 재동에 설립된 1883년부터 오늘에 이르기까지 120여 년의 긴 세월 동안 국민들이 영어교육에 열을 올리는 한 가지 일관된 이유는 바로 영어가 성공과 출세를 위한 필수 도구였기 때문이다. 개화기 시절 미국 교육 선교사 헨리 아펜젤러가 지적했듯이, 조선 학생들이 영어를 배우는 목적은 한결같이 '벼슬을 얻기 위해서'였다. 이 시기 영어의 위력을 가장 드라마틱하게 보여준 인물은 이승만이었다.

영어, 우리 사회의 수문장

해방과 함께 남한에 진주한 미군은 영어를 공용어로 사용한다는 포고령 1호를 발표함으로써 영어능력이 권력의 원천이 될 것임을 예고했다. 해방 정국에서 가장 먼저 나온 신문은 국

문 신문이 아닌 영어 신문이었으며, 좌익 계열 신문인 《조선인민
보》의 창간호마저 1면에 영어로 '연합군 환영'이라는 톱기사를
실었다. 영어 광풍은 우리 '대학 입시 전쟁'의 정확한 반영이다.
한번 딴 간판이 평생의 경쟁력을 결정하는 상황에서 간판 쟁취를
위해 미친 듯이 뛰어드는 건 매우 '합리적'이다.[11]

영어는 우리 사회 내부의 많은 부분에서 수문장 역할을 한다.
요소요소마다 영어 울타리를 쳐놓고(특목고 입시, 대학 입시, 입사시험, 승
진, 해외파견, 업적평가 등) 통과할 수 있는 사람과 그렇지 못한 사람을
걸러낸다. 그 과정을 잘 통과하기 위해서는 영어가 필수다.

지난 60년간 진행된 이런 작업을 통해서 영어는 우리에게 필
요 이상의 의미로 존재하고 있다. 영어는 우리 사회에서 곧 실력
이고 권력이다. 교육을 통해서 인생의 달콤한 열매를 따듯이 영
어를 통해서 성공의 열매를 따려고 몰려든다. 이것이 우리 사회
영어열풍의 근본 원인이다. 이러한 환경에서 학교 영어교육은 왜
소하고 초라하기 그지없다. 영어교육은 이미 유치원이나 초등학
교에서부터 시작된다. 경쟁이 치열하기 때문에 학교에서 진행하
는 영어교육과정에 맞춰 순순히 따라갈 여유가 없다. 영어 사교
육의 본질이 여기에 있다. 학교에서 배운 영어능력만 가지고는
삶의 분수령을 제대로 넘을 수 없는 것이다. 순진하게 그런 과정
을 밟아간 아이들은 낙오할 수밖에 없는 구조다.

학교에서는 10을 가르치지만 학교 시험이나 특목고 입시 또는
대학 입시에서는 100을 요구하거나 전혀 다른 기준을 제시한다.
남들보다 우수한 학생을 선발하겠다는 잣대 앞에서는 학교 영어

교육과정은 무의미하다.[12] 이제 영어실력은 출세와 소득까지 결정한다. 영어가 되느냐, 안 되느냐에 따라 직장에서 맡는 업무가 달라지고, 나아가 출세와 소득까지 격차가 벌어지는 '잉글리시 디바이드English Divide(영어 격차)'가 광범위하게 나타나고 있다.

영어 구사 능력이 '미래가 폭넓게 열린 사람'과 '지금 맡은 일이 한계인 사람'으로 나누는 척도로 작용하는 이 현상이 가장 선명하게 드러나는 곳이 의료계와 법조계 같은 전문직이다.

국내 20대 기업 중 9곳이 올해나 내년 신입사원 채용 때부터 영어평가를 기존의 토익 중심에서 말하기 등 실무능력 중심으로 바꿀 예정인 것으로 조사됐다. 기업들은 채용 때 토익·토플 등 공인 인증시험을 활용하면서도 이들 점수가 구직자의 영어 실무 능력을 변별하지 못한다고 생각해 2, 3차 전형에서 별도로 영어면접, 영어프레젠테이션 등을 치러왔다.[13]

직장에 다니면서 딸에게 영어를 가르쳐 미국 듀크대에 보낸 김수봉 씨는 《미 명문대에서 통하는 영어, 나는 이렇게 가르쳤다》라는 책을 펴냈다. 그 책에서 그는 "나는 영어를 못하기 때문에 사회에서 당하는 불이익이 어떤 것인지 너무나 절실하게 알고 있었다. 반면 영어를 잘하면 승진에서 유리한 고지를 점하게 되고, 외국 주재원으로 활동할 기회도 주어졌다. 단지 영어를 잘했을 뿐인데 능력을 개발할 기회가 더 주어지니 실력 차이는 점점 더 커져 갔다"고 말한다. 그는 부모로서 자식을 도와줄 수 있는 일은 영어라는 무기를 허리춤에 단단히 채워주는 일이라고 생각한 것이다.[14]

영어라는 무기를 허리춤에 채워주다

복거일은 아예 영어를 공용어로 하자는 주장을 편다. 그는 "현재 거의 모든 중요한 지적 산물들은 영어로 쓰이거나 번역된다. 그렇기 때문에 영어를 공용어로 삼으면 우리 국민들은 영어가 일상적으로 쓰이는 환경에서 영어를 쉽고 자연스럽게 배우게 될 것이다. 국제어인 영어를 보다 효율적이고 효과적으로 향유하려면 영어를 공용어로 삼는 일을 차분하고 진지하게 논의해야 한다"고 말한다.[15]

그런데 한국인은 영어 정보는커녕 한국어로 된 정보도 제대로 활용하지 못하고 있다. 통계청이 발표한 '2007 사회통계조사'에 따르면 국민들이 2007년 한 해 동안 읽는 책은 10.5권으로 한 달에 한 권이 안 되는 것으로 나타났다. 96년 16.1권, 2000년 13.2권, 2004년 13.9권 등 매년 줄고 있는 추세다. 책을 읽는다고 답한 사람도 58.9퍼센트로 2004년 조사 당시의 62.2퍼센트에 비해 크게 낮아졌다.[16]

그런데 영어를 공용어로 쓰면 다른 문제는 뇌두더라도 우리의 '영어 격차'는 더 벌어지지 않을까. 돈이 많은 사람들은 비싼 수업료를 내면서 영어학원에 자식을 보내거나, 해외로 유학을 보낼 것이기 때문이다. 현재 조기유학 바람은 상류층에서 중산층으로까지 열병처럼 번지고 있다. 한 집 건너 기러기 아빠라는 말까지 나온다. 한국은 전 세계에서 미국에 유학생과 어학연수생을 가장 많이 보내는 나라다.

미 국토안보부DHS가 발표한 '2006년 회계연도 국가별 유학연수생' 규모에서 한국이 13만 5265명을 기록해 전세계 1위를 차지했다. 한국에 이어 유학·연수생을 많이 보낸 나라는 일본으로 9만 490명이다. 중국은 7만 503명으로 3위를 기록했고 인도가 6만 9790명으로 4위였다. 이는 그만큼 한국 부모들이 세계 어느 나라보다 자녀들의 영어 교육에 높은 관심을 갖고 있다는 것을 반영한다.[17]

이렇게 '영어 난민'이라는 신조어까지 등장할 정도로 조기유학 열풍이 계속되면서 2007년 한 해 해외유학과 연수비로 빠져나간 돈이 무려 5조 원에 육박한다. 해외유학과 연수비 지출은 최근 3년 동안 봇물 터진 듯이 급증세를 보이면서 연평균 증가액이 10억 달러에 달하고 있으며, 외환위기 이후 10년간 지출누계는 이미 200억 달러를 넘어섰다. 이러한 증가 추세에 따라 2007년에는 52억 3000만 달러가 유학 연수비 명목으로 해외로 빠져나갔다. 원화로 환산하면 4조 8000억 원이 넘는 액수다.

문제는 최근 수년간 유학과 연수비 지출 증가세가 지나치게 가파른데다 앞으로도 이러한 급증세가 수그러들 기미가 보이지 않는다는 점이다. 한국은행 관계자는 "국내에서의 과도한 사교육비 부담을 덜고 영어를 손쉽게 습득할 수 있다는 점 때문에 조기유학 수요가 계속 늘어나고 있어 유학 연수비 지출은 급증할 수밖에 없을 것"이라고 말했다.[18]

우리는 영어교육에 많은 투자를 하고 있다. 그런데 영어실력은 썩 좋지 않다. 국무조정실은 이러한 실태를 다음과 같이 진단했다. "국제적인 영어경쟁력은 낮은 수준이고 해외유학·어학연수 수요와 영어 사교육은 급증 추세다. 2005년 삼성경제연구소의 추정에 따르면 입시와 취업준비로 인한 영어 사교육비는 연간 15조 원이라고 한다.

우리나라가 영어 사교육비에 투자하는 비용은 세계 최고 수준이다. 그러나 영어 능력은 중·하위권에 머무르고 있다. 전세계 토플 응시인원의 19퍼센트가 한국인이지만 2006년 12월 현재 우리나라의 토플 순위는 111위에 그치고 있다.”[19]

영어 구사 능력과 국가 발전

한 신문은 '영어 격차'가 개인의 출세뿐 아니라 국가의 성쇠도 가르기 때문에 세계가 영어에 매달리고 있다고 보도했다. 21세기 국부 창출의 핵심인 '지식산업'의 중심 언어가 영어이기 때문이다. 영어를 모국어와 공용어로 쓰는 인구는 전체 인구의 8퍼센트지만, 과학인용지수SCI에 등재된 공신력 있는 국제 학술지의 73퍼센트가 그리고 사회과학인용지수SSCI에 등재된 학술지의 85퍼센트가 영어권이다. 또 지난해 《뉴스위크》지가 꼽은 세계 100대 대학 중 75개 대학도 영어권이다.

서울상공회의소 집계 결과, 2005년 말 현재 홍콩에 아시아 지역본부를 둔 다국적 기업은 1167곳이고 싱가포르에는 350곳이었다. 그러나 서울은 11곳에 불과했다. 전효찬 삼성경제연구소 수석연구원은 "세계 경제에 깊숙이 편입될수록 영어가 국가 경쟁력에 미치는 영향이 점점 커지기 때문에 선진국으로 갈수록 국민의 영어 구사 능력이 중요해진다"고 말했다.[20]

그런데 한국이 1960년대와 1970년대 고도성장을 할 때 한국인의 영어 실력이 지금보다 나았을까? 세계에서 가장 빨리 성장하는 중국에서 영어를 잘하는 사람이 얼마나 될까? 그리고 영어의 본국인 영국이 2차 대전 후 오랫동안 저성장에 시달린 이유는 무엇일까? '영어 격차'론을 내세우는 사람들은 원인과 결과를 혼동하고 있다. 미국이 세계를 지배하는 위치에 있기 때문에 영어가 중요해진 것이지, 영어를 잘한다고 해서 나라가 성공하는 것은 아니다.

한국에서 영어는 과연 국제화시대의 지식습득을 위한 도구일까? 그러나 한국에서 불고 있는 영어 광풍은 그 정도를 넘어섰다. 그보다는 울타리를 치는 '구별 짓기'용이 아닐까 한다.

글로벌 인재를 키운다며 영어로만 수업하는 국제학부나 국제대학원을 다투어 만든 대학들이 이제는 일반 학부에서까지 영어강의 개설 경쟁을 벌이고 있다. 이른바 '민족대학'을 자임했던 고려대가 전체 강의의 35퍼센트를 영어로 해 그 선봉에 섰고, 연세대, 이화여대와 같은 사립대는 물론 서울대까지도 그 경쟁에 가세하고 있다. 상황이 이렇다보니 영어강의 가능 여부가 신규 교수 채용 요건의 하나가 되었고 심지어 신규 임용 때 영어강의 서약까지 해야 하는 학교도 있다. 그런데 문제는 영어교육을 위한 대학의 이런 눈물겨운 노력이 학생들의 전공 실력은 물론 영어 실력 향상에도 별로 도움이 되지 않는다는 점이다. 영어권에서 학위를 취득해 영어를 잘한다 하는 국제학부 교수도 일반적으로 모국어 소통 능력의 50~60퍼센트 정도 수준에서 수업이 이루어진다고 한다. 그러면 일반 학부 수준은 어떤지 짐작할 수 있다.

실제로 철학과에서 영어강의를 하는 한 교수는 "강의 준비에 열 배 이상 시간을 들여도 한국어로 20분이면 끝낼 내용을 1시간에 마치기가 힘들다. 그나마도 미진한 느낌이 남는다"며 호소했다.

영어교육학자인 인하대 이현우 교수는 한국의 영어교육 발전을 가로막는 오적으로 대학입시, 상업주의적 비전문교육, 문제풀이식 교육 및 그릇된 처방 등을 들면서 이 모든 것에 앞선 제1의 적은 영어가 경쟁력이라는 믿음이라고 지적했다. 그는 국제적 경쟁사회에서 앞서려면 창의력 있고 모국어 구사력이 뛰어난 바른 인성을 가진 인재들을 양성하는 것이 중요하다며 영어는 도구이지 결코 목적이 아니라고 강조했다.[21]

영어마을의 진화, 제주 영어교육도시

하지만 한국에서 영어는 도구가 아닌 목적이다. 영어는 국제경쟁력이라는 이름 아래 '구별 짓기'를 위한 설득력 있는 재료다. 철저한 '구별 짓기'가 판치는 세상에서 지방자치단체와 정부도 합세한다. 영어마을은 지방자치단체의 '차별성'을 보여 줄 수 있는 좋은 견본이다. 그런데 정부는 '차별성'을 지방자치단체보다 훨씬 크게 보여주었다.

정부는 2007년 9월, '제주 영어교육도시' 조성 방안을 확정했다. 영어교육도시 조성사업은 제주도에 2007년에서 2013년까지 7850억 원을 투입해 초·중·고등학생을 위한 영어전용학교 12개교를 설립해서 해외유학 및 연수수요를 국내로 흡수한다는 국가 시책사업이다. 기획예산처(현 기획재정부)는 2007년 10월, 제주도에

영어교육도시 진입도로 개설을 위해 총 197억 원의 예산을 배정했다.[22]

'제주 영어교육도시'에 7850억 원이라는 거액을 들이는 정부의 영어교육 실태 진단을 보자. 국무조정실은 '제주 영어교육도시 조성 기본방안'에서 국가경쟁력 제고를 위해 '국가차원의 영어교육체계 구축'의 필요성이 대두했다고 판단했다. 그리고 지방자치단체 및 교육청 주관으로 운영되는 영어체험 학습센터(영어마을 등)가 급속히 증가하고 있으나 체계적인 교육프로그램의 부족 및 운영관리의 비효율 등으로 실효성이 낮은 실정이라고 진단했다.

정부가 제주도 서귀포시 426만제곱미터(동서 3.5킬로미터·남북 3킬로미터)에 조성하는 영어교육도시에는 초등학교 7개, 중학교 4개, 국제고교 1개 등 모두 9000명을 수용할 수 있는 영어전용학교 12개교와 기숙사, 교육연구와 교사연수 등을 수행하는 영어교육센터 그리고 주거·상업·문화시설 등 정주형 복합시설이 들어선다.

등록금은 중학교가 연간 600만 원으로 기숙사비까지 포함하면 연간 1000만 원 수준이다. 국어와 국사를 제외하고는 영어로 수업하는 '영어몰입교육'을 실시하겠다는 것이다.

영어교육도시의 면적은 여의도의 절반 크기고, 학교 등록금은 현재 청심 국제중학교의 2배 정도다. 한국교육개발원은 수요검증을 위해 2007년 1만 5000명을 대상으로 설문조사를 실시했다. 그 결과 47.7퍼센트가 제주 영어교육도시에 참여할 의향이 있다고 응답했다.

정부는 개발단계에서 주거·상업시설의 분양이익을 통해 학교와 공공시설 용지를 무상으로 공급하기로 했다. 제주 영어교육도시는 도시개발사업을 해야 하므로 교육인적자원부와 건설교통부가 협의해서 사업을 진행하고 국무조정실의 제주지원위원회가 총괄 조정한다.[23]

국가 차원의 '구별 짓기 체계'

정부가 제주 영어교육도시를 통해 추진하는 '국가 차원의 영어교육체계 구축'은 한마디로 '국가 차원의 구별 짓기 체계 구축'이다. 제주의 영어전용학교는 특목고보다 들어가기 어려운 학교가 될 것이다. 이제 사교육과 지방자치단체를 넘어 국가도 막대한 예산을 투입해 영어라는 관문을 통한 구별 짓기에 가담하고 있다.

이러한 영어를 통한 내부경쟁과 구별 짓기 장치가 국가와 사회 경쟁력을 갉아먹는 것은 아닐까. 영어는 의사소통 도구일 뿐이다. 따라서 누구든 필요를 느끼면 외국인과 대화하는 '진짜' 영어를 배울 수 있다. 한국인의 영어 실력이 낮고 영어스트레스가 큰 것은 영어가 단지 울타리를 치기 위한 '내부경쟁용'이기 때문이다.

민족사관고의 기숙사 엘리베이터에는 "영어 상용의 목적"이라는 글귀와 함께 "영어는 앞서 가는 선진 문명·문화를 한국화하여 받아들여 한국을 선진국으로 올리기 위한 수단이며 그 자체는 결코 학문의 목적이 아니다"라는 말이 학교 교훈과 나란히 쓰여 있다. 민사고의 학생들은 매주 월요일 조회 시간에 이 글귀를 함께 암송한다.[24]

　지방자치단체와 국가가 영어마을과 영어교육도시에 쓰는 엄청난 예산으로 영어를 진정한 의사소통 도구로 자리 잡게 하는 발상 전환에 투자하면 어떨까?

　정보와 지식을 나누는 공공도서관도 예산을 기다리고 있다. 2007년 한국의 공공도서관은 607개다. 2007년 12월 현재 도서관 하나당 인구수가 우리나라는 8만 1168명인데 비해 스페인은 8040명으로 10분의 1 수준이다. OECD 국가 중 정보서비스가 가장 좋지 않은 터키도 도서관 하나당 인구수가 4만 6236명으로 우리나라의 2분의 1에 불과하다. 그러나 이런 질문은 어리석다. 대통령직 인수위원회는 2008년 1월 '영어 공교육 완성 실천방안'을 발표했다. 그리고 2013년까지 영어과목을 영어로 가르치는 교사 2만 3000명을 신규 채용하기로 했다. 고등학교만 졸업해도 영어로 대화하고 쓰는 데 문제가 없도록 한다는 것이다. 이 사업에 5년간 무려 4조 원의 예산이 투입된다.

　'영어 공교육의 완성'은 결국 '영어 사교육의 팽창'을 일으킬 것이다. 우리 아이가 남들과 똑같이 영어를 하는 것이 영어 교육의 목적이 아니기 때문이다.

　'영어마을'에서 '영어교육도시'를 거쳐 '영어공교육 완성'으로 국가 차원의 '구별 짓기'는 비상하고 있다. 그리고 여기에 맞춰 예산도 함께 비상한다.

1   〈영어마을 사업안내〉, 경기영어마을 홈페이지.

2   이성호, 〈경기 영어마을 붐 …… 약 될까 독 될까〉, 《동아일보》, 2007년 11월 9일.

3   신미정, 《대구광역시 영어마을 조성의 타당성 및 파급효과 검토》, 대구경북연구원, 2005년, 15쪽.

4   진경개, 〈글로벌 시대 국가 경쟁력 강화를 위한 영어교육 혁신방안〉, 《한국교육과정평가원》, 2006년 3월, 210쪽.

5   〈2007 지자체 운영 영어마을 현황〉, 교육인적자원부 홈페이지.

6   최세호, 〈경북 영어마을, 기관마다 따로 따로〉, 《내일신문》, 2007년 8월 20일.

7   〈영어마을 수와 예산〉, 교육인적자원부 내부 자료, 2007년 11월.

8   〈223회 경기도의회(임시회)회의록〉, 경기도의회 사무처, 2007년 6월 7일.

9   〈길거리 회화 능력이 부산의 경쟁력〉, 《중앙일보》, 2007년 7월 18일.

10 국회의원 최재성 〈2006 국정감사 정책자료집 : 영어마을, 무엇이 대안인가〉, 64쪽.

11 강준만, 〈영어 광풍은 합리적인 행위다〉, 《한겨레21》, 668호, 2007년 7월 17일.

12 이병민, 〈영어교육열풍, 해소할 수 있나〉, 《자료집 : 영어교육열풍, 어떻게 해소할 수있나》, 국회의원 이경숙 교육토론회, 2007년 5월 25일.

13 이나연, 〈채용 때 '말하기' 위주로 본다〉, 《동아일보》, 2007년 11월 14일.

14 김수봉, 《미 명문대에서 통하는 영어, 나는 이렇게 가르쳤다》, 랜덤하우스, 2006년, 7~8쪽.

15 복거일, 《영어를 공용어로 삼자》, 삼성경제연구소, 2003년, 26~30쪽, 93쪽.

16 고병수, 〈소득분배에 불만 높고 자녀교육비 걱정 크다〉, 《내일신문》, 2007년 11월 28일

17 〈미 유학·연수생 한국이 1위〉, 《매일경제》, 2007년 9월 17일.

18 〈올해 해외유학 연수비 5조 원 육박할 듯〉,《연합뉴스》, 2007년 10월 17일.

19 국무총리 국무조정실,《제주영어교육도시 조성 기본방안》, 2007년 9월. 1쪽.

20 이지혜, 〈세계가 매달리는 영어〉,《조선일보》, 2007년 7월 18일.

21 권태선, 〈몸통을 흔드는 꼬리, 대학 영어 강의〉,《한겨레》, 2007년 9월 3일.

22 기획예산처 보도자료, 〈영어교육도시 국가가 앞장 건설〉, 2007년 10월 24일.

23 국무총리 국무조정실,《제주영어교육도시 조성 기본방안》, 2007년 9월.

24 신유정, 〈논리 뒷받침 없는 영어, 경쟁력 없어〉,《한겨레》, 2008년 2월 18일.

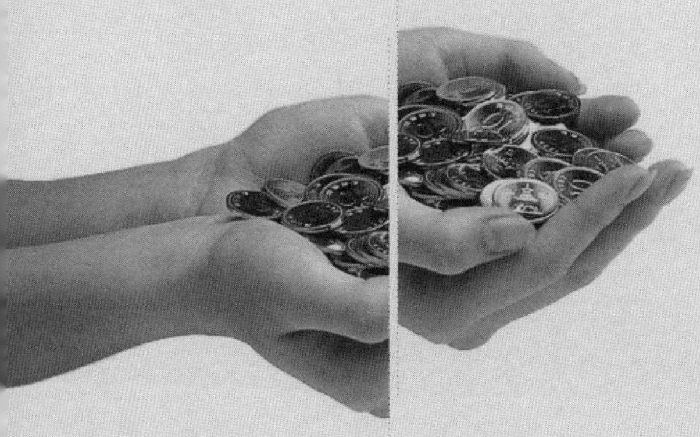

재난관리,
요순시대와
위험감수 사회

소방공무원의 3교대 근무를 실시하려면 9600명 인원에 4800억 원의 예산이 필요하다. 이는 영어공교육 강화에 쏟는 4조 원의 10분의 1에 불과하다.

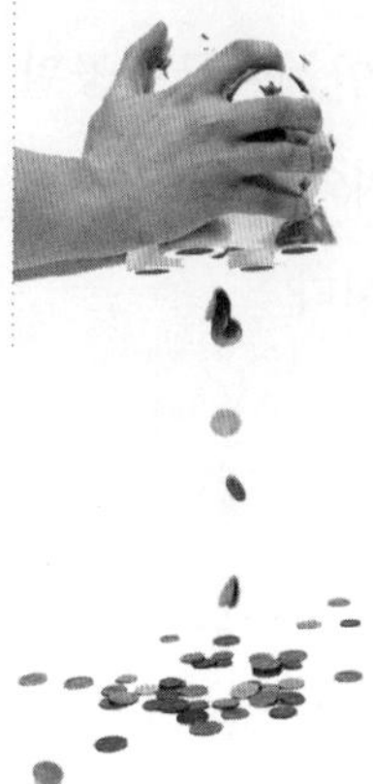

"12년 전 방제 작업과 변한 게 없어요" 1995년 시프 린스호 사고 때 방제작업에 참여했던 소방관이 태안 방제 현장에 서 한 말이다. 인력부족과 허술한 지휘체계, 방제 물량 부족이 시 프린스 사고 때와 다를 바 없다는 것이다.[1]

2007년 12월 7일, 충남 태안반도 일대를 기름으로 뒤덮은 유조 선 충돌사고가 발생했다. 남해안 시프린스 사고 때보다 유출된 기름이 두 배나 많았다. 기름은 파도를 타고 순식간에 해안을 덮 쳐 양식장과 백사장을 기름덩어리로 만들었다.

기름유출사고는 48시간 안에 방제 활동을 해야 유출된 유류의 80~90퍼센트를 제거할 수 있다고 전문가들은 말한다. 그러나 항 상 그렇듯이 예방과 조기수습은 이루어지지 않았다. 24시간은 걸 려야 해안가에 기름이 도달할 것이라는 해양수산부(현 국토해양부) 의 예측과 달리 기름띠는 13시간 만에 해안을 덮쳤다. 사흘간 1만 6600톤의 유출된 기름을 처리할 수 있다고 자랑하던 해양부가 유출 사고 이후 사흘 동안 처리한 기름의 양은 유출된 1만 500톤 가운데 2퍼센트를 조금 넘는 200톤에 불과했다. 일단 기름이 유출되면 완전복구는 힘들다. 기름유출사건으로 태안해안국립공원의 백사장과 갯벌 그리고 공원의 주요자원인 바위와 몽돌도 기름에 뒤덮였다. 원상복구는 줄잡아 10년은 걸릴 것이다.

'기름폭탄'을 안고 살아

한 해 8억 9000만 배럴(1억 2400만 톤) 정도의 기름을 수입하는 우리나라에는 기름을 가득 채운 배가 인근 바다에 늘 10대 이상 떠다닌다. 즉, 우리는 언제 터질지 모르는 '기름폭탄'을 안고 사는 셈이다.[2]

1983년 3월, 알래스카 연안에서 엑슨사 소유의 유조선 발데스호가 좌초됐다. 선적원유 120만 배럴 중 26만 배럴이 유출됐다. 나머지 기름은 모두 다른 유조선으로 옮겨 싣고 신속한 방제사업을 벌였으나 미국 역사상 최악의 기름유출사고가 되고 말았다.

당시 해양학자들은 바다새 58만 마리, 물개 200만 마리, 수달 5500마리가 죽었다고 추정했다. 미국은 이 사고를 계기로 유조선을 이중선체double hull로 건조하도록 의무화했다. 기름유출을 줄이기 위한 조치다. 그리고 1990년 9월 〈유류오염법〉을 제정했다. 전문인력과 장비를 갖추고 미국 전 해역에서 발생하는 기름유출사고에 대비하기 위한 것이다.[3] 그리고 3일 만에 5만 톤의 기름 제거가 가능한 장비를 확보해 해양방제 능력을 10배 이상 향상시켰다.

　그런데 우리는 시프린스 사고에서 큰 교훈을 얻지 못한 것 같다. 시프린스 사고 이후 해양수산부도, 언론도, 국민도 사고의 심각성과 예방의 가치를 깨닫지 못했다. 우리나라의 대형 방제선 추가 건조사업은 2005년 9월, 감사원에서 '불요불급'한 것으로 판단돼 재고하라는 지적을 받은 뒤 중단됐다. 그리고 긴급 해난 사고 대응용 예비비는 20억 원에서 2억 원으로 삭감됐다. 예산이 편성된 후 10년 이상 큰 사고가 없었기 때문에 '불용예산'으로 지목돼 10분의 1로 줄어든 것이다. 1996년 설립된 해양연구원 산하 '해양안전방제 연구본부'는 2~3년 전 뚜렷한 이유 없이 해체됐다. 이 본부의 임무는 '해양사고에 대한 기술 연구' '비상사고 시 긴급대응기술 개발' 등으로 이번 태안사고의 피해를 막는 핵심 분야였다.[4]

　안타까운 일은 이런 사건이 일회성이 아니라 항구적이라는 점이다. 사회학자 울리히 벡Ulrich Back이 말한 것처럼 도시 문명이라는 이름 아래 이처럼 엄청난 '위험 사회'에서 우리는 살고 있는 셈이다. 그러나 이 위험은 전혀 줄어들지 않고 있다. 그건 우리나라만이 겪는 문제가 아니라 수많은 공업국가들과 주요 공장을 유치한 개발도상국들이 공통으로 겪는 문제다. 우리 모두는 그야말로 기도하는 심정으로 제발 자신과 가까운 곳에서 사건이 발생하지 않기를 바라며 하루를 살아가야 한다.[5]

　2006년 7월부터 시행한 〈기상관측표준화법〉이라는 특이한 이름의 법이 있다. 기상관측 표준을 법으로 정한 이유는 그때까지 기상관측의 방법이나 단위가 제각각이었기 때문이다. 국내에서 독자적으로 기상관측을 하는 기관은 기상청 외에 산림청, 수자원공사, 도로공사 등 60여 곳이다. 이들 기관은 제각기 고유한 업무상의 이유로 각각 기상관측을 따로 해왔다. 기상예보는 국가방재시스템의 핵심 사업이다. 그런데 그동안 상이한 관측방법 등의 문제로 기상관측 자료의 교환 및 공유가 이루어지지 않은 것이다.[6]

'위험'을 다 따지면 '발전'은 언제 하는가

우리 사회는 누구나 안전하고 편안한 삶을 영위할 수 있도록 보장하고 있지만 현실은 그렇지 못하다. 사전예방에 대한 중요성은 재해가 발생하고 나서 일시적으로 논의될 뿐이고, 재해발생 원인은 자기가 아닌 다른 사람에게 있는 것처럼 둘러대기에 급급하다. 또 국방과 경제의 많은 부분을 외국에 의존할 수밖에 없으면서도 내부적으로는 엄청난 비용을 재난발생 이후 사후복구에 지출한다.[7]

그러나 정부뿐 아니라 국민들도 재난예방에 많은 돈을 쓰는 것을 좋아하지 않는다. '위험'을 감수하는 문화 때문이다. 치밀하게 보수하고 관리하는 것은 지난 40년간의 압축성장 방식과 어울리지 않는다. 이런 저런 '위험'을 다 따지고 대비하면, 언제 성공하고 발전한다 말인가?

우리나라는 1970년대 이후 인명피해는 어느 정도 줄어들었으나, 홍수피해의 급격한 증가와 산업화의 진전에 따라 1974년부터 연평균 재산피해액은 10년 단위로 3.2배씩 증가하고 있다. 특히 침수면적은 꾸준히 줄어든 반면, 침수단위면적당 피해액은 70~80

년대에 비해 약 7배가량 급격히 증가했다. 자연재해에 따른 피해 양상이 더욱 대형화, 집중화하는 경향을 보여주고 있는 것이다.[8]

소방방재청에 따르면 여름철 집중 호우 등으로 1996년부터 2005년까지 10년 동안에 무려 18조 2000억 원의 피해가 발행했다고 한다. 그런데 피해 복구에 들어간 비용은 이보다 훨씬 많다. 예컨대 2005년 풍수해 피해액은 1조 498억 원이었으나, 복구비는 이것의 1.6배인 1조 6486억 원이었다. 10년 동안 복구비로만 30조 원 가까운 돈이 지출된 것이다. 이는 1500만 원 상당의 중형 승용차 200만 대를 날려버린 것과 같다.[9]

재난 예방의 순서는 첫째 '예방 투자', 둘째 '피해 확산 방지', 셋째 '복구'라고 한다. 그런데 일본 같은 선진국은 1을 투입하면 3의 효과가 있는 '예방 투자'에 집중하고 있지만 우리는 사후 대책인 '복구'에 집중하고 있다. 체계적인 예방투자보다 사후 복구 위주의 임시방편적인 투자인 것이다. 국회예산정책처가 공개한 '2006년도 추경예산안 분석' 자료에 따르면 최근 5년간 정부가 재해 예방에 투자한 돈은 11조 3000억 원이었다. 같은 기간 재해 복구비로 쓰인 21조 1800억 원의 절반 수준이다.[10]

전체 방재예산에 대한 복구예산의 비율을 일본과 비교하면, 우리나라는 5년간 평균 59퍼센트 정도 복구예산의 비율이 높다. 일본은 전체 방재예산에 대한 복구예산 비율이 5년간 평균 13퍼센트로 우리나라에 비해 매우 낮다. 일본은 피해복구비도 2000년 6조 8920억 원에서 2004년 2조 4160억 원으로 계속 감소하고 있다.

이는 지속적인 예방투자 확대가 사후에 발생하는 재해의 피해

를 줄이고 이에 따르는 복구비 지출 등 재정부담도 줄인다는 것을 보여주는 증거라고 할 수 있다.[11]

미국의 한 연구 보고서에 따르면 1달러를 재해예방에 투자하면 사회 전체적으로 4달러의 비용절감 효과가 있다고 한다. 또 인도의 재해예방 사업 분석에 따르면 투자금액 1단위당 3.76의 효과를 가져오는 것으로 나타났다.[12] 그렇지만 우리나라 국가 세출에서 재해예방 예산이 차지하는 비율은 2003년에 1.76퍼센트, 2006년에 1.30퍼센트로 해마다 줄고 있다. 2003년부터 2006년까지의 평균은 1.58퍼센트다. 국민들에게 투자 개념의 풍수해 보험을 들도록 권하는 정부가 정작 자연재해 예방을 위한 투자에는 인색한 것이다. 재해 예산의 국가관리시설 편중도 심각하다. 현재 국내 공공시설은 크게 국도, 철도, 국가하천 등과 같은 국가관리시설과 지방도로, 지방하천 등 지방관리시설로 구분하여 각 재난관리책임기관이 관리하는데, 국가관리시설은 대부분 국고로 지원하고 있고 지방관리시설은 국고와 지방비가 함께 집행되고 있다.

예방투자보다 사후복구가 앞선다

최근 5년간(2002년~2006년) 시설별 피해 현황 및 복구비 지급 현황을 살펴보면 지방관리시설이 국가관리시설에 비해 약 2.7배의 피해가 발생해 3.1배의 복구비가 소요되었다. 특히 지방관리시설의 경우, 소하천이나 소규모 법정시설 등의 피해가 대부분을 차지했다. 결국 지방관리시설은 국가관리시설의 3분의 2 정도 수준의 예방투자를 하고 있고 그 결과 약 2.6배의 피해가 발생하고 있는 것이다.[13] 대도시, 대하천 등 수해 예방대책이 집중되는 지역과 실제 피해지역이 다르다는 점도 간과해서는 안 된다. 국가 하천은 대부분 정비가 끝났지만, 지방자치단체장에 관리 권한이 위임된 지방하천은 예산부족 등을 이유로 그냥 방치되고 있다고 해도 지나치지 않다.

또 하천법에 따르면 10년마다 하천정비기본계획을 세워야 한다. 그러나 지방하천 대부분은 정비계획이 수립되지 않거나 수립되더라도 실천하지 못하고 있는 실정이다.[14] 수해복구의 초점을 피해지역에만 맞추다 보니 피해가 발생하지 않는 곳은 피해 가능성이 있다 해도 정비할 엄두를 못내는 것이다.

그런데 재해 이후의 사후복구도 쉽지 않은 형편이다. 2006년 7월, 폭우로 피해를 입은 한계령 옥녀 1교와 옥녀 2교, 옥녀 3교는 1년이 지나도록 계속 복구 중이다.[15] 2006년 집중호우로 145가구가 침수되고 286명의 수재민을 낸 경기 안성시 조령천 수해복구사업 역시 11개월이 흘렀는데도 겨우 17퍼센트의 공정률을 보이고 있다. 주민들은 임시로 비닐을 씌워놓은 둑을 보며 조마조마해 하고 있다.[16]

2006년 7월, 태풍 '에위니아'의 내습으로 진주의 대곡천 제방이 무너져 대곡면 4개 마을의 주민들이 큰 피해를 입었다. 그런데 수해가 발생한 지 11개월이 지났지만 복구 공정률은 5퍼센트에 불과하다. 인근 하천에서 채취한 토사로 무너졌던 제방을 응급복구한 뒤 제방 하류 부분만 비닐로 덮어 놓았다. 제방 위쪽은 벌겋게 속살을 드러내놓고 있어 또다시 집중호우가 내린다면 커다란

피해가 우려된다.[17]

왜 이렇게 수해 복구가 느린 걸까? 방재전문가들은 '지자체의 수해복구 계약제도 외면' '불필요한 업체 선정 절차' '소방방재 청과 지자체의 이중 심사제도' '보상 문제' 등이 수해 복구 공사의 발목을 잡고 있다고 지적한다. 입찰공고 기간도 문제다. 전자 입찰이 보편화되었음에도 불구하고 입찰공고에만 20일에서 한 달 이상 걸린다는 것은 문제가 있다. 또 10억 원 이상 되는 공사는 입찰 전 소방방재청에 사전 설계 심의를 받아야 한다. 그런데 여기에 한 달이 소요된다. 또 시·도에는 토목전문 교수 등으로 구성된 하천관리위원회가 있는데 소방방재청 심의가 있기 전에 이 위원회에서 한 차례 심의를 거쳐야 한다. 이중으로 시간이 허비되는 것이다. 토목전문가들은 이 같은 낭비요인만 제거해도 최소 두 달 이상의 시간을 아낄 수 있다고 말한다.[18]

결국 수해복구가 이렇게 늦어지는 것은 구조적인 문제 때문이다. 여름철 입은 수해에 대한 복구 계획이 중앙부처와 지자체의 사전심의를 거치고 어렵사리 예산이 확보될 때쯤이면 대개 겨울이 찾아온다. 당연히 겨울에는 공사가 힘들기 때문에 다시 이듬해 봄으로 공사가 지연된다.

이렇게 해서 10억 원 이상의 대규모 공사가 착공되는 데 평균 3개월에서 6개월의 시간이 걸리는 것이다. 복구가 완료되는 시점은 통상 이듬해 겨울이다. 만약 공사 중에 집중호우가 찾아와 다시금 수해를 입으면 또다시 공사를 시작해야만 한다.[19] '수해 발생 → 땜질 처방 → 피해 재발'이라는 다람쥐 쳇바퀴 도는 악순환이 반복되는 것이다. 이것이 우리가 흔히 보는 반복되는 재해의 이면이다.

수해복구에 참여하는 업체들도 답답하기는 마찬가지라고 한다. D기업의 조모 사장은 "수해현장에 대한 피해조사와 복구계획 수립 과정 등에 20여 년 동안 몸담아 왔지만, 나아지거나 달라진 것이 거의 없다고 해도 과언이 아니다"라고 잘라 말했다. 그는 "예산이 뒷받침되지 않기 때문에 항구복구보다 응급복구에 치중할 수밖에 없다"면서 "너무 급하게 복구를 하다 보니 재해의 원인을 없애지 못하고, 부실공사를 할 수밖에 없다"고 말했다. 또 "정부가 수해만큼이나 자주 되뇌고 있는 예산과 인력 타령도 이쯤에서 그만둬야 한다. 우리나라 국민소득이나 생활수준을 감안했을 때 수해 예방을 위한 투자를 늘려야 한다. 예방 차원의 투자가 늘어나면 수해도 줄어들게 마련이다. 수해복구에 대한 관리 감독을 제대로 하려면 인력 부족만 탓할 것이 아니라, 유명무실한 감리제도를 강화해야 한다"고 강조했다.[20]

우리나라 재해의 '자연 서비스' 기능

인명과 재산을 빼앗아간 자연재해가 역설적으로 우리들에게 소위 '자연서비스 기능natural service function'으로 혜택을 주기도 한다. 예를 들어, 주기적으로 발생하는 홍수는 범람원에 영양분을 제공하여 경작에 필요한 비옥한 토양을 만든다.[21]

그런데 우리나라 재해의 '자연서비스 기능'은 재해복구비다. 2007년 강원지방경찰청은 수해복구용 토사채취 현장에 대한 수사를 벌여 비리 혐의자 23명을 적발했다. 전라북도에서도 최근 수해복구 비리와 관련된 공무원과 건설업자, 산림조합 관계자들이 줄줄이 수사를 받았다.

건설업계 내부 사정에 밝은 한 관계자는 "수해 직후 중앙정부로부터 돈을 못 받아내는 공무원은 무능하다는 소리를 듣는 것이 현실"이라고 말한다. 또 "한 개 업체에만 몰아주면 의혹이 생기고, 여러 업체에 나눠줘야 뒷말도 없고 나중에 지방선거 때도 인심을 잃지 않을 거 아니냐"며 귀띔하기까지 했다.

충청도의 한 마을은 무려 25개 업체가 들어와 공사를 진행 중이다. 또 경남에서는 일개 면을 25개 지구로 나누어 수해복구 공사를 하고 있었다. 희망제작소 재난관리연구소 이재은 소장은 "이런 분할 발주는 시공 후 문제점이 생길 경우 그 책임 소재를 명확히 따지기가 어렵다"고 지적했다.

강원도는 2006년에 있었던 집중호우와 태풍 '에위니아'로 인해 약 2000명의 이재민이 발생했고 2조 600억 원의 재산 피해를 입었다. 그런데 재해로 이재민과 재산피해만 생겨난 것은 아니었다. 이재민 발생하듯 늘어난 것이 바로 건설업체다. 심지어 강원도 경제를 자연 재해가 책임진다는 말이 떠돌 정도였다.

수해를 입은 2006년 7월 한 달 동안 강원도에 신규 등록한 건설업체는 자그마치 500개였다. 이들 중 상당수가 명의만 이전한 이른 바 '페이퍼 컴퍼니'다. 그러나 500개가 넘던 업체 중 1년이 지난 후에도 남아 있는 업체는 180여 개에 불과했다. 사후 관리나 A/S가 힘들어지는 것은 당연하다.[22]

"너무 처참해서 말이 안 나옵니다." 특별재난지역으로 선포된 제주도에 태풍 나리의 피해 복구를 위해 왔던 한 병사가 했던 말이다. 제주도는 현무암으로 되어 있어 비가 많이 와도 즉시 땅속으로 스며들기 때문에 절대 홍수가 안 난다는 섬이었다. 그런데 이틀 동안 연간 강수량의 3분의 1에 해당하는 500밀리미터나 되는 물폭탄이 쏟아지면서 제주도를 쑥대밭을 만들었다. 더구나 섬 전체를 뒤덮고 있는 골프장과 도로 그리고 신도시가 물이 스며드는 것을 막아 피해를 더 키웠다고 한다. 모두 경제발전이라는 미명 아래 이뤄진 무차별 국토개발이 초래한 결과다.[23]

제주도 산간지역에까지 들어선 골프장과 관광시설이 빗물이 스며들 화산지대를 막아버려 집중호우로 불어난 물이 그대로 도심지로 밀어닥쳤다. 그리고 마구잡이식 하천복개가 피해를 키웠다. 급속한 개발이 가져온 부작용은 우리 주변에서도 쉽게 찾아볼 수 있다. 부산과 인접한 경남 김해시 장유면 일대는 지금도 여기저기서 대규모 아파트 단지가 조성되고 있다.

그런데 하류의 김해 평야 일대는 신도시가 조성되고 난 뒤 전에 없는 피해를 입고 있다. 불과 100밀리미터의 비만 와도 논밭이 그대로 물 속에 잠겨버리는 것이다. 인근의 600만 평가량의 땅이 이런 식으로 매년 잠기다시피 하고 있다.

그래서 주민들은 고소득 작물을 키워보고 싶어도 매년 비만 오면 물에 잠기기 때문에 물에 강한 벼농사만 짓고 있다. 전문가들은 이런 원인을 지표로 스며들지 못한 빗물이 그대로 낙동강으로 쏟아져 들어가면서 생기는 문제라고 지적한다. 신도시가 책임 비용을 져야 할 문제다.

한국형 재난 대응법

피해는 계속되고 있지만 난개발에 대한 대책은 이제 걸음마 수준이다. 토지공사는 2007년 8월에야 처음으로 빗물의 저류기능과 물 흐름 환경을 대폭 개선한 '방재防災신도시'를 파주 운정지구에 적용키로 했다. 그간 무수한 신도시를 만들었지만 이제야 팽창만을 내다보던 신도시들에 수방시설이 갖추어지고 있는 셈이다. 하지만 이미 들어선 신도시 등에 대한 지자체의 대응은 안일하기만 하다. 한 공무원은 "가시적인 성과가 드러나지 않는 방재 관련 예산은 뒷전일 수밖에 없다"면서 "지자체장 입장에서는 드러나지 않는 곳에 돈을 쓰기보다는 재난 현장을 찾아가 같이 삽질 한번 하고 위로금을 전달하는 것이 더 좋은 이미지를 쌓을 수 있는 기회가 된다"고 말했다.[24] 이것이 한국형 재난 대응법인 것이다.

다국적 엘리베이터 제조업체인 오티스 한국법인의 벅월터 대표는 최근 한국의 엘리베이터 보수 관리 시장에도 눈을 돌리고 있다. 그는 "한국은 가격이 싼 군소업체에 보수를 맡기기 때문에 엘리베이터의 수명이 고작 12~13년입니다. 싼 게 비지떡인 셈이죠. 1920년대에 세워진 미국의 크라이슬러 빌딩은 당시 설치한 엘리베이터를 아직까지 사용하고 있습니다"라고 말하면서 한국 기업들이 '엘리베이터를 설치하면 그만'이라는 생각에 보수와 관리를 중요하지 않게 생각하다보니 엘리베이터 사고가 비교적 잦다고 지적했다. 또 "지난 10여 년간 엘리베이터 관리기준이 크게 달라지지 않았는데도 사고가 잦은 것은 '빨리빨리' 문화 때문"이라고 비판했다.[25]

우리는 과거에 일어났던 사고에 대한 원인과 대책을 밝힌 백서가 없다. 《중앙선데이》가 주요 재난사고 20건에 대한 백서를 추적해보니 반성도 대책도 없는 '어물쩍 보고서'가 수두룩했다. 사망자가 수십 명에서 수백 명에 이르는데도 형식적인 백서마저 없는 경우가 많았다. 시프린스 기름 유출 사고 백서는 사고가 난 지 7년 만인 2002년 7월이 되어서야 나왔다. 그런데 그것도 국정감사 때 시프린스 사고 사후 관리 문제를 지적하자 부랴부랴 만든 것이다.

경북대 홍원화 교수는 192명의 목숨을 앗아간 2003년 대구 지하철 화재에 대한 백서를 직접 만들었다. "학자로서 너무 답답해서" 사비를 털어 제작에 나선 것이다. 검찰에서 펴낸 성수대교와 삼풍백화점 붕괴 사고 보고서 두 건만이 백서 요건을 그럭저럭 갖추고 있다. 이 백서들은 모두 시설물의 안전점검과 유지보수를 강조하고 있다.[26]

우리나라에서는 닮은꼴 사고가 늘 반복된다. 재난 사례를 진지하게 연구해서 그 원인을 찾아내 현장 매뉴얼을 만드는 '소프트웨어' 대책이 수립되지 않았기 때문이다.[27]

민간 연구도 빈약하다. 예컨대 무려 502명이 죽은 대참사인 1995년 삼풍백화점 붕괴사고를 다룬 연구서는 2006년에 발간된

단 한 권이 있을 뿐이다.[28]

기획예산처의 '2008년도 예산안 편성 지침'은 재원배분의 원칙 중 9번째로 '사전예방의 강화'를 들고 있다. 재해와 안전에 대해 사전예방적 투자를 강화하고 사후 복구 수요를 최소화함으로써 궁극적으로 재정 부담이 줄어들도록 한다는 것이다.[29] 그렇지만 명분과 현실은 상당히 다르다. 앞으로도 정부가 재해 예방에 획기적으로 투자할 것 같지는 않다. 자치단체 스스로 확보할 수 있는 예산이 턱없이 부족한 지금과 같은 상황에서는 예방보다 복구를 위해 앞으로도 계속 돈 보따리를 풀어야 할 것이다.

일선에서 재난관리를 하는 소방공무원의 1인당 주민수가 미국 208명, 프랑스 247명인데 반해 우리는 1650명이다. 여건이 좋다는 서울에도 강북구와 성동구, 금천구에는 소방서가 없다. 경찰은 이미 3교대제를 실시하고 있지만 소방서는 24시간 근무하고 하루 쉬는 2교대제가 일반적이다. 게다가 사망하거나 다치는 소방관이 많아 지난 5년간 사상자 수가 무려 1587명에 달했다.[30]

소방공무원의 3교대 근무를 실시하려면 9600명 인원에 4800억 원의 예산이 필요하다. 이는 영어공교육 강화에 쏟는 4조 원의 10분의 1에 불과하다.

우리는 과연 요순시대로부터 얼마나 더 나아갔나

홍수로 큰 피해가 나면 기습폭우와 살인폭우를 들먹이며 대비책으로 댐을 더 짓는 것이 그동안 정부의 정책이었다. 건설자본 우선 정책인 것이다. 한국은 어떤 사건은 무섭게 책임을 추궁하기도 하지만, 어떤 사안은 전혀 책임을 추궁하지 않는 이상한 나라다.

도로, 항만, 댐, 매립지, 택지개발과 신도시정책, 골프장정책 등은 정부가 수십 년에 걸쳐 진행한 사업이지만, 어느 것 하나 정확하게 모니터링한 자료가 없다. 정책을 입안한 관료도, 정책을 검증하고 평가한 전문가도, 시공을 맡은 사업자도, 개발이익을 거래한 정치인도 누구 하나 책임을 지지 않는 나라다. 자연재해도 그렇다. 난개발이나 방재시설이 잘못돼 큰 피해가 생겨도 누구도 책임을 지지 않는다. 정치인들은 오직 향후 90일 이내에 문제가 될 사안에 대해서만 이야기하는 경향이 있다.

경제학자들은 단기적 이익에만 집착하는 이런 비합리적인 관심을 미래 이익의 '할인discounting'이라는 말로 설명한다.[31] 이 때문에 생기는 나쁜 결과는 후손들의 부담이 되는 것이다. 하지만 후손들은 투표로 현재에 영향력을 행사할 수 없을 뿐 아니라 불평을 제기할 수도 없다.

홍수는 중국에서도 중요한 재해다. 중국은 세계적으로 홍수가 많은 나라로 기원전 206년부터 1949년까지 2155년 동안에 홍수가 무려 1092차례 발생했다. 평균 2년에 한 차례씩 발생한 것이다.[32] 그래서 요순 임금 이래 치수治水는 통치자의 가장 큰 임무였다.

앞에서도 말했지만 우리의 재해 대책은 '이재민 구호'와 '피해시설의 원상복구'다. 큰 재해가 닥치면 이재민 구호 모금을 하고, 특별재난지역을 선포하기에 바쁘다. 이 패러다임을 바꿔야 하지

만 재해의 사전예방과 관리정책은 인기 없는 정책이 된지 오래
다. 그리고 정부의 정책의지도 약하다.

재해가 닥치면 복구하기 위해 돈을 푸는 것이 다스리는 자의 덕
목이 되는 세상이다. 그러나 그 사이 엄청난 복구비는 계속 낭비
되고 있다. 우리는 과연 요순시대로부터 몇 발짝이나 더 나아간
것일까.

1 서형식, 〈여수, 태안의 눈물 닦아준다〉, 《중앙일보》, 2007년 12월13일.

2 전병득, 〈얼빠진 위기대처〉, 《매일경제》, 2007년 12월 11일.

3 김영호, 〈24년 전 알래스카 재앙의 교훈〉, 《데일리노컷뉴스》, 2007년 12월 14일.

4 전호성, 〈감사원, "방제선 추가건조는 불요불급"〉, 《내일신문》, 2007년 12월 12일.

5 우석훈, 〈서해안의 조삼모사 사태〉, 《한겨레》, 2007년 12월 13일.

6 송문홍, 〈물폭탄 땜질처방, 재난관리체계 부실 여전〉, 《주간동아》, 554호, 2006년 9월 26일.

7 심재현, 〈우리나라 치수정책의 새로운 방향과 해외동향〉, 《정책자료집: 홍수피해의 악순환 어떻게 막을 것인가?》, 맑은물포럼·강살리기네트워크, 2007년 6월 21일, 36쪽.

8 국회의원 박기춘, 《재해사전예방 강화를 위한 국가예산의 효율적 투자방안》, 2007 국정감사 정책자료집, 3쪽.

9 〈수해대책 패러다임 바꿔야〉, 《서울신문》, 2006년 8월 8일.

10 송문홍, 〈물폭탄 땜질처방, 재난관리체계 부실 여전〉, 《주간동아》, 554호, 2006년 9월 26일.

11 천우정·나아정, 《재난관리 재정분석》, 국회예산정책처, 2005년, 21쪽.

12 국회의원 박기춘, 《재해사전예방 강화를 위한 국가예산의 효율적 투자방안》, 2007 국정감사 정책자료집, 18쪽, 33쪽.

13 국회의원 박기춘, 《재해사전예방 강화를 위한 국가예산의 효율적 투자방안》, 2007 국정감사 정책자료집, 25쪽.

14 〈수해대책 패러다임 바꿔야〉, 《서울신문》, 2006년 8월 8일.

15 최승식, 〈한계령은 아직도 작년 수해 복구 중〉, 《중앙SUNDAY》, 2007년 7월 15일.

16 홍용덕, 〈장맛비 퍼붓는데 "또 수마 덮칠라"〉,《한겨레》, 2007년 7월 20일.

17 김인수, 〈장마 눈앞인데 …… 공정 5%〉,《국제신문》, 2007년 6월 9일.

18 김인수, 〈규정외면·이중심의 …… 절차 밟다 1년〉,《국제신문》, 2007년 6월 9일.

19 정민규, 〈작년 수해 올 봄에야 복구 첫삽, 조금 있으면 다시 태풍 올텐데〉,《오마이뉴스》, 2007년 7월 18일.

20 〈수해대책 패러다임 바꿔야〉,《서울신문》, 2006년 8월 8일.

21 Edward A. Keller, Robert H. Blodgett,《자연재해와 방재》, 시그마프레스, 2007년, 24쪽.

22 정민규, 〈이재민은 '물벼락', 복구업체는 '돈벼락'〉,《오마이뉴스》, 2007년 7월 30일.

23 이기영, 〈'환맹' 대통령은 재앙 대통령〉,《한겨레》, 2007년 9월 28일.

24 정민규, 〈제주도에 내린 비, 다른 곳에 내렸다면?〉,《오마이뉴스》, 2007년 9월 20일.

25 김유영, 〈만나봅시다. 벅월터 오티스 한국법인 대표〉,《동아일보》, 2007년 8월 16일.

26 서울지방검찰청,《성수대교 붕괴사건 원인규명감정단 활동백서》, 1995년, 346쪽
서울지방검찰청,《삼풍백화점 붕괴사건 수사 및 원인규명감정단 활동백서》, 1996년, 369쪽.

27 이규연, 〈반성도 대책도 없는 '어물쩍 보고서' 수두룩〉,《중앙SUNDAY》, 2008년 3월 2일.

28 홍성태,《대한민국, 위험사회》, 도서출판 당대, 2007년, 51쪽.

29 기획예산처,《2008년도 예산안 편성 및 기금운용계획안 작성 지침》, 2007년, 43쪽.

30 선상원, 〈열악한 소방장비, 줄어드는 국가지원〉,《내일신문》, 2008년 1월 14일.

31 제레드 다이아몬드,《문명의 붕괴》, 김영사, 2005년, 594쪽.

32 장삼환, 김주환, 최종섭, 조국주 공저,《중국 자연재해 연구》, 한국학술정보주식회사, 2005년, 40쪽.

비상금의 미덕,
특별교부세

특별교부세를 투명하고 '민주적'으로 운영하는 것이 과연 가능할까? 전국공무원노조가 백서를 만들어 특별교부세의 자세한 사용 내역을 밝혔지만 특별교부세의 부당한 사용은 신정아 씨와 변양균 전 청와대 정책실장 사건 같은 것이 터질 때만 반짝 관심을 끌 뿐이다.

　'비상금'에는 많은 미덕이 있다. 한 푼이 아쉬울 때 당겨올 수 있는 곳간이 있으면 마음이 넉넉해진다. 특별교부세는 한마디로 정부와 국회의 '비상금'으로 행정자치부(현 행정안전부)의 예산이다. '세'란 글자가 붙어 있지만 중앙정부가 지방에 지원하는 돈의 일부다. 이 돈(특별교부금으로 부르기도 한다)은 총액은 알 수 있으나 구체적인 사용내역은 공개되지 않는다. 국정감사에서도 전체 사용 내역은 공개되지 않는다.

　그러니까 숨어 있는 돈이다. 물론 국가정보원도 예산을 공개하지 않는다. 당연히 총액도 알 수 없다. 그러나 조직의 특성 때문에 기밀을 유지해야 하는 국가정보원의 예산과 특별교부세는 엄연히 다르다. 보통 특별교부세는 지역 현안 사업과 재해지역에 쓰인다. 이름은 거창하지만 정부와 국회, 지방자치단체가 사이좋게 나눠 쓰는 돈이다. 그러니까 정부와 국회의 '쌈짓돈'이자 '비상금'인 것이다. 특별교부세는 액수가 정해져 있는데 분권교부세와 도로사업 보전분을 제외한 지방교부세액의 4퍼센트 해당액이다. 비상금이지만 작은 돈은 아닌 것이다. 2007년 예산 청구액은 8268억 원이었고 2008년 예산 청구액은 9456억 원이다. 참고로 2003년에는 1조 2238억 원, 2004년에는 1조 3012억 원이었다.

앞에서도 말했지만 특별교부세는 구체적인 사용 내역을 공개하지 않기 때문에 국회 결산도 하지 않는다. 일반적으로 예산을 잘못 쓰면 부처 감사실이나 감사원의 감사를 받아야 하고, 일이 잘못되면 담당공무원은 징계를 받아야 하는데 특별교부세는 이런 과정이 전혀 없는 정말 편한 돈인 것이다.

사용내역도 없고 결산도 없는 편한 돈

그래서 행정자치부가 특별교부세를 제대로 감독하지 못해 엉뚱하게 돈이 새나가기도 한다. 열린우리당 홍미영 의원과 '함께하는 시민행동'이 2006년 특별교부세 교부내역을 검토해본 결과 서울시 종로구청장은 당초 행정자치부에서 책정하지도 않은 '조계사 국제명상센터 건립'에 20억 원을 사용한 것으로 나타났다. 그리고 행정자치부에서 교부한 '통의동 도로개설 공사' '간판 시범거리 조성평가 재정지원' 목적으로는 전혀 사용하지 않은 것으로 밝혀졌다. 다른 지역도 예외가 아니었다. 경기도 수원시는 당초 행정자치부가 교부한 특별교부세 15억 원에 대한 사용내역을 전혀 기록하지 않은 것으로 나타났다. 또 충청남도는 행정자치부에서 책정하지도 않은 '수덕사 선원 정비'용으로 7억 원을 사용했다. 역시 다른 항목은 사용액이 맞지 않았다. 홍미영 의원은 "특별교부세는 현안수요와 재해발생 복구를 지원하기 위한 것인데 원래의 목적과는 전혀 관계없는 곳에 예산이 사용되고 있다"며 심각한 문제가 아닐 수 없다고 지적했다.[1]

특별교부세는 신정아 씨와 변양균 전 청와대 정책실장 사건으로 언론에 많이 오르내렸다. 변 실장은 행정자치부에 특별교부세 집행을 요청해 울주군 홍덕사에 10억 원을 지원했다. 홍덕사는 문화재로 지정되지 않은 일반 사찰이어서 특별교부세를 지원받을 수 없는 곳이지만 울주군청은 사찰 내 진입로 개설 명목으로 10억 원을 배정했다. 울주군은 행정자치부가 수차례 압력성 전화를 걸어왔다고 밝혔고, 행정자치부는 청와대 사회정책비서관실의 행정관이 전화를 걸어 울주군의 숙원사업이 무엇인지 알아봐달라고 해서 교부금을 배정해줬다고 밝혔다.[2]

이 사건은 특별교부세가 어떻게 사용되고 있는지 보여주고 있는 대표적인 예다. 그러나 이런 특별교부세의 변칙 집행은 빙산의 일각일 뿐이다. 특별교부세의 원래 용도는 다음과 같다.

행정자치부는 2007년 9월, 제11호 태풍 '나리'로 인해 제주·전남지역의 도로, 주택, 상가가 물에 잠기고 인명피해와 이재민이 발생하자 피해가 극심한 주민들의 조속한 생활안정과 공공시설의 신속한 복구를 위해 특별교부세 27억 원을 제주와 전남에 긴급 지원했다. 이렇게 지원한 특별교부세는 피해지역의 공공기능이 하루빨리 정상을 찾을 수 있도록 두절된 도로의 개통, 교량 복구, 하천정비 등 공공시설 응급복구에 쓰인다. 또 주택 침수지역의 폐기물 처리 등 청소활동 및 방역활동에도 투입된다. 이처럼 응급복구를 위해 지원하는 특별교부세는 예산편성과 관련한 절차에 구애받지 않고 곧바로 집행될 수 있기 때문에 이재민 구호에 신속한 도움을 준다.[3]

하지만 특별교부세는 이렇게 순리대로 쓰이지 않는다. 1990년대 정부 고위 관료였던 윤모씨는 특별교부세의 성격에 대해 다음과 같이 얘기했다. "특별교부세는 실세들의 '통치 자금'이나 다름없다. 중앙정부가 지방자치단체들을 길들이기 위해 쌈짓돈처럼 쓰는 눈먼 돈이다. 특별교부세는 예나 지금이나 힘 있는 사람들이 좌지우지한다. 청와대와 국회의 유력 인사들이 여기저기 압력을 행사하며 서로 많이 차지하려고 옥신각신할 때는 그야말로 복마전이 펼쳐진다."[4]

힘 있는 사람들이 좌지우지하는 돈

중앙정부가 지방자치단체에 나눠주는 지원금에는 '보통교부세'와 '특별교부세' 두 종류가 있다. 교육부도 지방자치단체의 교육기관에 따로 교부금을 지급한다. 2008년 예산안 기준으로 교육재정교부금은 보통교부금이 29조 5200억 원, 특별교부금이 1조 700억 원 정도다.[5] 이는 적은 돈이 아니다. 교육부의 특별교부금은 교육 부분에 한정되지만 행정자치부의 특별교부세와 비슷한 문제를 가지고 있다.

지자체의 재정 상태를 고려해 배분하는 보통교부세과 달리 특별교부세는 배분할 때 명확한 기준이 없다. 그러다 보니 청와대를 비롯한 '윗선'의 입김이 작용할 여지가 크다. 경남지역의 한 지자체 관계자는 "고위층의 압력은 주로 도로, 마을회관 건설 등 지역 현안에 집중된다"면서 "제대로 줄을 댄 지자체의 교부 신청은 곧 잘 받아들여지지만 그렇지 못한 지자체는 소외된다"고 말했다.[6]

역대 대통령들에게 특별교부세는 통치자금이었다. 대통령은 지역을 돌면서 주민들과 간담회를 갖곤 하는데 특별교부세는 여기서 나오는 다양한 숙원사업을 해결할 수 있는 복주머니이자, 정치권과의 매개 고리였다. 지역 발전을 미끼로 '야당 의원 빼내기'를 할 때도 특별교부세는 유용한 도구였다. 당적을 바꾼 의원들이 특별교부세를 두둑이 챙겼다는 얘기가 파다한 것도 이 때문이다.

1995년 7월 처음 선출된 민선 도지사와 시장은 모두 100여 명이었다. 그런데 이중 행자부 출신이 90명이 넘었다. 행자부 출신이 이 자리를 독식하다시피 한 이유는 지방교부세, 그중에서도 특별교부세를 타내는 데 유리했기 때문이다. 해마다 가을 정기국회 때가 되면 국회의원 사무실에는 지역 민원이 쇄도한다. 자치단체들 역시 국회의원을 앞세운다. 국회의원들은 이 같은 기대에 부응하기 위해 치열하게 로비에 나선다. 특별교부세를 한 푼이라도 더 차지하기 위해서다.

2005~2006년, 2년 연속 특별교부세 배정 상위에 올라 있는 전북 군산시를 지역구로 두고 있는 강봉균 의원의 의정보고서를 살펴보자. 〈강봉균 의원이 추진한 예산과 정책〉이라는 제목의 보고서에는 '월명공원 생태통로 개설(2006년 6월, 5억 원 특별교부세 확보)' '군산지역 송배전선로 지중화 사업 : 총 사업예산 80억 원(2006년 11월, 25억 원 특별교부세 확보)' '금강공원 축구전용구장(2006년 특별교부

세 5억 원 확보)' '구암동산 성역화 사업(2005년 특별교부금 10억 원 확보)'
등이 나열돼 있다.

지역구 국회의원이 자신의 업적을 홍보하는 '의정보고서'에
올리는 내용의 십중팔구는 '내가 정부 돈을 따내 마을에 다리를
놨다, 내가 문예회관을 지었다'는 식이다. 강 의원의 사례에서 보
듯 자금 출처는 대부분 특별교부세다.

국회 예결위원장을 지낸 강봉균 의원이나 박희태 의원 등 국
회나 정부에 영향력이 큰 여야 중진의원들의 지역구는 평균의 두
배 이상씩의 특별교부세를 받았다. 행정자치부(현 행정안전부)를 관
할하는 국회 행정자치위원회, 기획예산처(현 기획재정부)를 관장하
는 국회 운영위원회 그리고 예산결산특별위원회 소속 의원의 지
역구들도 많은 혜택을 누렸다.[7] 지방자치단체와 국회의원들의 홈
페이지에는 특별교부세를 따낸 성과가 가득 기록돼 있다.

최인기 국회의원이 행정자치부로터 확보한 19억 원으로 복암사
지하수 개발에 5000만 원, 심향사 설법전 신축에 2억 원을 지원하고,
재향군인회원들의 오랜 숙원인 재향군인회관 건립에도 2억 원을 지
원하기로 했다. 보물 제394호 대성전이 있는 나주향교는 휴식 및 사
무공간이 없어 유림관 건립이 필요하다는 유림들의 건의를 받아들
여 예산을 확보했다. 특히 가운리 운암배수로 등 총 55건의 용배수로
개보수에 7억 5000만 원이 배정되어 주민숙원사업 해결과 나주지역
농업환경 및 생활환경 등이 크게 개선될 것으로 기대된다[8]

박연수 군수 출범 이후 1년 동안 특별교부세 40억 원이 확보되어 각종 사업이 활기를 띨 전망이다. 특별교부세는 박연수 군수가 중앙 및 전라남도에서 예산 확보에 적극적인 활동을 한 또 하나의 성과다. 이는 '침체된 지역'에 활력을 불어넣고 있다는 측면에서 큰 의미를 갖고 있다. 진도군은 40억 원의 특별교부세를 해양에너지공원 조성, 진도군 농수산물 종합유통센터 건립, 접도 웰빙등산로 정비, 유스호스텔 건립, 친환경 농업을 위한 미생물 배양 사업 등에 투입할 계획이다.[9]

양양군 사이클 경기장 건립을 위한 양양군과 군의회의 행보가 본격화돼 올 상반기 중 이 문제가 결론이 날지 주목된다. 특히 양양군이 사이클 경기장 건립을 위해 정부에 신청한 특별교부세 지원 여부가 이달 말께 결정될 예정이다. 군 관계자는 "이달 말에 10~20억 원의 특별교부세 지원만 확정되면 양양군 사이클 경기장 사업을 올 하반기 중 본격적으로 시작할 수 있다. 건립 필요성과 효과는 이미 잘 알려진 만큼 이번 교부세 지원이 가능할 것으로 기대하고 있다"고 했다.[10]

그동안 소래포구를 찾는 관광객들의 눈살을 찌푸리게 했던 소래포구 공중화장실이 새롭게 탈바꿈될 전망이다. 이윤성 국회의원(한나라당 남동갑)은 행정자치부에 요구해 소래포구 공중화장실 개축을 위한 특별교부세 4억 원을 확보했다고 밝혔다. 행자부의 특별교부세 확보로 부지매입과 건물 신축이 가능해져 현재 지상 1층의 노후된 공중화장실은 지상 2층으로 신축되어 관광객의 편의를 도모할 수 있게 될 전망이다. 이윤성 국회의원은 "소래포구는 외래 방문객이 많아 인천의 이미지를 각인시키는 중요한 역할을 하고 있다"면서 "화장실을 청결하고 깨끗하게 설치 관리해 소래포구 축제 등 외래 관광객이 다시 찾고 싶은 남동구가 되었으면 한다"고 말했다.[11]

특별교부세를 예산과 비교해보자. 특별교부세는 일반예산처럼 국회의 심의와 의결을 거쳐 사용내역을 결정하는 것이 아니다. 또 법령으로 이미 규모가 정해져 있고, 이를 행정자치부가 재량껏 지방자치단체에 배분하도록 규정되어 있어 국회가 관여할 수 없다. 게다가 현안사업과 재해대책이라는 2개의 사업 범주가 정해져 있기는 하지만 행정자치부가 수요판단을 해 연중 수시로 자치단체에 배분할 수 있다.

정부 부처가 수십억의 예산을 배정받으려면 실무자가 부처 내에서 예산을 확정짓고 기획예산처의 심사를 거쳐 다시 국회의 예산심의를 받아야 한다. 그런데 특별교부세는 이런 절차가 없는 것이다. 특별교부세 중 예비비적인 성격을 갖는 것은 재해대책 수요다. 재해대책 수요는 자연재해, 농어업재해, 대형화재·폭발 등 인위재해, 재난예방 등으로 특별한 재정수요가 있을 때 지원된다. 그러나 특별교부세는 일반 예비비와는 엄연한 차이가 있다.

일반 예비비가 예측하지 못한 일반적인 용도에 사용하는 데 비해 특별교부세는 사용범주가 정해져 있다. 그리고 일반 예비비는 별도의 결산이 필요하지만 특별교부세는 별도의 결산을 거치지 않아도 된다. 즉, 특별교부세는 국회의 예산과 결산 심의에서 자유로운 것이다. 이 때문에 특별교부세는 지방자치단체를 길들일 때 쓰이기도 한다. 2004년 공무원노조를 둘러싸고 일어난 일이다. 공무원 노조는 "허성관 행정자치부 장관이 경상남도와 공무원 노조 간 인사교류 협약서를 문제 삼아 경상남도에 특별교부세를 전혀 지급하지 않고 있다"고 밝혀 파문을 일으켰다. 이에 허 장관은 국회에서 열린 당정협의회에 참석해 "공무원 노조와 협약을 맺은 경상남도에는 특별교부세를 일체 지급하지 않고 있다"고 말했다.

경상남도는 올 들어 행자부로부터 농어촌주거환경 개선 사업비 47억 원을 비롯해 총 419억 원의 특별교부세를 받았다고 밝혔다. 작년에 경상남도가 받은 특별교부세는 606억 원이었다. 즉, 경상남도는 지난해에 비해 올해 180여억 원의 특별교부세를 받지 못한 것이다. 이 때문에 공공복지시설의 신설 보수 등 각종 사업에 차질이 빚어질 수밖에 없었다.[12]

공무원노조 총파업에 동참한 공무원들에 대한 징계를 놓고 정부와 갈등을 빚고 있는 민주노동당 소속 이갑용 울산 동구청장과 이상범 북구청장은 허성관 행정자치부 장관을 상대로 헌법재판소에 권한쟁의 심판을 청구하겠다고 밝혔다. 이들 구청장은 기자회견에서 "행자부 장관은 담화를 통해 전국공무원노조 파업 가담자에 대한 징계를 거부하는 지자체에 대해서는 특별교부세 지원을 중단하고 각종 정부시책 사업지원대상 선정에서도 배제한다고 예고하는 등 권한을 남용했다"고 주장했다.[13]

지방자치단체를 길들일 때 쓰이기도

전국공무원노조는 2007년 7월, 지방교부세 백서를 냈다. 행정자치부가 실태 공개를 하지 않아 전국 광역 및 지방자치단체 246개 전체를 대상으로 정보공개청구를 통해 정확한 현황을 파악한 것이다. 이 백서에는 각 지방자치단체별 교부세 현황 및 특별교부세 사용 내역이 모두 들어 있다.[14]

김해시는 2006년, 64억 5000만 원(재해복구비 제외)의 특별교부세를 받아 전국 246개 지방자치단체 중 가장 많은 혜택을 입었다. 이는 지자체 평균 14억 원의 4.6배에 달하는 규모다. 2위는 충남 서천군으로 54억 5000만 원, 3위는 경남 합천군으로 47억 원, 4위는 전북 군산시로 44억 원이었다. 행정자치부가 속한 국회 행정자치위원회 소속 의원들의 지역구에는 평균 20억 4500만 원이 지원되었고, 국회 예산결산특별위원회 위원들의 지역구에는 평균 19억 4100만 원이 지원되었다.[15] 우연한 일치인지 모르지만 김해시는 노무현 대통령의 고향인 김해 봉하마을을 관광사업단지로 조성하려고 계획 중이다. 이에 특별교부세 중 약 1억 원을 들여 단지계획 용역을 맡겼다. 또 진영 공설운동장 개보수에는 40억 원이 소요되는데 여기에 특별교부세 30억 원이 들어갈 예정이다.

특별교부세는 특혜추구rent-seeking의 대상이다. 특별교부세의 배분에 대한 행정자치부 장관의 재량 범위가 넓기 때문에 특별교부세의 배분을 둘러싼 로비가 치열할 수밖에 없다. 로비뿐 아니라 압박도 심하다. 행자부 장관이 국회에서 한 국회의원에게 호되게 시달리면, 장관이 마포대교를 넘으면서 넥타이를 풀어 던지

며 그 의원 지역구에 특별교부세를 더 지급하라고 한다는 우스갯
소리도 있다.

특별교부세는 해당 지역구 의원이나 지방자치단체장의 로비
능력에 따라 받는 액수가 달라진다. 따라서 지역구 사업이나 부
족한 사업비를 확보하기 위해 중앙정부를 상대로 치열한 돈 타내
기 경쟁이 벌어진다. 국회의원들은 자기 지역구에 특별교부세가
얼마나 배분되었는가에 큰 관심을 갖는다. 자기 지역이 다른 지
역에 비해 특별교부세를 적게 받아 무능한 의원으로 평가되는 것
을 두려워하기 때문이다. 국회의원들은 행정자치부에서 따낸 특
별교부세 규모가 큰 경우 이를 자랑하며 자기의 능력을 과시한
다. 지방단체장도 서울을 들락거리며 특별교부세를 많이 따내야
능력을 인정받는다. 결국 특별교부세는 지출 측면에서 거의 모든
지방자치단체의 2000여 개가 넘는 소규모 사업에 소액 단위로 지
원된다. 기존의 지방정부 사업예산에 웃돈의 형태로 보태주는 지
역 간의 갈라먹기 돈인 것이다.

특별교부세의 병폐를 고치는 건 쉽지 않다

이렇기 때문에 재원의 지역편중 문제가 생긴다. 하
지만 특별교부세의 병폐를 고치기 위한 처방인 사업규모 축소와
사용 내역 공개 그리고 재량권 축소가 쉽게 이루어질 것 같지는
않다. 그 이유는 특별교부세가 행정부와 국회의원, 중앙정부와
지방자치단체 간의 관계를 부드럽게 하는 윤활유 역할을 하고 있
기 때문이다. 중앙과 지방의 관계가 가부장적 온정주의적인 우리

지방자치제도에서 특별교부세는 부모가 자식들에게 수시로 용돈을 주면서 부모가 원하는 대로 자식이 행동하도록 유도하는 것과 유사한 역할을 하는 것이다.[16]

이 땅의 모든 '주부'들이 비상금을 꿈꾸는 이유는 가정재무에 '합의된' 비상예비비가 없기 때문이다. 그러나 부부 간에 돈 문제를 '민주적'으로 합의한다는 것은 여간 어려운 일이 아니다.

특별교부세는 나라의 비상금이다. 그런데 힘 있는 자들의 비상금이다. 그런 특별교부세를 투명하고 '민주적'으로 운영하는 것이 과연 가능할까? 전국공무원노조가 백서를 만들어 특별교부세의 자세한 사용 내역을 밝혔지만 특별교부세의 부당한 사용은 신정아 씨와 변양균 전 청와대 정책실장 사건 같은 것이 터질 때만 반짝 관심을 끌 뿐이다.

국회 역시 특별교부세 사용명세 공개를 원하지 않는 눈치다. 국회 사정에 정통한 관계자는 "국회의원들도 특별교부세 사용 명세 내역 공개를 꺼릴 수밖에 없다"고 말한다. "많이 받으면 많이 받는다고 욕먹고, 적게 받으면 지역 주민들한테 '왜 적게 받느냐'는 비판을 받기 때문"이다.[17]

국민들 역시 특별교부세를 투명하고 공정하게 운영하는 것보다 우리 지역의 힘 있는 사람이 중앙에서 많이 당겨오는 것을 더 선호한다. 특별교부세의 자세한 내역이 공개되지 않고 여론도 여기에 큰 관심이 없는 것을 보면 그렇다. 선거 때만 되면 '힘 있는 여당' 또는 '중앙에서 힘 있는 사람'을 밀어달라는 호소가 판치고 유권자들은 그런 호소에 매료된다.

우리는 특별교부세라는 비상금에서 나온 콩고물이 우리에게
조금이라도 떨어지지 않을까 기대하면서 비상금을 공정하게 사
용하는 문제는 비켜간다. 전체보다 부분의 이익에 관심을 더 두
고, 지역보다는 중앙에 기대는 것이다. 그리고 그것이 특별교부
세와 대한민국의 비극일 것이다.

1 〈특별교부세가 엉뚱한 곳으로 새어나가고 있다〉,《국회의원 홍미영 국정 감사 보도자료》, 2007년 10월 18일.

2 김재덕,〈청와대 “홍덕사 10억 지원, 변양균 건의 확인”〉,《노컷뉴스》, 2007년 9월 19일.

3 〈제주, 전남지역 특별교부세 27억 원 긴급 투입〉,《행정자치부 홈페이지》, 지방세·세정뉴스, 2007년 9월 21일.

4 왕성상,〈권력 주머니 채우는 ‘공인 비자금’〉,《시사저널》, 2007년 10월 9일.

5 교육위원회 수석전문위원,《2008년도 예산안, 교육인적자원부 소관, 검토 보고》, 135쪽.

6 이헌재,〈자금 배정 기준 불분명 ‘실세 쌈짓돈’ 변질 일쑤〉,《동아일보》, 2007년 9월 21일.

7 강민석,〈고위공직자·의원이 나눠 쓰는 ‘눈 먼 돈’〉,《중앙 SUNDAY》, 제 30호, 2007년 10월 6일.

8 〈최인기 의원 특별교부세 19억 원 결실〉,《최인기 의원 홈페이지》, 2007년, 8월 6일.

9 〈지역 발전 위한 국비 확보 노력 ‘활기’〉,《지방행정혁신 246 홈페이지》, 진도군 혁신 뉴스, 2007년 9월 10일.

10 〈양양군의회 사이클경기장 건립 총력〉,《양양군의회 홈페이지》, 의정활동 보도자료, 2007년 3월 8일.

11 임영욱,〈소래포구 공중화장실 ‘탈바꿈’〉,《디지털 남동신문》, 2007년 12월 5일.

12 강인범,〈경상남도에 특별교부세 못 준다〉,《조선일보》, 2004년 10월 12일.

13 김태권,〈울산 북·동구청장 권한쟁의 청구〉,《부산일보》, 2005년 1월 4일.

14 전국공무원노동조합,《지방교부세 백서(2005년, 2006년)》, 2007년 7월, 11~16쪽.

15 강민석, 〈권력 따라 움직인 특별교부세〉, 《중앙 SUNDAY》, 제30호, 2007년 10월 6일.

16 김석태, 〈특별교부세의 정체성〉, 《한국행정논집》(2001), 제13권 제2호, 285~303쪽.

17 이헌재, 〈자금 배정 기준 불분명 '실세 쌈짓돈' 변질 일쑤〉, 《동아일보》, 2007년 9월 21일.

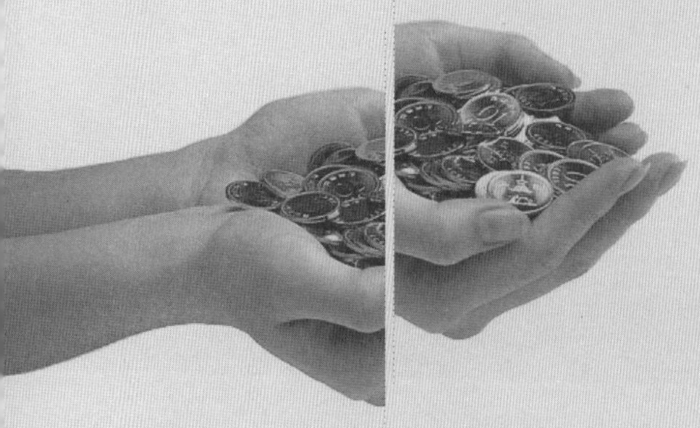

방과 후 학교와 단판 승부

사교육은 대학입시에 목매는 '단판 승부' 사회가 만든 유령이다. 그러나 '방과 후 학교'라는 '단판 승부' 정책으로는 절대 사교육이라는 유령을 이길 수 없다.

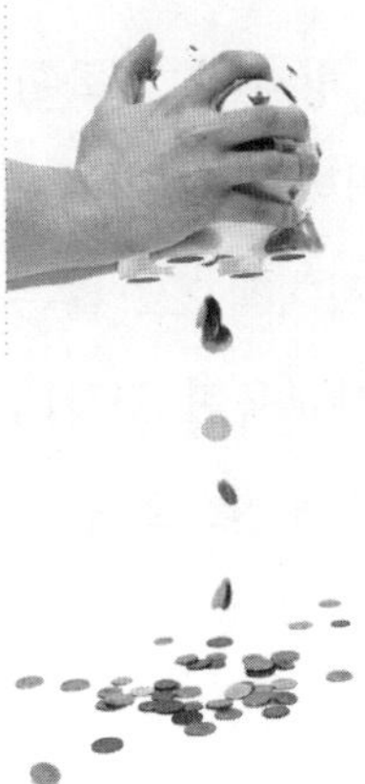

"'방과 후 학교'는 참여정부 5년 동안 가장 자랑하고 싶은 성공적인 정책이다" 노무현 전 대통령의 말이다. 노무현 전 대통령의 '방과 후 학교'에 대한 애착은 대단했다. "'방과 후 학교'가 성공하면 우리가 걱정하던 교육에 혁명이 일어날 수 있겠구나 하는 기대를 가져본다"라는 말도 했다.[1]

'방과 후 학교'의 2006년 예산은 309억 5000만 원이었고 2007년 예산은 2034억 원이었다. 이는 2006년에 비해 660퍼센트나 늘어난 것으로 2007년 교육부 세출 예산 31조 447억 원의 0.65퍼센트에 해당한다. 그리고 2008년 예산은 3287억 원인데 이는 2006년도 예산의 10배가 넘는다. 보기 드문 증액이다.

교육부 재정투자계획에 따르면 '방과 후 학교' 사업의 재정수요를 〈지방교육재정교부금법〉 시행령에 명시하여 2009년에는 3392억 원, 2010년에는 3893억 원의 예산을 확보해 안정적으로 지원할 계획이라고 한다.[2] 대통령이 "가장 성공적인 정책"이라 평하고 "교육의 혁명"이 일어날 수 있다고 하는데 예산이 획기적으로 늘어나지 않을 수 없는 것이다.

원래 '방과 후 학교'는 교육부가 1996년부터 '방과 후 교육활동 활성화 방안'이라는 이름으로 시행하던 사업이었다. 이때는 사업규모가 작았다. 그런데 사교육비가 늘어나 사회적으로 많은 문제가 되자 교육인적자원부는 2004년 〈2.17 사교육비 경감대책〉을 발표했다. 여기서 사교육 수요를 공교육 체제 안으로 흡수하기 위한 주요 대책으로 방과 후 교육활동이 제시된 것이다.

'방과 후 학교'는 가장 자랑하고 싶은 성공적인 정책

'방과 후 학교'라는 용어를 공식적으로 사용하기 시작한 것은 2004년 4월 21일, 교육인적자원부의 대통령 업무 보고 때부터다. 이 자리에서 대통령은 '보충자율학습'이라는 명칭을 '방과 후 학교'로 바꾸도록 지시했다. 이렇게 해서 '방과 후 학교'는 방과 후 수준별 보충수업, 특기·적성교육, 초등학교 저학년 방과 후 교실(보육프로그램)을 아우르게 되었고, 농·어촌을 비롯한 지방과 저소득층 자녀들에 대한 교육복지의 확대라는 특성도 갖게 되었다.[3]

교육부는 2006년 2월에 발표한 〈방과 후 학교 운영 계획〉에서 방과 후 학교 추진 배경을 세 가지로 제시했다. 첫 번째는 사회 양극화 완화를 위한 교육격차 해소이고, 두 번째는 저출산·고령화에 따른 교육서비스다. 그리고 세 번째는 사교육비 경감을 위한 방과 후 학교 활동이다.

실제로 공공 보육시설 부족으로 고통 받는 저소득층에게 방과 후 학교의 보육프로그램은 도움이 된다.

서울 강남구 도곡동 ○초등학교 3학년에 다니는 아들을 둔 이 모씨는 요즘 가슴이 바짝바짝 탄다. 지난달 말 ○초등학교 방과 후 교실이 학교 재건축 문제로 문을 닫았기 때문이다. "저에겐 방과 후 교실이 정말 절실하거든요. 일반 보습학원을 알아보고 있는데, 월 30~40만 원이 들어간다고 해요. 아이를 집에 혼자 둘 수도 없고……" 일용직으로 일하며 혼자 생계를 꾸리는 이씨는 "벼랑 끝에 서 있는 심정"이라고 말했다. 이 학교의 방과 후 교실은 1~3학년을 대상으로 한 달에 5~7만 원의 수업료를 받고 있고, 수업이 끝나는 오후 1시부터 오후 6시까지 보육교사가 아이들을 돌본다.[4]

그런데 문제는 방과 후 학교가 '사교육 경감'을 '추구'한다는 것이다. 사교육비 경감은 당초 방과 후 학교의 3가지 목표 중 하나이자 가장 실제적이고 중요한 것으로 인식되었다. 노무현 전 대통령은 2004년 11월 4일, 수석보좌관 회의에서 "방과 후 학교는 저소득층의 아이들을 돌봐주고, 최고의 교육을 해보자는 취지다. …… 방과 후 교육은 학원과의 경쟁에서 이길 수 있도록 품질에 있어서 최고가 되어야 하고, 교육의 보편적 제공이 될 수 있어야 한다"고 했다.[5] 그래서 중학교에서는 교과관련 프로그램으로 영어와 과학영재, 수학, 논술, 사회탐구 등이 운영되고, 고등학교에서는 영어, 수학, 국어, 사회, 과학, 논술 등이 운영된다.[6] 사교육의 부담이 적은 초등학교는 예체능 관련 프로그램이 많지만 중학교와 고등학교로 올라갈수록 교과 프로그램이 증가한다.

그런데 방과 후 학교가 과연 학원과 경쟁할 수 있을까? 국가는 사교육에 대항하기 위해 EBS 수능방송을 만들었다. 한마디로 '국가과외'다. 그리고 방과 후 학교라는 '학교과외'도 만들었다. 하지만 국가과외와 학교과외가 사교육을 이길 수는 없을 것이다. EBS가 메가스터디를 이길 수 없다는 것이다. 이는 정부가 사교육이 일어나는 원인을 제대로 파악하지 못하고 처방을 잘못했기 때문이다. 따라서 정부가 원하는 사교육비 경감도 어림없다.

대전 한남대생들은 피땀 흘려 일할 일터를 달라며 '1만 5000학우 헌혈대행진' 행사를 마련했다. 총학생회는 선언문에서 "저희 선배들은 취직이 안 됩니다. 아니 취업을 못합니다. 직장을 구하려고 안간힘을 써도 소용이 없습니다. 100번 넘게 이력서를 써도 아무런 대답을 듣지 못합니다. 단과대학 수석을 하고도 문전박대 당하기 일쑤입니다"라고 현실의 암담함을 토로했다.[7] 지방대의 어려운 취업 실태다. 이 사례는 한국 교육의 문제점을 여실히 보여준다.

한국은 학력·학벌의 위력이 절대적으로 큰 나라다. 철저한 서열문화와 더불어 왕성한 인맥문화가 자리 잡고 있기 때문이다. 학력·학벌의 가치는 우선적으로 인맥 형성에 있으며 그 인맥에 서열이 매겨진다. 그런데 서열의 상층부 인원은 제한돼 있다. 따라서 그 제한된 서열 그룹에 들어가는 건 실질적인 '계급투쟁'에 가깝다. 하지만 일단 그곳에 들어가고 나면 평생 지속되는 경쟁력을 갖게 된다.

그 경쟁력은 통계로도 뒷받침된다. 역대 정부별 서울대 출신 장·차관 비율은 전두환 정부 47.2퍼센트, 노태우 정부 60퍼센트, 김영삼 정부 66.8퍼센트, 김대중 정부 46.6퍼센트였다. 또 2004년 10월 현재 전국 고등법원 부장판사 이상 127명 가운데 87.4퍼센트인 111명이 서울대 출신이다.

또 《월간중앙》 2006년 2월호가 매출액 기준 대한민국 100대 기업 CEO들의 신상정보를 분석한 결과, 서울대 출신이 43명, 연세대 출신이 13명, 고려대 출신이 12명으로 이른바 SKY 출신이 68퍼센트를 차지했다.

서열화된 대학과 맹목적인 사교육 열풍

《미디어 오늘》은 1960년대 이후 1990년대까지 중앙지 편집국장 184명의 출신 대학을 분석했다. 그 결과 서울대 출신이 64퍼센트, 고려대 출신이 7퍼센트, 연세대 출신이 6퍼센트로 SKY 출신이 무려 77퍼센트였다. 사정이 이런데 자녀를 둔 부모로서 어찌 SKY의 마력을 외면할 수 있으랴. SKY가 안 되면 그 다음 서열의 학벌군에라도 들어가려고 투쟁하는 건 너무도 당연한 게 아닌가?

사교육은 인원이 제한된 그룹에 들어가고자 하는 경쟁의 결과로 번성하는 것이기 때문에 '공교육 정상화·활성화'와는 아무런 관계가 없다. 공교육의 수준과 품질이 세계 최고를 자랑한다 해도 남들보다 조금이라도 더 나은 그룹에 들어가려는 경쟁심은 공교육 이외의 '플러스 알파'를 찾게 돼 있다.[8]

상황이 이렇기 때문에 한국의 교육이 가지고 있는 문제는 제아무리 좋은 제도를 도입한다 해도 결코 해결될 수 없다. 한국의 교육이 가지고 있는 모든 문제의 근원은 입시 제도에 있는 것이 아니라 대학의 서열화에 있다. 한국에서 일류대학을 나오면 취직에 유리할 뿐 아니라, 사회적 지위를 얻고 결혼시장에서 성공하기도 쉽다. 한마디로 단판승부다. 씨름판 밖으로 상대편을 밀어내는 일본의 스모 경기와 같다. 한 번 밀려나면 다시 올라오기 힘들기 때문이다.

입시경쟁의 극단화는 맹목적인 사교육 열풍으로 이어진다. 외환위기 이후 사교육 시장의 급속한 성장은 자신의 노후나 미래 설계도 포기한 채 교육에 '올인'하는 우리 사회의 암울한 단면을 보여주었다. 한국보건사회연구원이 발표한 〈2006년 자녀양육비 실태〉에 따르면 가구당 월평균 지출에서 가장 비중이 높은 것이 사교육비였다.[9]

한국의 사교육 시장 규모는 33조 5000억 원으로 추정된다. 2007년 교육예산 31조 원보다 많고, 명목 국내총생산GDP의 3.95 퍼센트에 해당한다. 현대경제연구원에 따르면 조사가구의 26퍼센트는 "사교육비 마련을 위해 부업"을 하고 있는 것으로 나타났다. 현재 우리나라 사교육비는 OECD 국가 평균의 4배 수준이다.

참여정부는 2004년 EBS 수능방송 강화 및 방과 후 학교 운영을 골자로 한 〈2.17 사교육 대책〉을 내놨지만 효과는 별로였다. 노무현 정부 집권 이후 1만 2000개의 학원이 새로 문을 열었다. 2006년 말 전국의 입시·보습학원 숫자는 2만 9005개였다. 그리

고 2007년 상반기에 3만개를 돌파했을 것으로 추측된다.[10]

우리나라에서는 일반적으로 아이가 어떤 대학에 들어가느냐에 따라 아이의 인생뿐 아니라 부모의 인생행로도 달라진다. 명문대 입학은 곧 부모 인생의 성공이 되기도 한다. 이것이 부모들이 내 집 마련도, 노후 대책도 모두 뒷전으로 미루고 자녀들 입시에 인생을 거는 이유다. 사교육은 날로 번창해 이제는 통제할 엄두를 내지 못할 정도가 됐다.[11]

게다가 학벌 경쟁은 국내 대학을 넘어서 외국 대학으로까지 확장되고 있다. 2007년 외국어고등학교와 자립형사립고등학교의 해외대학 진학자 수가 서울대 진학생 수를 처음으로 추월했다. 이들은 국내 인맥보다 '글로벌 인재'의 길을 선택한 것이다.[12] 외국 유명대학을 나왔다는 것은 한국사회에서 굉장히 중요한 요소로 작용한다. 비록 가짜로 판명났지만 신정아 씨가 미술계에서 빠르게 출세한 것 역시 '예일대' 출신이란 것이 크게 작용한 것이다.

더 이상 개천에서 용은 나지 않는다

이렇게 사교육이 치열하다보니 개천에서 용 난다는 말은 옛 말이 됐다. 한국노동연구원에 따르면 최상위 25퍼센트 소득계층 자녀들의 상위권 대학 진학률은 최하위 25퍼센트 소득계층 자녀들의 상위권 대학 진학률에 비해 5배가량 높다고 한다. '있는 집' 아이들이 '없는 집' 아이들보다 명문대에 진학할 가능성이 5배나 높은 것이다.

서울대가 공개한 2007학년도 신입생 자료도 가정의 경제적 격차가 교육 격차로 연결되고 있음을 보여준다. 서울대 신입생의 62.7퍼센트인 1404명의 가구 소득 수준은 전 국민 기준 상위 20퍼센트 안에 집중됐다. 하위 20퍼센트에 해당하는 학생은 177명으로 전체의 8퍼센트밖에 되지 않았다. 인기 학과는 더욱 격차가 벌어졌다. 법대·경영대의 경우 신입생의 절반 이상이 소득 계층 상위 10퍼센트 안에 드는 것으로 조사됐다.[13]

이렇게 사교육 시장이 팽창하니 주식시장에서 메가스터디와 크레듀, 웅진씽크빅 등 교육주는 내수업종임에도 '성장주'로 각광을 받고 있다. 온라인 교육시장의 성장성 때문이다. 수능강의 중심의 온라인 입시 시장은 중등입시·영어교육·성인 취업시장으로까지 급격히 확대되는 추세다. 메가스터디는 2007년 최고 주가 기준으로 166퍼센트, 크레듀는 219퍼센트 급등했다.[14]

한국 사교육의 성장성을 보고 외국 투자가들도 뛰어들고 있다. 코스닥에 상장된 논술교육업체 엘림에듀는 최근 해외전환사채 발행을 통해 미국계 사모펀드로부터 1000만 달러(약 92억 원) 규모의 투자를 이끌어냈다. 또 세계적인 사모펀드인 칼라일그룹이 국내의 한 사설 교육업체에 2000만 달러(약 184억 원)를 투자해 국내외 금융시장에서 큰 화제가 되기도 했다.[15]

내로라하는 신문사들도 최근 몇 년 사이 앞 다투어 논술 사교육 시장에 뛰어들고 있다. 성장률만 놓고 봐도 사교육 시장은 최근 10년 동안 연평균 17퍼센트의 성장세를 기록하며 고속 성장을 이어가고 있다. 같은 기간 우리나라 국내총생산GDP 평균 성장률이 7~8퍼센트 대에 그쳤다는 점을 감안하면 사교육시장의 성장률은 굉장히 높은 것이다. 송홍익 대우증권 연구위원은 "사교육에 대한 높은 수요를 바탕으로 대형 교육기업의 사업 확대, 온라인 교육의 새로운 등장과 교육 사업가의 출현 등이 어우러지면서 고속 성장이 가능했다"고 평가한다.[16]

사교육비가 늘면 저축과 소비는 줄어든다. 현대경제연구원은 〈사교육-노후불안의 주된 원인〉이라는 보고서에서 사교육에 참여하는 전국 1012가구(전체 자녀수 1704명)를 상대로 설문조사를 했다. 그 결과 지나치게 높은 사교육비 부담으로 상당수 가구가 노후대책도 제대로 마련하지 못하는 것으로 나타났다. 사교육비 때문에 포기하고 있는 지출 항목을 묻자 조사 대상자의 57.2퍼센트가 노후 대비를 가장 많이 꼽았다.[17]

한국 사교육의 역사는 뿌리가 깊고 원인도 심각하다. 1968년에는 초등학생의 과외를 막으려고 중학교 입시를 폐지했고, 1980년에는 신군부가 〈7.30 교육조치〉로 과외를 전면 금지했다. 그럼에도 불구하고 학벌중심 사회인 우리나라 학생과 학부모는 학교교육 이외에 다른 사람들과의 경쟁에서 한 발 더 앞설 수 있는 무언가를 찾게 됐다. 그 결과 사교육이 경쟁에서 승리할 수 있는 가장 효과적인 수단으로 제시된 것이다.[18]

'방과 후 학교'가 과연 사교육을 잡을 수 있는가

그런데 대학 서열화 문제를 해결하고자 하는 의사와 능력도 없는 '허약한 국가'가 방과 후 학교로 사교육을 대체하겠다고 엄포를 놓는 것은 이만저만한 오버가 아닐 수 없다. 방과 후 학교의 강사는 교사가 37퍼센트, 외부강사가 63퍼센트다. 과외로 과외를 잡는다는 발상 자체가 성공하기 힘든 것이다. 학생과 학부모가 자신들의 인생이 걸린 입시를 방과 후 학교에 의지해 해결할 것이라고 기대하는 것 자체가 큰 착각이다.

교육인적자원부는 2006년 12월 15일 방과 후 학교 성과 보고회를 개최했다. 그 자리에서 교육인적자원부는 2006년 10월을 기준으로 자녀가 방과 후 학교에 다니는 학부모 7456명을 대상으로 설문조사를 한 결과를 보고했다. 보고에 따르면 소득수준 150만 원 미만은 월 3만 9000원, 150~249만 원은 월 1만 1000원, 250~349만 원은 월 1만 원, 350~449만 원은 월 9000원의 사교육비 경감효과가 나타났다고 한다.[19] 한 달에 1만 원 정도의 사교육비 경감을 위해 약 3000억 원의 예산(전액이 사교육비 경감에 쓰이는 것은 아니지만)을 투입하는 것이 과연 효율적일까.

저소득층 자녀들을 대상으로 한 보육과 특기적성 교육 그리고 일부 보충 교육을 한다는 의도는 좋다. 초등학교에서의 특기적성 교육도 의미 있다. 그러나 '사교육비 절감'을 목표로 추진하는 '방과 후 학교'는 예산낭비일 뿐이다. 이건 밑 빠진 독에 물 붓는 것과 마찬가지다.

공교육이 아무리 내실화된다고 할지라도 상대적 우위를 위한 사교육 수요는 지속될 수밖에 없으며 경쟁력을 위해 더욱 고급화된 사교육 시장이 형성될 것이다. 따라서 방과 후 학교, 즉 보충수업을 확대해 사교육 수요를 대체하겠다는 발상은 상당히 비현

실적이다. 또 여러 가정 요인이 축적되어 학습의욕이 부진하고, 학습습관이 잘못돼 학력이 떨어지는 학생들에게 무료 보충수업은 학력 격차 해소에 전혀 도움이 되지 않는다.[20]

사실 '방과 후 학교'는 관료성이 가장 큰 교육인적자원부에서 주관하고 있다. 학생과 학부모들로부터 올라온 현장의 목소리가 반영되어 시행된 것이 아니라 위에서 계획을 짜서 내려보낸 것이다.

미국에는 벨BELL이라는 방과 후 학교가 있다. 벨은 도시 외곽 빈민가에 위치한 유치원에서 초등학교 5학년까지의 학생들을 대상으로 학교 수업이 끝난 뒤 혹은 여름방학에 영어와 수학을 가르치는 프로그램을 운용하는 교육분야의 사회적 기업이다. 하버드 로스쿨 출신인 마틴 펠러가 보스턴 외곽 주민센터로 교육 봉사를 나갔다가 6학년인데도 책읽기조차 힘든 흑인, 라틴계 아이들을 보고 충격을 받아 만든 것이다.

그는 단 돈 1만 2500달러와 학생 20명을 데리고 방과 후 학교 '벨'을 열었고 첫 수업을 시작했다. 그리고 학생들이 점점 나아지는 성적표에 자신감을 가지도록 '성과 중시'라는 기업 이념을 도입했다. 덕분에 반에서 꼴찌를 다투던 '벨'의 첫 학생 20명은 모두 대학에 들어가는 기록을 세웠다. 현재 벨에는 미국 보스턴과 뉴욕, 볼티모어 등에서 1만 2000명의 학생이 등록해 참여하고 있다.

벨은 성과를 위해서는 선생님들의 열정이 필수적이라며 700여 명에 이르는 선생님들을 자원봉사자가 아닌 임금 고용인으로 채웠다.[21] 이렇게 민간과 학생이 자발적으로 하는 방과 후 학교는 훨씬 성과가 좋을 수밖에 없다.

교육인적자원부는 2007년 8월, 방과 후 학교 발전 방안을 발표
했다. 그리고 "방과 후 학교는 참여정부의 대표적 교육혁신 정책
으로 많은 국민의 호응 속에서 학교 현장의 변화를 유도하고 있
고, 지역사회와 학교를 연결하는 새로운 공교육 활동으로 자리매
김"했다고 평가했다.[22] 그러나 300억 원의 예산이 불과 2년 만에
10배가 넘는 3287억 원으로 늘어난 만큼의 효과를 국민들은 체감
하지 못하고 있다.

2007년, KBS는 "저소득층 학생들은 정작 필요한 학비와 급식
비 지원 혜택을 못 받고 있다. 오히려 엉뚱하게 방과 후 학교 강
의를 공짜로 듣는 형편이다. 서울시교육청이 우선순위가 바뀐 정
책을 펴고 있다"고 보도했다. 또 KBS는 서울시교육청의 방과 후
학교 예산이 119억 원으로 작년에 비해 10배나 증가했다고 지적
했다. 이에 서울시교육청은 저소득층 학생들에게 지원할 학비와
급식비 예산은 줄어들지 않았고, 이는 방과 후 학교 예산과 별개
라고 밝혔다. 그리고 방과 후 학교 예산은 2006년 63억에서 2007
년 119억으로 2배 정도만 늘어났다면서 보도내용이 사실과 다르
다고 반박했다.[23]

결식아동 문제와 지역간 공교육 격차 해소가 필요하다

결식학생을 위한 급식비로 2007년에만 SK주식회사
가 1억 3000만 원, 기업은행이 2000만 원, 삼성중공업이 1억 3000
만 원을 기부하고 농협이 우유를 제공하는 등 많은 기업들이 결
식학생 돕기에 나섰다. 밥 굶는 어린이는 먼 나라 얘기가 아니다.

현재 우리나라 초등학생 100명 중 1명은 생활고로 끼니를 굶은 경험이 있는 것으로 조사됐다. 1퍼센트지만 작은 숫자가 아니다. 2007년 초등학생 384만여 명(한국교육개발원 집계) 중 3만 8000여 명이 돈이 없어 밥을 굶어봤다는 얘기다. 특히 가구주의 월 소득이 100만 원 미만인 경우, 굶어본 어린이는 5.4퍼센트에 달했다. 이는 통계청의 '2007 사회통계조사' 결과다.[24] 기업들이 결식학생들의 급식비를 기부하는 것은 바람직하지만 이보다는 교육부 예산으로 먼저 충당되는 것이 바람직하다.

지역 간 공교육 격차 역시 심각하다. 한국교육개발원이 서울 3곳과 충북 3곳 등 6곳의 초등학교를 뽑아 교육격차를 면밀히 들여다보았다. 서울의 초등학교는 교과 전담 교사를 영어·체육·음악 등에 5~6명씩을 두고 있었다. 하지만 보은 지역 학교엔 한 명도 없었고 진천에 1명, 청주에 2명이 있을 뿐이었다.

또 서울 강남구의 한 초등학교는 밤 9시까지 운영하는 전자도서관과 3개의 컴퓨터실을 가지고 있었다. 반면 보은군에 있는 한 초등학교는 컴퓨터 67대 가운데 실제 쓸 수 있는 건 30대 뿐이었고, 청주시에 있는 초등학교 역시 절반 가량이 망가져 있었다. 게다가 보은군의 한 초등학교는 전교생 91명 가운데 기초생활 수급자가 9명, 중식 지원자가 20명 등으로 무려 58퍼센트가 '사회적 배려'가 필요한 가정의 학생이었다. 사회 경제적 지위가 낮은 사람들이 사는 지역에는 공교육 서비스가 적게 공급되고 있는 것이다. 따라서 지역별로 차이가 나는 공교육 환경 개선이 시급하다.[25]

서울시는 2007년과 2008년에 총 373억 원을 들여 10년 이상 된 146만 5000개의 책상과 걸상을 모두 새것으로 바꾸기로 했다. 그동안 학생들의 체격은 커졌는데 책걸상은 바뀌지 않아 학생들이 불편을 겪고 있는 데다 낡은 책걸상이 많아 수업 분위기가 좋지 않았기 때문이다. 그리고 서울시는 2008년에 130억 원을 들여 54개 학교에 15년 이상 된 화장실을 리모델링한다.[26] 이처럼 재정이 넉넉한 서울시는 많은 사업을 벌이고 있다. 그러나 다른 지역은 그렇지 않아 책걸상과 화장실 문제는 해결될 기미가 보이지 않는다.

또 전국 초·중·고교의 에어컨 보급률은 50퍼센트 안팎에 그치고 있다. 30도가 넘는 폭염에도 고작 선풍기 한두 대 돌리는 학교도 많다. 전국에서 가장 더운 대구 지역 초등학교의 냉방시설 보급률은 27.5퍼센트에 불과하다. 냉방시설은 에어컨 구입비 350~400만 원에 전기공사비가 추가로 든다. 대구시교육청은 2007년 예산난을 이유로 단 한 곳에도 냉방기를 설치하지 못했다. 그나마 에어컨이 설치된 학교도 비싼 전기료 부담 때문에 냉방기 가동 시간을 줄이는 일이 허다하다.[27] 꼭 학교에 에어컨이 필요하냐고 반문할 수도 있지만 에어컨 없는 학원은 없다.

정부는 7850억 원이란 돈을 들여 제주도에 영어전용학교를 만들면서 '방과 후 학교'로 사교육을 잡는다는 건 앞뒤가 맞지 않는다. 3000억 원이 넘는 방과 후 학교 예산이 정말 필요한 곳에 쓰이는지 꼼꼼히 따져봐야 할 것이다.

이 지구상의 어느 나라도 우리나라처럼 SKY 대학 졸업생이 각 분야 상층부 인력의 60~100퍼센트를 점유하는 나라는 없다. 3년 전 서울대 총장이었던 정운찬 씨는 "인구 2억 8000만 명인 미국의 상위 10개 대학의 총 졸업생은 매년 1만 명에 불과하다. 그런데 인구 4700만 명인 한국에서는 SKY에서만 1만 5000명의 졸업생이 나온다"고 지적했다. 또 그는 "우리나라에서는 SKY 출신이 사회 요직 대부분을 차지하고 있다. 따라서 형평성이나 양질의 교육을 위해 학생 수를 과감히 줄여야 한다"고 했다. SKY 정원을 대폭 줄임으로써 상층부 인력의 60~100퍼센트를 수십 개 대학의 졸업생으로 구성한다면, SKY 진입에 실패하더라도 다른 대학에 들어가서 또 한 번의 경쟁을 해볼 수 있다는 것이다. 즉, 단판승부인 대학입시에 집중되는 병목현상을 완화할 수 있는 것이다.[28] 물론 시간이 걸리고 성과가 느리게 나타나겠지만 말이다.

2008년 이명박 정부는 '4.15 학교 자율화 방침'을 발표해 아예 사교육업체가 방과 후 학교에 진출할 수 있도록 했다. 국민 세금을 들인 '방과 후 학교'가 '방과 후 학원'으로 변질되고 있는 것이다.

사교육은 대학입시에 목매는 '단판 승부' 사회가 만든 유령이다. 그러나 '방과 후 학교'라는 '단판 승부' 정책으로는 절대 사교육이라는 유령을 이길 수 없다. '가장 성공적인 정책'이라는 구호 아래 거액의 예산이 모래 위에 지은 누각으로 변하고 있는 것은 아닐까.

1 노무현, 〈방과 후 학교는 성공적 정책〉, 《국정브리핑》, 2006년 12월 15일.

2 〈방과 후 학교 발전 방안 발표〉, 《교육인적자원부 보도자료》, 2007년 8월 28일.

3 엄기형, 〈"방과 후 학교"와 사교육비 경감 기묘한 엇물림의 '정치학'〉, 《방과 후 학교, 사교육비 절감 효과와 확대 방안, 토론회 자료집》, 국회의원 이경숙 , 2007년 6월 7일.

4 김소연, 〈부자동네 학교 방과 후 교실 중단 …… 저소득층 부모 속앓이〉, 《한겨레》, 2007년 7월 7일.

5 김홍원, 〈방과 후 학교의 사교육비 경감 효과와 내실화 방안〉, 《방과 후 학교, 사교육비 절감 효과와 확대 방안, 토론회 자료집》, 국회의원 이경숙, 2007년 6월 7일, 11쪽.

6 한국교육개발원, 〈2006 방과 후 학교 중앙컨설팅단 운영결과 보고서〉, 2007년 2월, 13~19쪽.

7 〈한남대생 "청년실업 해결촉구 헌혈 대행진"〉, 《연합뉴스 TV》, 2007년 3월 20일.

8 강준만, 《고독한 한국인》, 인물과 사상사, 2007년, 76~77쪽.

9 우정열·김기용, 〈조기유학 47%가 초등생 …… 더 뜨거워진 교육열〉, 《동아일보》, 2007년 11월 21일.

10 이윤주, 〈'33조' 사교육 공화국, 학원비도 끝 모를 상승〉, 《경향신문》, 2007년 7월 3일.

11 〈1~2점에 목숨 거는 대입 "교육 스트레스 엄청나요"〉, 《경향신문》, 2007년 7월 3일.

12 최창봉, 〈외고-자사고 올 해외대 진학자, 서울대 진학생 수 첫 추월〉, 《동아일보》, 2007년 7월 4일.

13 임지선, 〈희망마저 앗아간 '교육 불평등'〉, 《경향신문》, 2007년 7월 23일.

14 정혜전, 〈주목, 교육주〉, 《조선일보》, 2007년 11월 15일.

15 송진흡, 〈한국 사교육, 칼라일의 지갑도 열었다〉, 《동아경제》, 2007년 7월 20일.

16 〈사교육시장 최강자는 누구?〉, 《매경이코노미》, 제1418호, 2007년 8월 15일.

17 〈과외비 대느라 부업 …… 노후 대비 포기〉, 《한국경제》, 2007년 4월 30일.

18 유한구, 〈입시 사교육 해소를 위한 대학의 역할〉, 《입시 사교육 해소를 위한 대학의 역할, 토론회 자료집》, 국회의원 이경숙, 2007년 7월 6일, 17쪽.

19 〈2006 방과 후 학교 성과 보고회〉, 《청와대 브리핑, 대통령과 함께 읽는 보고서》, 2007년 2월 23일.

20 이철호, 〈진단이 정확해야 처방이 올바르다〉, 《방과 후 학교, 사교육비 절감 효과와 확대 방안, 토론회 자료집》, 국회의원 이경숙, 2007년 6월 7일. 55쪽.

21 박지희, 〈빈민가 아이들의 꿈 찾아준 '방과 후 학교'〉, 《경향신문》, 2007년 10월 12일.

22 〈방과 후 학교 발전방안 발표〉, 교육인적자원부 보도자료, 2007년 8월 28일.

23 〈방과 후 학교 정정보도 요청〉, 서울시교육청 홈페이지, 2007년 6월 5일.

24 김진철, 〈초등학생 3만여 명 '생활고'로 굶어봤다〉, 《한겨레》, 2007년 12월 4일.

25 박창섭, 〈서울-충북 교육 격차 들여다보니〉, 《한겨레》, 2007년 10월 17일.

26 주정환, 〈커진 학생들 …… 책걸상 '리모델링'〉, 《중앙일보》, 2007년 12월 21일.

27 배명재, 〈숨막힌 '사우나 교실'〉, 《경향신문》, 2007년 8월 24일.

28 강준만, 〈이명박 정권의 '37번째 쇼'〉, 《한국일보》, 2008년 1월 21일.

자전거,
한국을 살리는
불가사의한 물건

자전거를 타는 사람이 내쉬는 숨은 비를 산성화시키지도 않고

일산화탄소나 먼지로 사람들에게 피해를 주지도 않는다.

또 교통혼잡을 일으키지도 않는다. 게다가 화석연료나 석유가

아닌 탄수화물을 연료로 사용하기 때문에 친환경적이다.

19세기 말, 미국에서 가장 빠르고 매력적인 관람 스포츠는 무엇이었을까? 바로 자전거 경주였다. 수만 명의 관중이 목재로 만든 좁고 가파른 트랙에서 펼쳐지는 경주를 보기 위해 몰려들었다. 그러나 머지않아 그 엄청난 에너지는 자동차 경주로 넘어갔다. 그리고 곧 미국인들은 자동차가 태어날 때부터 달고 나온 다리처럼 없어서는 안 되는 물건으로 생각하기 시작했다. 1927년까지 미국인들은 세계 자동차의 80퍼센트를 소유했다.[1]

우리나라 사람들의 자동차 사랑도 각별하다. 아무리 기름 값이 올라도 자동차 운행이 줄지 않는다. 기름 값이 비싸니 유류세를 내리라는 아우성만 커질 뿐이다. 2007년 우리나라 에너지 수입량은 사상 처음으로 1000억 달러를 돌파했다. 그래도 우리의 자동차 사랑은 변함없다. 우리에게 자동차는 생필품일 뿐 아니라 신분과 체면을 상징하기 때문이다. 외제차 운전자가 감히 자신의 앞길을 가로막은 경차 운전사를 폭행하는 일이 일어날 정도로 자동차는 한국인들에게 있어 '자아의 상징'이자 '자아의 연장'이다.

전문가들은 '기름 값이 비싸면 소비가 줄어든다'는 논리가 현실을 무시한 발상이라고 입을 모은다. 국내 자동차 등록대수는 현재 1630만 대에 이른다. 1986년 130만 대에서 96년 950만 대 그리고 2007년 초에 1600만 대를 넘어섰다. 인구 2.5명당 1명꼴로 자동차를 소유하고 있는 것이다. 우리에게도 자동차는 사치품이 아닌 '생필품'이 된 지 오래다.[2]

우리나라는 세계적인 에너지 고소비 국가

우리나라의 2002년도 에너지 소비는 2억 900만 TOE(석유환산 t)로 세계 10위고, 그 중에서도 석유소비는 1억 270만 TOE로 세계 6위에 해당한다. 우리나라가 소비하는 에너지의 97.3퍼센트는 해외에서 수입하는데, 석유는 세계 4위, LNG는 세계 2위의 수입국이다. 또 우리나라는 세계적인 에너지 고소비 국가다. 국민소득 대비 에너지 소비는 세계에서 가장 높은 편이다. 2004년의 경우 영국의 3배, 프랑스의 2.45배, 미국의 1.6배였다.[3] 그리고 에너지 절약을 부르짖는 정부 부처의 업무용 차량 중 경차는 1.6퍼센트에 불과하다.[4]

에너지 소모량을 보자. 자전거가 최고다. 자전거(22킬로칼로리)를 기준으로 승용차는 약 52배, 버스는 약 26배, 전철은 약 4배, 도보는 약 3배다. 물류와 도로교통시설 비용을 보면 1000명을 수송할 때 도로 소요 면적은 자전거가 1275제곱미터고 버스는 자전거의 약 1.2배, 승용차는 약 10배다. 그리고 도로변 소음 공해율을 보면 자동차로 생기는 비율이 71퍼센트, 생활 소음이 16퍼센트, 공장 소음이 13퍼센트다.

이동비용과 환경을 생각하면 자전거는 도시에서 단거리를 이동할 때 가장 경쟁력 있는 이동수단이다. 자전거는 개별 교통수단이면서 외부 환경 간섭에서 비교적 자유롭다. 환경문제와 건강, 생활의 편리성 등을 생각하면 많은 장점이 있다. 그래서 선진국들은 자전거를 레저용이 아닌 하나의 도시교통수단으로 생각하고 있다. 전세계의 많은 도시에서 자전거 바람이 거센 이유가 이 때문이다.

한국환경정책연구원과 한국교통연구원은 최근 연구에서 자전거로 출퇴근하거나 통학하는 비율이 대도시에서 2퍼센트, 지방도시에서 5퍼센트만 돼도 연간 3조 원 상당의 편익비용이 발생한다고 밝혔다. 그런데 서울시에서 자전거를 교통수단으로 선택하는 비율은 전체의 0.86퍼센트에 불과하다.

자전거 교통수단 분담률은 우리나라가 1.2퍼센트로 네덜란드의 27퍼센트, 일본의 14퍼센트, 독일의 10퍼센트에 비해 현저히 낮다. 우리나라는 상주시가 13.1퍼센트로 제일 높다. 이런 편익은 승용차 대신 자전거를 탈 때 대기오염물질과 이산화탄소를 방출하지 않는 환경 편익과, 휘발유 등 연료를 쓰지 않아 생기는 에너지 절감 편익만을 계산한 것이어서 자전거 이용에 의한 교통혼잡 완화와 건강증진 효과 등을 포함하면 그 규모는 더 클 것으로 추정된다.[5]

그런데 우리나라에서 자전거도로 등 자전거 시설에 대한 예산

투자는 많지 않다. 행정자치부의 통계를 보면 1998년부터 2006년까지 총 4744억 7200만 원이 자전거 관련 예산으로 사용됐다. 국비는 1020억 원, 교부세는 1174억 1800만 원, 지방비는 2553억 5400만 원이다.[6] 자전거도로를 포함한 자전거 이용시설 확충에 쓴 예산이 국비와 지방비를 포함해서 2004년에 772억 원, 2005년에 644억 원, 2006년에 581억 원에 불과하다.[7]

이에 비해 우리나라 도로망 확충 정비 예산은 막대하다. 도로는 고속도로와 국도, 지방도가 있다. 정부는 2020년까지 국토간선도로망 확충을 추진하고 있다. 6000킬로미터 이상의 고속도로를 건설해 어디서나 30분 이내에 고속도로에 접근할 수 있는 반일 생활권을 만들고 국도의 60퍼센트를 4차선 이상으로 확장한다는 계획이다.[8]

2000년부터 2005년까지 6년간 고속도로에 투자된 예산은 25조 1070억 원이었고 1998년부터 2005년까지 국도확장에 대한 투자 실적은 2826킬로미터에 28조 6937억 원이었다. 국도 대체도로 우회사업도 있다. 2000년부터 2006년까지 여기에 투자된 예산은 19조 7447억 원이다. 지방도로 사업도 빠뜨릴 수 없다. 〈국가지원지방도 중·장기 사업계획〉에 따르면 2002년부터 시작하는 중기 및 장기(2007년~2026년) 사업으로 약 25조 원의 사업비가 투자된다. 그리고 대도시권 교통혼잡도로 개선 사업도 있는데 2006년부터 약 6조 8000억 원이 투자된다.[9]

초라한 자전거도로 예산

　　　　우리는 교통 관련 예산의 50퍼센트 이상을 도로 확장에 쓴다. 그런데 자전거도로 예산은 일반도로 예산과는 비교할 수 없을 만큼 초라하다. 문제는 더 있다. 자전거도로나 자전거 시설 정비 예산의 상당액이 보도 정비에 쓰인다는 것이다. 게다가 그나마 예산을 끌어들여 만든 자전거도로도 실제로는 이용하기 어려운 생색용이 많다. 자전거도로를 보도에 만들기 때문이다. 당연히 보행자도 불편하다.

　평지 도시인 인천 부평구 사례를 보자. 수출 4공단 주변에는 약 5킬로미터의 자전거도로가 설치돼 있는 것으로 나와 있다. 그러나 실제 조사 결과 이 지역은 폭 1미터도 안 되는 인도에 폭 40～60센티미터의 빛바랜 노란색 페인트선이 자전거도로임을 나타내고 있다. 부평구의 자전거도로는 길이가 약 54킬로미터지만 실제 운용 상황을 점검하면 자전거도로의 폭이 45～150센티미터이고 5센티미터 이상 보도 턱이 있는 곳이 53곳이며, 훼손된 곳은 37곳이다. 또 주행방해 시설물도 31곳이나 된다. 그리고 무엇보다 자전거도로 분리대가 없다.[10] 그러니 자전거를 많이 이용할 수가 없는 것이다. 결국 자전거는 레저용으로 주저앉고 말았다.

　자전거를 내세워 친환경 도시를 표방했다가 슬그머니 접는 전시행정 때문에 예산은 낭비되고 있다. 경남 창원시의 '자전거 도시' 추진사업은 람사르 총회 유치를 계기로 2006년에 발표한 '환경수도'의 후속조치로 이뤄졌다. 창원시는 대대적인 자전거 대행진 행사를 벌였지만 시의 '자전거 도시' 추진사업이 자전거 전용도로로 이어지는 연계도로망 구축과 자전거를 쉽게 이용할 수 있는 환경 조성보다 이벤트 중심으로 진행됐다는 지적을 받았다. 창원시의회는 2007년 7월, 자전거 전담부서에서 요청한 6억 5000만 원의 추경예산 중 일반 운영비를 제외한 나머지 4억여 원의 예산을 전액 삭감했다. 예산삭감 이유는 일회성 행사 위주의 예산 편성은 자전거 도시 추진에 도움이 안 된다는 것이었다.[11]

우리나라 도시에서 자전거를 타는 데 가장 힘든 점은 무엇일까? 한국교통연구원이 국민들을 상대로 자전거 이용실태 조사를 했다. 최근 1년 이내에 자전거를 이용한 경험이 있는 응답자의 자전거 이용 관련 개선 사항으로는 '자전거와 관련된 시설 개선'이 292명(73.2퍼센트)으로 가장 높게 나타났다. 그 다음은 '자전거 이용시 정부의 혜택'이었다. 최근 1년 이내에 자전거를 이용한 경험이 없는 응답자들의 42.9퍼센트는 향후 자전거 이용을 위한 기대 환경으로 '자전거 전용도로가 생기면'을 꼽았다.[12]

우리나라는 도로 예산뿐 아니라 도로안전 실태를 봐도 '자동차를 위한 나라'다. 바꿔 말하면 '보행자의 지옥'이다. 한국 보행자의 교통사고 사망 위험은 OECD 국가 중 최상위권이다. 녹색도시연구소가 공개한 '2007년도 OECD 교통사고 국제비교'에 따르면 인구 10만 명당 보행자 교통사고 사망자가 한국은 5.28명으로 OECD 국가 중 1위를 기록했다. OECD 국가들의 인구 10만 명당 보행자 교통사고 사망자 수는 평균 1.58명이다. 한국이 3.4배 정도 높은 것이다. 2005년 조사에서도 한국은 인구 10만 명당 6.0명의 보행자가 교통사고로 사망하는 것으로 나타나 여전히 1위였

다. 자동차 1만 대당 교통사고 사망자 수 역시 한국은 3.45명으로
헝가리(3.79명)에 이어 2위를 차지했다.

도로안전도 '자동차를 위한 나라'

자동차 1만 대당 교통사고 사망자 수가 OECD 평균
1.68명이라는 점에 비추어 볼 때 한국은 아직 '교통사고 후진국'이
다.[13] 한국의 교통정책은 '자동차〉대중교통 이용자〉자전거 이용자
=보행자' 순이다. 그런데 보행자 중에서도 사회적 약자인 노약자
의 피해는 훨씬 크다. 교통사고 사망자 중 노인인구 비율은 점점
늘어나고 있다. 2000년에는 18.1퍼센트였는데 2005년에는 26.7퍼
센트로 상승했다. 노인 10만 명당 교통사고 사망자 수 역시 우리나
라는 38.8명으로 OECD 전체 평균인 12.4명보다 세 배나 높다. 노
인 교통사고 가운데 가장 높은 비중을 차지하는 것이 보행 중 교통
사고다.[14] 어린이 역시 보행 중 교통사고가 어린이 교통사고에서
70퍼센트를 차지한다. 반면 선진국은 10~20퍼센트 수준이다.[15]

자동차는 우리 도시의 경쟁력을 갉아먹고 있다. 건설교통부가
발표한 자료에 따르면 우리나라 교통혼잡비용은 연간 23조 원
(GDP의 3.4퍼센트)을 넘어섰다. 그리고 이는 국가 경쟁력 약화 요인
으로 작용하고 있다. 그런데 그중 60퍼센트 이상이 대도시에서
발생하고 있다.[16] 이제 자동차는 도시에서 넘쳐나 더 이상 견딜
수가 없는 지경에 이르렀다. 그런데 자동차를 포기하려는 사람은
없다. 그래서 서울시는 도심에 진입하는 자동차에 혼잡통행료를
물린다는 정책을 세우려고 한다.

영국 런던은 2003년 혼잡 통행료 부과에 성공했다. 중심가 20제곱킬로미터를 대상으로 하루 5파운드(약 1만 원)의 혼잡통행료를 부과한 결과 교통량은 20퍼센트 이상, 대기오염은 13퍼센트 이상 감소했다. 우려했던 도심의 경제 침체도 없었다. 오히려 집값이 오르고 런던 금융시장의 경쟁력이 높아졌다고 한다.

2000년 이후 서울 의존적인 수도권 신도시의 확대 개발로 서울도심과 부도심 그리고 이들 지역에 대한 접근 축으로 광범위하게 교통혼잡이 확산되고 있다. 판교와 동탄 등 수도권 외곽의 대형 신도시가 완공되는 2010년 이후에는 교통 혼잡이 더욱 확대돼 서울의 경쟁력은 최악의 상태가 될 것이다.[17] 결국 교통 혼잡은 무한하게 '자기 증식'을 하고 있는 수도권이 스스로 키운 병이다. 그런데 도심 혼잡통행료를 받으면 지상 도로는 돈 있는 사람들의 전유물이 될 것이고 생계형 차량은 진입하기 어려울 것이다. 도로 이용에서도 양극화가 진행되는 것이다.

'자동차 교통관리 개선 특별회계'라는 것이 있다. 이것은 〈자동차 교통관리 개선 특별회계법〉에 따라 1992년부터 2006년까지 한시적으로 운용된 회계로 세입은 과태료와 범칙금이 대부분을 차지한다. 2004년도 결산 세입은 7379억 원이었다. 정부는 이 돈의 일부인 9582억 원을 가지고 2004년부터 2006년까지 3년간 도로교통 안전분야, 즉 위험도로 구조개선 등과 같은 사업에 사용했다. 엄청난 돈으로 도로를 만들고 다시 특별회계로 사고가 자주 발생하는 도로를 개선하는 것이다. 병 주고 약 주는 하급 방책이다. 자동차 범칙금 등을 자전거도로와 인도에 쓰는 '발상의 전환'은 아직 쉽지 않은 것 같다.

언제부터인지 인도는 걷고 싶지 않은 길이 됐다. 우리 인도는 변압기나 분전함, 지하철 환기구 등 '돌출시설'이 인도의 35퍼센트를 차지하고 있다. 서울시내 도로변 인도에는 한전이 설치한 전기공급시설이 1만 4907개, 지하철 환기구가 955개나 들어서 있다. 서울시는 이런 전기공급시설을 모두 정비할 경우 500억 원의 예산이 들기 때문에 엄두를 못내고 있다.[18]

그런데 최근에는 '레저용' 자전거가 교통용으로 다시 살아나고 있다. '자출사'가 늘고 있는 것이다. '자출사'란 '자전거로 출퇴근하는 사람들'의 약자다. 부산에서 '자출사'를 하고 있는 한 시민은 자전거를 탄 지 1년 만에 몸무게가 10킬로그램나 빠지고 허리는 4인치가 줄었다고 한다. 그는 부산의 자전거도로를 "보도에 줄만 그어놓았다"고 표현하면서 "수영강이나 온천천이 아니라 동래에서 서면까지, 서면에서 남포동까지 탈 수 있는 자전거도로가 필요합니다. 접근하기 쉽고 안전한 자전거도로가 생기지 않으면 노약자나 청소년이 자전거를 탈 수가 없습니다"라고 말한다. 또 "거제로 같은 곳을 보면 가장 하위 차로는 자동차 2대가 다닐 수 있을 정도로 넓습니다. 여기에 차로 하나 너비 정도만 펜스를 쳐주면 훌륭한 자전거도로가 됩니다. 그런 시설이 없으면 불법주차 차량이 차로 하나를 잡아먹고, 차량 문이 불쑥 열릴까봐 또 차로 하나를 쓰지 못하기 때문에 길가 쪽에서 두세 번째 차로를 달릴 수밖에 없습니다. 목숨 걸고 타는 거죠"라며 자전거도로 설치에 대한 아쉬움을 토로했다.

목숨 건다는 게 맞다. 지난 2001년에는 431건의 자전거 사고가 발생해 32명이 사망했다. 그런데 2006년에는 1천 117건의 사고가 발생해 사망자 수가 65명으로 늘었다.

1980년대 후반까지만 해도 서울에는 천호대로와 시흥대로 등 5개 간선도로에 자전거 전용도로가 있었다. 자전거와 시민들의 교통 편의를 위해서였다. 그러나 교통량이 급증하자 이들이 교통 장애 요인이 된다면서 1988년부터 철거해버렸다.[19]

자동차도로 한 차선을 줄이자

자전거는 도로교통법의 적용을 받는 '차'다. 그러나 '차' 대접은 못 받고 있다. 우리는 자동차에 중독돼 있다. 결국 자전거를 활성화하려면 자동차도로 1차선을 줄여 자전거도로와 보행로를 만들어야 한다. 신도시는 이를 실현할 수 있다.

충남에 만드는 새 행정도시는 설계 때부터 자전거도로를 반영했다. 자동차 및 보행자 도로와 분리된 자전거 전용도로다. 이 도시의 자전거도로망은 대중교통 중심도로를 따라 환상형으로 계획되었고 도시 주요기능이 연결되도록 네트워크화 되었다. 그리고 교통수단별 분담에서 보행과 자전거 통행을 포함해 대중교통이 70퍼센트 이상을 차지하게 했다.[20] 인천 송도국제도시는 간선형 자전거도로를 만들어 도심지역 내 단거리 자전거도로 네트워크를 구축할 계획이다. 수원 광교신도시 역시 '친 자전거 도시'로 건설된다. 경기도는 광교신도시 안의 공원, 호수, 산 등을 연결하는 폭 2~6미터, 총연장 43킬로미터의 자전거도로를 건설할 계획이라고 밝혔다. 광교신도시의 자전거도로는 전 구간이 끊어지는 곳 없이 연결되며 폭 2미터 이상으로 건설된다. 또 차도와의 사이에 가로수를 심어 안정성도 높이기로 했다.[21] 대전 유성구는 '벨리브' 시험운행에 들어간다. 프랑스 파리에서 시작해서 화제가 되고 있는 '벨리브'는 아무 곳에서나 자전거를 타고 반납하는 자전거 무인 대여 시스템을 말한다.[22]

한국환경정책평가원에 따르면 서울시에 등록된 자동차 250만 대는 연간 1조 8000억 원(전국의 15.2퍼센트)의 환경오염비용과 3조 4000억 원의 혼잡비용을 발생시킨다고 한다. 서울시는 세계 주요 도시보다 미세먼지 농도는 2~3배, 이산화질소 농도는 2배나 높아 OECD 국가 중 최악이다. 현재 서울의 평균 자동차 주행속도는 시속 20킬로미터고, 도심은 14킬로미터에 불과하다. 시속 25킬로미터는 돼야 도시가 제 기능을 할 수 있다.[23] 그리고 그 정도는 돼야 언론이 애타게 바라는 다국적 기업 유치도 가능하다.

우리는 빠른 속도를 사랑한다. '한강의 기적'이라는 '압축 성장'을 해왔기에 느린 속도는 견디지 못한다. 지난 1986년의 조사에 따르면 뉴욕 중심부를 걷는 사람들의 발걸음은 30초당 22보에서 23보였고 일본 도쿄의 긴자거리는 27보였다고 한다. 그런데 놀랍게도 서울 중심부를 걷는 사람들의 걸음속도는 무려 38보를 기록했다. 우리나라 사람들이 미국과 일본사람들보다 1.5배의 속도로 거리를 누비고 있다는 얘기다.[24] 그리고 그 발걸음은 지금 더 빨라졌을지도 모른다. 그런데 자동차도로는 이제 더 이상 빨라지지 않는다.

우리에게 도로는 속도와 발전, 그리고 편리함의 상징이었다. 또 교통문제를 푸는 방법으로 '도로 확충'을 먼저 꼽았다. 도로가 늘어나면 교통 혼잡문제가 풀린다는 발상이었다. 절차를 따져보면 이렇다. 우선 교통량을 예측한다. 그리고 예측한 교통량이 현재의 도로로 감당할 수 없으면 10년 혹은 20년 뒤의 교통량을 예상해 도로를 설계하고 건설한다. 하지만 도로를 완성하자마자 새로 유발된 교통량이 도로를 가득 메우면 또다시 도로를 확장한다. 즉, '도로 확장 → 교통량 증가 → 체증 심화 → 새로운 도로 확장'의 악순환을 반복하는 것이다.[25]

도로를 늘려 자동차 길을 만드는 정책은 이제 한계에 도달했다. 그리고 수도권과 대도시의 땅값이 올랐기 때문에 도로를 늘리려면 천문학적 재정이 필요하다. 자동차가 너무 많아져 오히려 움직일 수 없는 지경이 된 것이다. 한마디로 자동차의 '복수'다.

자동차도로 예산의 5퍼센트를 '자전거 문명'에

존 라이언은 '지구를 살리는 7가지 불가사의한 물건들' 중 하나로 자전거를 꼽았다. 자전거는 경제적이고 건강에도 좋다. 특히 자전거는 세상에 해를 끼치지 않는다. 이러한 점에서 자전거는 지구를 살리는 불가사의한 물건 중 하나라고 할 수 있다. 자전거를 타는 사람이 내쉬는 숨은 비를 산성화시키지도 않고 일산화탄소나 먼지로 사람들에게 피해를 주지도 않는다. 또 교통혼잡을 일으키지도 않는다. 게다가 화석연료나 석유가 아닌 탄수화물을 연료로 사용하기 때문에 친환경적이다.[26]

홍은택 씨는 자전거를 타고 서울을 다닌 경험을 모아 《서울을 여행하는 라이더를 위한 안내서》라는 책을 펴냈다. 그는 자전거가 심장을 엔진으로, 두 다리를 피스톤으로 쓰기 때문에 자전거를 타고 사람들이 마음껏 여행할 수 있는 환경을 만든다면 서울은 역동적이고 아름다운 도시가 될 것이라고 말한다.

서울시는 2008년 자전거타운 2곳을 만들기로 했다. 시범타운 내에서는 원칙적으로 차도에 자전거도로를 만들 계획이다. 시는 경찰과 협의해 차로 수는 유지하면서 차로 폭을 줄인 뒤 기존 차로에 자전거도로를 만들고, 차로 폭을 줄일 수 없는 곳은 차로 수를 줄여 자전거도로를 설치하기로 했다. 그리고 차도와 자전거도로 사이에는 경계석을 설치할 예정이다.[27] 차로를 줄여 자전거도로를 만드는 획기적인 전환이 일어나는 것이다.

처음 세상에 나온 자전거와 자동차는 '사돈' 관계였으며 동맹 관계였다. 그리고 이들은 전통적인 교통에 대적하는 연대를 만들었다. 공동으로 잡지를 만들고 연맹을 결성했으며, 잘못된 교통 법규에 맞서 함께 싸웠고, 인정을 받기 위해 공동으로 '로비 활동'을 벌였다.

그러나 자동차의 속도가 점차 빨라지면서 동맹관계는 종지부를 찍었다. 자전거와 자동차 사이에 경계선이 그어지면서 새로운 적대관계가 출현한 것이다.[28] 이제 고유가와 환경문제로 자전거와 자동차는 새로운 연대를 추구할 때가 되었다. 버스와 지하철, 자전거의 연대다. 자전거와 대중교통을 연결하는 교통지도를 만들 수도 있다.

자동차 도로에 쓰는 예산의 5퍼센트만 '자전거 문명'에 투자하면 충분히 실현 가능하다. 그렇게 되면 사람들이 도시에서 즐겁게 자전거로 출퇴근을 할 수 있다. 2007년 자전거 시설에 대한 국비 투자액은 102억 원에 불과했다. 네덜란드는 도로 예산의 10퍼센트를 자전거 시설을 지원하는 데 지출한다. 자전거는 탄수화물을 운동에너지로 바꾸는 위대한 발명품이다. 한국을 살리는 불가사의한 물건 첫 번째로 자전거가 될 수는 없을까?

1   로버트 허스트, 《시티 라이더》, 자전거와 나무, 2007년, 39~40쪽.

2   박혜민, 〈기름 값 올라도 소비 더 는다〉, 《중앙일보》, 2007년 11월 14일.

3   조남건, 〈교통부분의 에너지위기 대응과 시사점〉, 《국토》, 2006년 10월, 국토연구원, 33~37쪽.

4   문병주, 〈일본경차, 곧 한국시장 상륙〉, 《중앙일보》, 2007년 11월 19일.

5   조홍섭, 〈자전거 이용률 2~3배 높이면 연 3조 원 절약할 수 있다〉, 《한겨레》, 2007년 12월 5일.

6   〈자전거도로 예산 지원현황(1998~2006)〉, 행정자치부 내부자료, 2007년.

7   행정자치부, 《자전거 이용 활성화 추진계획》, 2007년 11월, 2쪽.

8   〈진보, 교통정책을 말하다〉, 《2007 대선 진보진영 교통정책 공청회 자료집》, 민주노동당 등, 2007년 8월 17일, 6쪽.

9   《2003~2005 건설교통백서》, 건설교통부, 2006년, 554~563쪽.

10 김갑봉, 〈평지도시 부평, 사람들이 자전거 안 타는 이유〉, 《오마이뉴스》, 2007년 11월 11일.

11 정태백, 〈'자전거 도시' 과속 달리다 체력 달렸나〉, 《부산일보》, 2007년 10월 10일.

12 《환경친화적 자전거문화 정착연구》, 환경부, 2007년, 62쪽.

13 임삼진, 〈보행권의 재인식과 보행입법의 필요성〉, 《보행환경 개선을 위한 정책토론회 자료집》, 국회의원 신명 등 주최, 2007년 7월 19일. 37쪽.

14 정재철, 〈질주하는 차량, 어르신들이 위험하다〉, 《내일신문》, 2007년 7월 9일.

15 김진명, 〈범국민적 안전문화운동 시작해야〉, 《내일신문》, 2007년 12월 12일.

16 국회예산정책처, 《대도시권 교통혼잡도로 개선사업 타당성 평가》, 2007년, 43쪽.

17 김황배, 〈환경 살리고 도시 경쟁력도 높아져〉, 《중앙일보》, 2007년 10월 16일.

18 김연기, 〈'턱'막힌 인도 …… '돌출시설'이 35% 점령〉,《한겨레》, 2007년 10월 3일.

19 이종길, 〈자전거 전용도(한마당)〉,《국민일보》, 1994년 8월 8일,《인물과 사상》, 2008년 3월호, 강준만의 사회문화사 탐구에서 재인용.

20 행정중심복합도시건설청,《행정중심복합도시 사전환경성 검토서》, 2007년 2월. 115~116쪽.

21 남경현, 〈광교신도시 '자전거 천국' 만든다〉,《동아일보》, 2007년 8월 7일.

22 윤여윤, 〈자전거 혁명 '벨리브' 전국으로 확산〉,《내일신문》, 2007년 11월 12일.

23 〈서울시, 도심 차량에 혼잡통행료 받겠다는데〉,《중앙일보》, 2007년 10월 16일.

24 임삼진, 〈사람 중심의 교통문화란 무엇인가〉, 녹색도시연구소 홈페이지, 7쪽.

25 임삼진, 〈사람 중심의 교통문화란 무엇인가〉, 녹색도시연구소 홈페이지, 13쪽.

26 존 라이언,《지구를 살리는 7가지 불가사의한 물건들》, 그물코, 2002년, 21쪽.

27 최홍열, 〈자전거 타운 2곳, 올해 내 만든다〉,《조선일보》, 2008년 2월 25일.

28 쿠르트 뫼저,《자동차의 역사》. 뿌리와 이파리, 2007년, 31쪽.

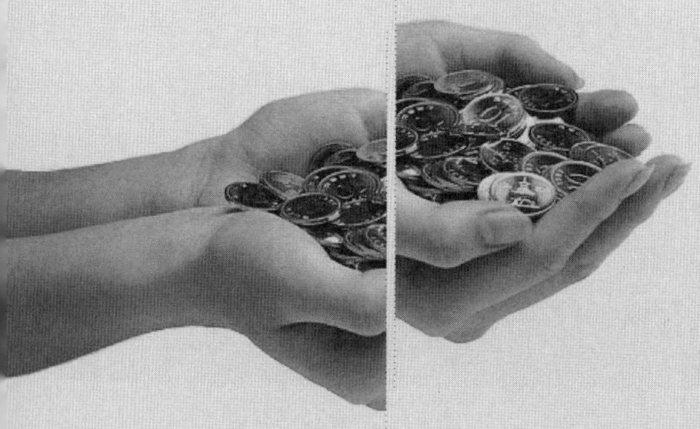

신사는 채권을 좋아한다, 너무 '편안' 한 국민연금 수익률

한국개발연구원이 기획예산처에 제출한 〈선진 국가자산운용 체계 구축방안〉이라는 용역보고서는 우리나라 국민연금 최근 수익률이 외국 공적연기금의 높은 수익률에 비해 저조한 주요 원인이 채권 위주의 보수적 운용 때문이라고 지적하고 있다.

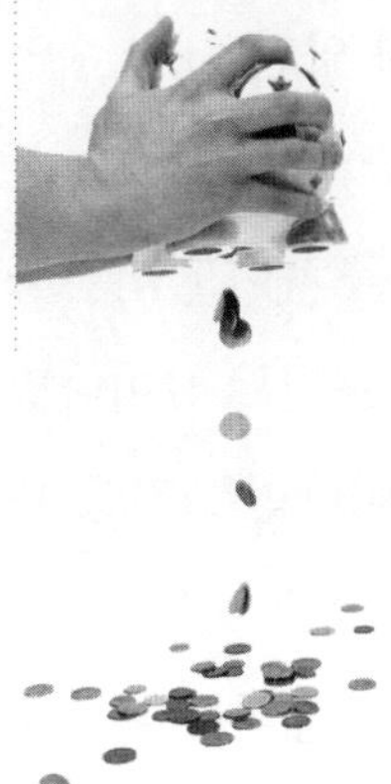

　　"신사는 채권을 좋아한다." 미국 자본주의 여명기의 은행가이자 예술품 수집가였던 앤드류 멜런이 했던 말이다.[1] 그런데 국민연금기금도 채권을 좋아한다. 채권과 사랑에 빠진 게 아닐까 싶을 정도다. 2006년 국민연금의 투자액 중 채권이 차지하는 비율은 86.6퍼센트였다. 투자 금액은 164조 2257억 원이다. 그리고 주식 투자 비율은 11.6퍼센트로 2004년부터 비슷한 비율이다.[2]

　　2007년 12월 현재 국민연금의 채권 투자비율은 이전보다 줄었지만 79.7퍼센트로 여전히 높다. 문제는 수익률이다. 국민연금기금은 정부가 운용하는 60개 기금 가운데 국민들이 가장 관심을 갖는 돈이다. 남북협력기금이나 문화예술진흥기금과는 다르다. 국민연금은 가입한 국민들이 늙거나 사망했을 때 연금을 지급한다. 국민들의 소중한 노후자금인 것이다. 그렇기 때문에 국민연금공단은 소중한 돈을 잘 운용해서 수익률을 최대로 올릴 책무가 있다. 국민연금의 2005년 전체 수익률은 5.61퍼센트고 2006년은 5.77퍼센트, 2007년은 6.84퍼센트였다. 그리고 2005년 국채 수익률은 4.27퍼센트, 2006년은 4.88퍼센트, 2007년은 5.28퍼센트였다. 그냥 가만히 국채를 사서 묻어두는 것보다 약간 나은 수익률을 올린 것이다.

국민연금은 덩치가 크기 때문에 1퍼센트 수익률 차이도 만만하게 볼 수 없다. 기금운용 수익률이 연간 1퍼센트 포인트 늘어나면 기금 고갈을 5년 늦출 수 있고, 연간 2퍼센트 늘어나면 고갈을 15년 정도 늦출 수 있다.[3] 장기 운용을 하기 때문에 시간이 지날수록 복리 효과로 누적 금액도 눈덩이처럼 커진다. 이렇게 마음 편안히 연금을 운용하니 다른 나라의 연금보다 수익률이 좋을 리 없다.

국민연금 수익 성적표는 2006년 비교 대상 8개 해외 연기금 가운데 일본에 이어 두 번째로 낮으며 최근 3년간 수익률은 꼴찌를 기록했다. 2006년 수익률은 미국과 캐나다의 3분의 1 수준이다. 우리나라는 3년(2004~2006) 평균 수익률이 6.72퍼센트로 비교 대상 7개국 8개 연기금 가운데 제일 낮다. 캐나다국민연금CPP은 13.87퍼센트, 미국 캘리포니아주정부 공무원연금CalPERS은 13.40퍼센트, 스웨덴 국민연금은 12.90퍼센트, 아일랜드는 13.77퍼센트 등으로 모두 10퍼센트가 넘는다. 일본이 7.28퍼센트로 낮은 편이다.

다른 나라 연금보다 수익률이 낮아

한국개발연구원이 기획예산처에 제출한 〈선진 국가 자산운용체계 구축방안〉이라는 용역보고서는 우리나라 국민연금 최근 수익률이 외국 공적연기금의 높은 수익률에 비해 저조한 주

요 원인이 채권 위주의 보수적 운용 때문이라고 지적하고 있다.[4]

세계적인 투자 귀재 워렌 버핏Warren Edward Buffett 회장은 2004년 말 포스코 주식 5억 7200만 달러를 매수했다. 그는 기업만 좋다면 어느 국가, 어느 시장인지에 대해서는 신경 쓰지 않는다. 2007년 10월, 그가 산 포스코 지분과 배당금을 평가하면 총 23억 달러(약 2조 1055억 원)에 달한다. 3년이 채 안 되는 기간에 313퍼센트의 기록적인 수익을 거둔 것이다.[5]

외국인 투자자들은 외환위기 이후 한국 기업의 주식을 대규모로 사서 배당금과 시세 차익으로 큰 이익을 봤다. 최근 3년간 외국인 배당금만 12조 원이다. 그때 국민연금은 채권 투자에만 집중하고 있었다. 연금의 수익률도 낮아졌고 우리 국부를 외국인 투자자에게 헌납하고 만 꼴이 된 것이다. 그래도 수익률에 초연한 보건복지부와 국민연금의 자세는 변함이 없다.

2008년 말, 국민연금기금 총 적립금액은 시가 기준으로 250조 9586억 원으로 예상된다. 국민연금기금 운용위원회가 승인한 〈2008년 기금운영계획안〉의 운용 기대 수익률은 6.6퍼센트다. 금액으로 치면 12조 2467억 3000만 원이다. 이 수익률은 최근 5년간(2002년~2006년) 국내 주식 벤치마크 수익률인 16.54퍼센트보다 현저히 낮은 수준이고, 최근 3년간 해외 주요 연기금 평균수익률과 비교해도 매우 낮은 수준이다. 보건복지부는 이렇게 운용 수익률을 낮게 설정한 이유에 대해 채권 위주의 안정적인 운영과 2000년 이후 저금리 기조 때문이라고 설명하고 있다.[6]

펀드매니저는 업무평가가 가혹한 직업 중 하나다. 300명의 펀드 매니저와 운용 펀드가 있다고 치자. 하루 금융시장이 끝나면 수익률이 1등에서 300등까지 매겨진다. 시장은 이렇게 매월, 분기별, 연 단위로 성적을 매기고 언론에 공개한다. 주식형 펀드뿐 아니라 채권형과 혼합형 펀드도 마찬가지다. 그리고 운용성적이 나쁜 펀드매니저는 해고될 수도 있다. 반대로 성적이 좋으면 성과급을 받고 미래도 보장된다.

우리가 다니는 직장에서 6시에 업무를 마치고 나면 모든 직원들의 업무 성적이 1등에서 꼴찌까지 바로 나온다고 생각해보라. 얼마나 스트레스를 받겠는가. 하지만 국민연금공단 직원들은 그렇게 스트레스를 받는 것 같지 않다. 공공기관인데다가 국민연금법에 따라 국민들이 강제로 국민연금에 가입해야 하고 탈퇴할 수 없기 때문이다. 국민연금 수익률이 맘에 안 든다고 연금을 빼내 수익률이 좋은 펀드에 가입할 수도 없다.

박현주 미래에셋 회장은 국민연금의 채권 중심 투자를 다음과 같이 비판했다. "사람에 대한 투자가 금융권만큼 중요한 곳이 없다. 사람이 엉터리면 재앙이 온다. 그런데 국민연금을 운용하는 공무원들은 지난 6년간 채권만 샀다. 그 결과 물가상승률도 커버하지 못했다. 기본 컨셉은 주식을 사느냐, 안 사느냐가 아니다. 자산은 분산투자를 해야 한다. 포트폴리오 투자를 하라고 교과서에도 나와 있다. 국민연금이 교과서대로 했다면 주식을 30퍼센트는 샀어야 했다. 채권이 안전하다고 생각하는 사람들이 많은데, 천만의 말씀이다. 미국 서브프라임 모기지 사태를 봐라. 무리한 채권투자의 결과다."[7]

대표적인 공적연금이자 미국 주식시장의 주요 기관투자가인 캘리포니아 공무원퇴직연금(캘퍼스)은 주식투자 비중을 60퍼센트에서 56퍼센트로 줄인다고 한다. 줄였다는 주식투자의 비중이 56퍼센트인 것이다. 이처럼 대부분의 외국 연기금의 주식투자 비중은 최소 30퍼센트를 넘고 있다.

국민연금이 복지 투자는 0.1퍼센트밖에 안 하면서 위험이 큰 주식투자 비중을 늘리는 것은 잘못됐다고 비판하는 목소리도 있다. 또 우리나라 주식 시장은 수익률이 들쑥날쑥하고 위험성이 높기 때문에 국민연금기금이 적게 투자한 것이라고 생각할 수도 있다. 그러나 그렇지 않다.

20년 장기 운용 결과 주식은 채권 수익률의 4배

국민연금공단의 기금공시에 따르면 1988년에서 2007년 9월까지 기간평균 수익률은 주식이 23.75퍼센트였고 채권이 5.58퍼센트였다. 그리고 평균 수익률은 7.86퍼센트였다. 또 최근 3년간(2005년~2007년 9월) 주식 수익률은 31.42퍼센트였고 채권은 3.21퍼센트였다.

국민연금의 20년 장기 운용결과를 보면 주식은 채권의 4배 정도의 수익률을 보여주었다.[8] 그 20년 동안 외환위기, 대우그룹 몰락, 미국 9.11사태, 북핵 실험 등 온갖 일이 일어났지만 장기 수익률은 변함이 없었던 것이다. 미국 제레미 시겔Jeremy Siegel 교수에 따르면 1802년에서 1997년까지 미국의 장기채권은 약 1만 배가 올랐고 주식은 약 747만 배가 올랐다고 한다.[9]

장기적으로 볼 때 주식이 채권보다 월등한 수익률을 낸다는 것은 세계 여러 나라의 경제가 증명하고 있다. 그런데 우리나라는 기이하게도 채권투자가 압도적으로 많다. 물론 국민연금은 법이 정한 대로 연금을 지급하는 방식이기 때문에 운용 수익률이 높다고 연금을 더 지급하지는 않는다. 그러나 '더 내고 덜 받는' 방식의 연금 개정을 막거나 늦출 수는 있고 기금 고갈도 훨씬 뒤로 미룰 수 있다. 결국 수익률을 높이면 가입자의 이익인 것이다. 모든 연금처럼 '수익률'은 국민연금의 중요한 화두다.

국민연금과 비교할 수 있는 공적연금으로는 공무원연금과 군인연금이 있다. 이 두 연금은 적자액을 세금으로 보전한다. 기획예산처가 2008년 예산안에 잡아놓은 공무원연금 적자 보전액은 1조 2684억 원으로 2007년 9725억 원보다 30퍼센트나 늘어난 것이다. 여기에다 군인연금 적자 보전액 9492억 원을 합치면 2008년에 국민세금으로 대신 물어줘야 할 공무원·군인연금의 적자 보전액은 2조 2176억 원에 이른다. 공무원연금은 1993년, 군인연금은 1973년에 이미 적자가 나기 시작했다.[10] 현행 제도를 유지하면 공무원연금에 대한 정부보전금은 2010년에는 2조 1000억 원, 2020년에는 10조 5000억 원에 달할 것으로 예상된다. 공무원연금의 주식투자 비율도 13퍼센트대로 높지 않다. 투자수익률 역시 높지 않다. 그러나 공무원연금과 군인연금은 적자가 나도 정부가 국고로 지급을 보장한다. 납세자들이 가만있지 않겠지만 국민연금과는 사정이 다르다.

2007년은 펀드 대중화 시대였다. 펀드 하나 없는 집이 도리어 이상할 정도가 된 것이다. 펀드 시장의 전체 규모가 급팽창한 데다가 펀드 계좌 수가 무려 2100만 개에 이르러 1가구당 펀드 계좌를 하나 이상 꼴로 보유하고 있는 상황이다. 꼭 이런 수치가 아니더라도 몇 명만 모이면 '펀드' 수익률 얘기가 자연스레 화제로 떠오르기 때문에 '1가구 1펀드 시대'는 피부로 체감된다. 2007년 12월, 국내 전체 펀드 시장(설정액) 규모는 300조 원을 넘어섰다. 이미 예고돼 있던 '펀드 300조 시대'가 마침내 열린 것이다. '주식형 펀드 100조' 고개는 이미 2007년 11월에 넘어섰다. '주식형 펀드'가 전체 펀드 시장을 이끈 것이다. 외환위기 뒤 벤처 투자에 이어 부동산 그리고 펀드로 옮아붙은 열기는 경제 영역을 넘어 사회 전반의 변화를 내포하고 있다.[11] 이렇게 펀드가 대중화되고 있는 시대에 낮은 펀드 수익률을 내거는 '국민연금 펀드'에 국민의 신뢰도가 높을 리 없다.

2006년 국민연금공단에 대한 국정감사에서 한나라당 안명옥 의원은 연금의 신뢰도 문제를 언급했다. 그는 "2006년(국민을 상대로 한 신뢰도) 조사에서 '국민연금제도를 신뢰하는가'라고 물어봤더니 26.7퍼센트만이 신뢰한다고 답변했다. '연금을 받을 수 있다는 확신 부족'이 1위로 36.8퍼센트였고, 두 번째가 '기금이 안전하게 잘 운용되고 있다는 확신 부족'이 16.7퍼센트였다. 그리고 '실질가치 보장이 잘 안 될 것 같아서'라는 답변도 13.7퍼센트였다"고 지적했다.

더 큰 문제는 미래의 국민연금 납부자인 20대에서 40대의 만족도다. 만족도를 연령대로 구분해보니까 20대가 8.7퍼센트,

30대가 9.5퍼센트, 40대가 10.8퍼센트였다. 왕성한 활동으로 연금제도를 떠받쳐야 할 20대부터 40대까지의 만족도가 10퍼센트 수준으로 제도 자체를 거부하는 경향을 보이고 있는 것이다.[12] 국민연금이 의무가입이 아니라면 가입하지 않겠다는 비율도 무려 64.5퍼센트나 됐다.

국민의 연금, 신뢰도는 낮다

왜 이렇게 국민연금에 대한 국민의 신뢰도가 낮을까? 첫째는 정부와 공단이 국민연금이 '정부가 지급을 보장하는 고수익 저축'으로 오해하게끔 홍보를 해왔기 때문이다. 국민연금은 '저축'이 아니라 사회가 공동으로 고령화에 대비해 만든 '사회보험'이다. 처음 국민연금을 만들 때 사실을 제대로 알리지 않은 것이다. 그리고 2004년 김근태 전 보건복지부 장관이 말한 것처럼 국민연금이 국민 노후안정대책이 아닌 정부의 자금 동원 수단이란 점도 있다.[13] 국민연금기금 운용은 이른 시기부터 정도를 벗어났다. 1993년 김영삼 정부는 공공자금관리기금법을 제정해 1994년부터 국민연금기금의 거의 대부분을 공공자금예탁금 명목으로 손대기 시작했다. 그 결과 정부는 1994년에서 2000년까지 국민연금기금에서 총 39조 원을 가져다 쓰는 '비민주적 횡포'를 저질렀다. 그때 정부는 시중 금리보다 낮은 이자로 연금기금을 사용했고 이로 인해 가입자의 노후 예탁금은 손실을 입었다. 그리고 재정경제부는 1998년 마련한 〈공공자금관리기금의 예탁조건 결정기준 개정안〉 규정에 따라 최소한 1998년부터의 이자 차

액 1조 6182억 원을 연금에 보전해 주어야 하는데 예산부족을 이유로 갚지 않았다.[14]

국민의 신뢰도 저하에는 보건복지부와 국민연금공단의 도덕적 해이도 한 몫 했다. 보건복지부는 그동안 국민연금 운영비용을 국고에서 보조해왔다. 그런데 보건복지부는 2008년도 예산안에서 정부가 부담해야 할 국민연금 관리운영비를 전년 대비 86.2퍼센트인 1181억 원을 삭감한 안을 국회에 제출했다. 국회 보건복지위원회는 예산심의를 하면서 정부제출안을 비판하고 국고보조금을 2007년과 같은 수준으로 올리기로 결정했다. 이에 국민들은 국민연금 지원은 이렇게 줄이면서 1조 원이 넘는 공무원연금 재정 적자는 그대로 보전해 주기로 결정한 정부에 대해 '제 식구만 감싼다'며 비난을 퍼부었다.[15]

하나만 더 예를 들어 보겠다. 국민연금공단은 2012년까지 경남 진주시로 이전할 예정이다. 공단은 직원 1인당 이주지원비를 6865만 원으로 책정했다. 1인당 이주지원비에는 직급에 관계없이 3년간 지급하는 월 30만 원씩의 이주수당 1080만 원과 이사비용 96만 원, 공단 명의의 아파트 임차비 5689만 원이 포함됐다. 총 1153억 원이다. 그런데 공단은 이 돈을 국고에서 지원해달라고 요청했다.[16]

국민의 노후자금인 연금의 수익률은 높이지 못하면서 자신의 밥그릇은 열심히 챙겼다는 비난이 쏟아질 수밖에 없다. 자산을 위탁받은 대리인이 고객의 이익을 위해 노력하지 않고 자신의 이익을 앞세우는 전형적인 '대리인 문제'가 발생한 것이다. 이렇게 해서는 국민들이 연금과 연금운용자를 신뢰할 수가 없다. 더욱이 '1가구 1펀드' 시대에 연금수익률도 좋지 않으니 눈길이 고울 리 없다.

국민연금의 수익률이 낮은 것은 〈기금관리기본법〉의 문제도 있었다. 2005년 1월 개정되기 이전의 〈기금관리기본법〉 3조 3항은 "공공기금의 관리주체는 당해기금으로 주식과 부동산을 매입할 수 없다. 다만, 당해기금의 설치목적과 공익에 위배되지 아니하는 범위 안에서 공공기금의 기금운용계획에 반영된 경우에는 그러하지 아니하다"고 규정하고 있다. 주식에 투자할 수도 있다는 단서조항이 있었지만 아쉬울 것 없는 공공기관이 이런 조항을 무릅쓰고 주식과 수익용 부동산에 투자하기는 쉽지 않다.

투자에 대한 평가는 10년 정도의 기간을 두고 장기적으로 해야 한다. 그러나 현실은 국민연금의 기금운용 담당자들이 국회로 불려가 1~2년간의 투자수익률로 추궁당한다. 언론도 마찬가지로 단기간의 투자수익률에 집착한다. 정치인들이 자산운용을 알기는 어렵다. 코스피 지수가 15년간 1.7배 뛸 때 우량주식은 30배가 올랐다. 이는 우량주식에 대한 장기투자의 효과다. 국회에서 단기 성과만을 놓고 연기금 운용담당자를 간섭하면 오히려 장기투자를 막고 단기 투자를 조장할 수 있다.[17]

2008년 3월, 미국 서브프라임 사태로 우리 주식시장도 동반 하락했다. 당연히 국민연금 수익률도 좋지 않았다. 기금운용위원회 리스크관리위원을 맡고 있는 중앙대 오규택 교수는 "2000년대 중반까지 국민연금은 주식투자를 하다가 주가가 떨어지면 투자를 중단하고, 그러다 주가가 오르면 땅을 치는 악순환을 반복해 수익률이 나빴다"면서 "최근 2~3년 전부터는 장기투자 수익률을 강화하는 전략으로 전환하고 있다"고 밝혔다.[18]

부족한 국민연금공단의 운용 능력

국민연금의 수익률이 낮은 이유는 국민연금 공단의 운용 능력 부족 때문이다. 기금운용위원회는 국민연금기금 운용에 관한 최고 심의의결기구다. 총 21명인데 당연직 위원 7인과 위촉위원 14인 등 총 21인으로 구성되고 보건복지부 장관이 위원장이 된다.

당연직 위원은 재정경제부 차관 등 7명이고, 위촉위원은 사용자 대표 3인, 근로자 대표 3인, 지역가입자 대표 6인, 관계 전문가 2인이다. 지역가입자 대표 6인은 농협중앙회, 수협중앙회, 공인회계사회, 음식업중앙회, 소비자보호단체협의회, 참여연대 추천 1인이다.

그런데 200조 원의 운용을 다루는 기금운용위원회는 형식적으로 운영된다. 한국경제신문이 기금운용위원회 회의록(2006년 3월에서 2007년 3월까지 다섯 차례 분)을 분석한 결과 위원회 총원은 21명인데 평균 출석률은 59퍼센트였다. 3명의 정부 측 당연직 위원은 다섯 차례 회의가 열리는 동안 한 번도 출석하지 않았다. 회의에 참석해서 한 마디도 하지 않는 위원도 4명이나 됐다.

평균 1시간 55분의 회의에서 보통 10분에 1개꼴로 안건을 처리한다. 또 연금 운용과는 관계가 없고 비전문가인 음식업중앙회나 소비자단체협회 관계자가 기금운영위원회 위원으로 참여하고 있다.[19] 게다가 이 기구는 비상설기구로 운영되고 있어서 1년에 네 차례 회의를 갖는 것이 고작이다. 200조 원이 이렇게 운용된다. 정부 당국자는 "기금운용위의 논의 수준이 왜 주식투자를 해야 하는지를 놓고 논란을 벌일 정도로 심각한 상태"라고 전했다.[20] 이런 상황이다보니 기금운용은 사실상 공단의 기금운용본부가 하는 실정이다.

기금운용계획에 대한 평가는 1년에 1회, 그것도 국민연금관리공단 산하의 국민연금연구원과 단기간에 선임된 외부 전문기관이 한다. 기금운용은 계획, 운용, 평가 등 전 단계에 걸쳐서 전문성이 현저히 떨어진다.[21] 이런 점을 감안해 국민연금은 2008년 외부 위탁운용을 56조 원(23퍼센트)으로 확대한다. 국내주식은 55퍼센트, 해외주식은 100퍼센트, 대체투자는 75퍼센트를 민간전문기관에게 위탁운용하는 것이다.[22]

전세계에서 국부 펀드가 늘고 있다. 국부 펀드는 보유외환과 재정잉여금의 운용을 통해 수익을 창출할 목적으로 조성된 펀드다. 2007년 6월 말 현재 운용 중인 국부 펀드는 약 2조 5000억 달러로 1조 5000억 달러로 추정되는 헤지펀드를 능가한다. 아시아의 국부 펀드가 미국과 유럽의 기업 쇼핑에 나서자 미국과 EU는 경계의 눈초리를 보내고 있다. 전략기업과 첨단기술을 빼앗길까봐 불안해하는 것이다. 국민연금은 국부 펀드는 아니지만 규모는 국부 펀드 못지 않다. 국민연금 기금은 하루가 다르게 불어나고 있다. 2007년 8월 말 현재 적립금이 213조 원으로 세계 5위의 거대기금으로 성장했다. 국내 경상 GDP의 25퍼센트를 차지하는 액수다. 또 국민연금은 매년 20조 원이 넘는 돈이 들어오고 있는데 이는 한국 금융시장을 좌지우지할 돈이다.

국민연금이 투자할 곳은 많다. 한국은 전세계 자본시장의 2퍼센트 정도를 차지한다. 98퍼센트는 외국이다. 즉, 세계는 넓고 투자할 곳은 많다. '투자의 귀재' 워렌 버핏이 이끄는 버크셔 헤서웨이는 2007년 중국의 페트로차이나 주식을 전량 처분했다. 페트로차이나는 중국의 석유회사다. 버크셔는 2003년 4억 8800만 달러를 들여 인수한 페트로차이나 지분을 전량 매각하면서 8배 이상의 차익을 얻었다.[23]

우량 기업을 통째로 인수해도 된다. 세계의 국부 펀드는 전세계의 우량기업 투자에 몰두하고 있다. 또 원자재 생산 투자가 수십 년째 정체돼 있어 유전과 광산 등이 고갈되고 있기 때문에 원유, 금속, 곡물 가격이 하늘 높은 줄 모르고 뛰고 있다. 따라서 상품(원자재) 시장 투자도 고려해볼 만하다.

정부와 국민연금공단도 국민연금 운용을 다양화하려고 노력하고 있다. 국민연금기금은 삼성물산과 컨소시엄을 구성해 2007년 11월 단군 이래 최대 민간개발로 불리는 용산역세권 개발사업을 수주했다. 2012년까지 9조 원 이상을 부동산에 추가 투자할 것으로 예상된다.[24]

연금 투자는 다양해지나 금융전문가는 모자라

국민연금공단은 2006년 총 189조 원 중 약 10퍼센트인 17조 6056억 원을 해외에 투자했다. 그러나 대부분은 미국 국채 등 안정적인 채권 투자였다. 그러나 2007년부터는 본격적으로 해외주식을 비롯해 부동산, 인프라 펀드, 사모 펀드PEF 등을 대상으로 공격적인 투자에 나서고 있다. 또 해외자본시장에서의 자금원 역할 뿐 아니라 선진 자산운용기술을 배워 직접 투자를 할 방침이다. 오성근 국민연금 기금운용본부장은 "기금이 매년 20~25조 원씩 늘어나 2012년에는 400조 원 규모가 된다. 그런데 국내 투자만으로는 위험이 높다. 따라서 해외 투자를 늘림과 동시에 선진 투자기법을 배워와 장기적으로는 우리가 직접 운용할 수 있는 역량을 키우겠다"고 밝혔다.[25]

국민연금은 2008년부터 10년간 총 20조 원을 해외자원개발에 투자한다. 이는 1977년에서 2006년 사이 30년 동안 한국이 자원개발에 투자한 103억 8000만 달러(약 9조 6000억 원)의 두 배가 넘는 규모다. 그리고 국민연금과 석유공사·가스공사·광업진흥공사 등 3개 공기업에서 각 2명씩 파견돼 8명으로 운영위원회가 구성되는데 이들이 투자를 협의한다.[26] 그러나 국민연금에는 자원개발전문가가 없다. 그렇기 때문에 해외자원개발 사업은 위험도가 높다. 국민연금은 안정성 높은 생산광구에 집중한다지만 웬지 불안하다.

그 나라 정치인 수준은 국민의 수준과 같다고 한다. 금융 전문가 부족은 국민연금만의 문제가 아니다. 이제는 금융과 투자은행의 시대가 열리고 있다. 그러나 우리나라에는 금융전문가가 부족하다. 우리나라 국내 10대 증권사의 투자은행 부문 인력은 다 합쳐도 1230명이다. 이는 골드만삭스라는 미국의 한 회사의 20분의

1에도 못 미치는 숫자다. 증권사들은 다양한 금융상품개발 전문가가 국내에 없어 애를 먹고 있다. 모건스탠리가 30명이나 달라붙는 인수합병M&A을 국내에서는 경력 3년 이하의 전문가 5명이 담당한다.[27]

한국투자업계에서 뛰어난 업적을 보이는 곳은 군인공제회다. 군인공제회는 1984년 창립되었다. 군인들이 투자를 의뢰해 모은 기금을 관리하고 운영해서 다시 돌려주는 군인복지기관이다. 회원 1인당 월 한도 50만 원까지 자금을 불입할 수 있는 군인공제회의 자산은 7조 원대를 넘어섰다. 국민연금과 비슷한 성격의 자금이다. 예비역 군인 출신의 비전문가들이 자금을 운영하는데 뭐 그리 대단하겠느냐 싶지만 투자내역을 보면 생각이 달라진다. 국민연금과는 비교될 수밖에 없다.

군인공제회는 기업 인수합병 시장은 물론, SOC 투자, 에너지 및 자원개발 사업 등에서 가장 먼저 유력물건을 찾아내고 발군의 수익을 일궈내는 곳이다. 군인공제회가 시장에서 가장 큰 파워를 보이는 곳은 기업 인수합병 분야다. 금호타이어 지분투자를 비롯해 STX에너지, 통일중공업, 해태제과, 두산인프라코어(옛 대우종합기계), 진로 등 굵직굵직한 거래에서 군인공제회는 맹위를 떨쳤다. 금호타이어에는 2500억 원을 투자해 2년여 만에 1200억 원의 수익을 남겼고, 두산인프라코어 역시 2000억 원을 투자해 2년여 만에 532억 원을 수익으로 챙겼다.[28] 결국 뛰어난 금융전문인력이 수익률을 결정하는 것이다.

관료는 국민연금이란 알짜를 놓치기 싫어한다

정부는 국민연금 운용의 전문성을 높이기 위해 2007년 12월 국민연금법 개정안을 내놓았다. 그런데 관료들은 국민연금이라는 알짜를 내놓기 싫어한다. 원래 계획은 기금운용위원회를 독립성을 보장한 상설민간기구로 만든다는 것이었다. 2007년 10월의 입법예고안에는 운용위원회를 '민간으로 완전히 독립'시키고 위원은 상임 2명을 포함해 7명으로, 위원장은 민간 전문가(상임)로 선임하기로 되어 있다. 그런데 정부는 관련부처 논의 과정에서 처음 방침을 슬쩍 뒤집어 기금운용위원회를 대통령 직속으로 두었다. 7명의 위원도 모두 비상임으로 했다. 그리고 기금운용 실무조직으로 기금운용공사를 설립할 예정이다.

조성봉 한국경제연구원 연구조정실장은 "이번 국민연금 지배구조 개정안의 가장 큰 목표는 전문성·독립성을 강화해 기금 운용의 효율을 높이는 것이었다. 하지만 정부 논의 과정에서 수정된 내용들은 기금운용위원회의 전문성 등에 악영향을 미칠 가능성이 있다"고 설명했다.[29]

이렇게 지배구조 개정안이 대폭 수정된 것은 보건복지부와 경제부처의 이기주의 때문이다. 200조 원이 넘는 돈을 운용하는 것은 막대한 이권이다. 돈은 곧 힘이기 때문이다. 돈 액수가 커질수록 그 힘도 당연히 커진다. 국민연금의 파워를 시금고와 비교해보자. 금융기관의 지방자치단체 금고 유치경쟁은 치열하다. 2006년 말 신한은행은 인천시 시금고 유치를 위해 아시안게임 지원금 130억 원을 내놓기로 했고 500억 원의 출연금도 약속했다. 지난

2005년 우리은행이 서울시 시금고 유치를 위해 내놓은 출연금은 1300억 원에 이른다.

낙후지역 지원사업 기금 5억 원, 자전거이용 활성화 기금 1억 원, 소방차 구입비 7억 3000만 원, 이는 하나은행 충청사업본부가 2007년 5월 대전시에 전달한 협력사업기금이다. 모두 연말에 예정된 대전 시금고 운영기관 선정에서 유리한 위치를 차지하기 위한 노력이다.[30] 금융권에서 출혈경쟁 논란도 일고 있다. 자치단체 시금고는 수천억 원에서 수조 원에 이르는데, 저원가성 돈인데다가 유치에 성공하면 금융기관의 대외 신뢰도 향상은 물론 투자유치, 이윤창출 등 각종 이점이 발생한다.

그런데 국민연금은 이미 200조 원이 넘었고, 머지않아 400조 원이 된다. 지자체 시금고와는 비교할 수도 없는 엄청난 돈인 것이다. 그렇기 때문에 관료들은 이 돈의 운용권한을 놓치고 싶어하지 않는다. 하지만 관료들의 정책능력은 왠지 신뢰할 수가 없다. 특히 금융운용능력은 더 그렇다. 경제관료들은 외환위기 전 우리 경제의 '펀더멘탈'은 괜찮다고 호언장담까지 하지 않았던가.

우리나라 관료들의 정책 능력을 보여주는 좋은 예는 저출산 문제다. 현재 우리나라 여성이 낳는 평균 아이 수는 1.26명으로 세계 최저 수준이다. 여성의 대체출산율로 통하는 평균 2명에 이른 것이 1983년이었다고 한다. 이 해에 정부는 셋째 아이에게 의료보험 혜택을 주지 않는 정책을 시행했다. 엄마가 둘 낳기도 싫다는 판에 정부는 셋째를 못 낳게 하기 위한 정책에 뒤늦게 발동을 걸었던 것이다.[31]

중앙의 얼룩말과 호피 인디언 기우제

국민연금이 한편으로 해외주식과 부동산 투자, 대체 투자, 자원개발 투자에 나서면서 다른 한편으로는 관료적 틀에 묶인다는 것은 바람직하지 못하다. 금융산업은 정말 창조적인 경영이 필요하고 창의성이 뛰어난 인재가 필요한 곳이다. 자산운용과 관료적 사고방식, 운영형태는 양립할 수 없다.

랄프 웬저Ralph Wanger는 그의 저서《작지만 강한 기업에 투자하라》에서 펀드매니저를 사자나라의 얼룩말 무리에 비교했다. 얼룩말 무리에게 최상의 자리는 무리의 맨 바깥쪽이다. 신선한 풀을 먹을 수 있기 때문이다. 그러나 자칫 사자의 먹잇감이 될 수도 있다. 반면 무리의 중간쯤에 자리 잡으면 남들이 먹다 남은 풀이나 말발굽에 짓이겨진 풀을 먹어야 한다. 그러나 사자가 달려들면 안전하게 도망칠 수 있다. 랄프 웬저는 장기 투자자로서 이처럼 중간쯤에 자리 잡는 얼룩말 철학은 결코 받아들일 수 없다고 말했다.[32]

현재 우리나라 국민연금 운용자는 얼룩말 무리의 중간쯤이 아니라 아예 중앙에 자리 잡았다. 국민연금은 수익률 경쟁이 없다. 차라리 덩치 큰 국민연금 기금을 내부적으로 7개 정도로 나눠 운용실적에 대한 경쟁을 시키는 것이 좋을 것이다. 스웨덴이 이렇게 하고 있다.

현재 노동시장에서 가장 높은 비중을 차지하는 연령층은 40대다. 이들이 은퇴할 시기가 되면 우리나라는 초고령 사회가 되고 곧 이어 인구감소가 시작된다. 한 마디로 개인 입장에서 '오래 사는 위험'이 커지게 되는 것이다. 이 문제를 시장 차원에서 가장 효율적으로 해결할 수 있는 길은 자산운용업을 발전시켜 한국 사회가 고령화에 대비하도록 하는 것이다. 다시 말해 젊은 시절에는 자신의 노동력으로 돈을 벌고, 노년에는 돈이 돈을 버는 구조가 되어야 한다. 선진국의 경우 연금 비즈니스가 자산운용업의 절반을 차지한다. 이 나라들의 금융회사는 노후를 준비하기 위한 국민들의 돈을 모아, 그 돈을 들고 전 세계를 누비며 좋은 투자처를 찾는다. 선진국의 증시에서 가장 큰 손은 다름 아닌 기관투자가들이다. 자산운용업을 통해 국민들의 노후 생활을 지원하고 있는 것이다. 국민연금에 꼭 들어맞는 말이다.

애리조나 사막의 호피 인디언들이 기우제를 지내면 100퍼센트 비가 온다. 반드시 비가 올 때를 골라 기우제를 지내기 때문이다. 그리고 비가 올 것으로 확신하고 기우제를 시작했으면 비가 오는 순간까지 멈추지 않고 계속한다. 국민연금기금은 무리 중앙에 머무르는 '얼룩말'이 되지 않아야 하고, 채권만을 좋아하는 '신사'가 되지 않아야 한다. 적절한 때와 장소를 골라 투자하고 끈질기게 기다리는 호피 인디언식 투자가가 되어야 한다. 말 그대로 '국민'의 '연금'이기 때문이다. 2007년 12월, 국민연금 가입자 수는 약 1826만 명이다. 즉, 정확하게 말하면 국민연금은 '국민들 대부분'의 연금인 것이다.

1 이채원,《가슴 뛰는 기업을 찾아서》, 이콘, 2007년, 281쪽.

2 국민연금공단 내부자료, 2007년 10월.

3 김상수,〈국민연금기금 주가 급락으로 출범이후 첫 마이너스 수익률〉,《동아일보》, 2008년 2월 20일.

4 범현주,〈국민연금 수익률 공방 진실은〉,《내일신문》, 2007년 11월 20일.

5 〈워렌 버핏 인터뷰〉,《매일경제》, 2007년 10월 22일.

6 국회 보건복지위원회 수석전문위원,《2008년도 보건복지부 소관 예산안 및 기금운용계획안 검토보고》, 286~288쪽.

7 김남국,〈증시 활황기 채권 고집한 국민연금 보면〉,《한국경제》, 2007년 9월 18일.

8 국민연금 홈페이지,《기금운용현황》, 2007년 1월.

9 이채원,《가슴 뛰는 기업을 찾아서》, 이콘, 2007년, 285쪽.

10 〈공무원·군인연금 확 뜯어고쳐라〉,《중앙일보》, 2007년 9월 28일.

11 김영배,〈그분이 오셨네, 우리 누추한 삶에〉,《한겨레21》, 제690호, 2007년 12월 25일, 25~26쪽.

12 국회 사무처,《2006년도 국정감사 보건복지위원회 회의록》, 2006년 10월 31일, 28~29쪽

13 이승민,《신 국민연금 8대 비밀》, 도서출판 사자후, 2007년, 142~143쪽.

14 민주노동당,《연기금의 주식·부동산 투자 전면 허용, 어떻게 볼 것인가?》, 2004년 8월 16일, 71~72쪽.

15 홍진수,〈'복지부 재정 떠넘기기' 제동〉,《경향신문》, 2007년 11월 12일.

16 김정수,〈지방이전 직원에 6865만 원씩 지원〉,《중앙일보》, 2007년 10월 25일.

17 이미아,〈"코스피 15년간 1.7배 뛸 때 우량주 30배 올라"〉,《한국경제》, 2007년 10월 11일.

18 김상수, 〈국민연금기금 주가 급락으로 출범 이후 첫 마이너스 수익률〉,
《동아일보》, 2008년 2월 20일.

19 박수진, 〈200조 운용 결정이 이래서야〉, 《한국경제》, 2007년 6월 11일.

20 신치영, 〈"미 캘퍼스처럼……" 수익률 높이기 초점〉, 《동아닷컴》, 2007년
9월 6일.

21 국회의원 안명옥, 《효율성 및 안정성 강화를 위한 국민연금 개선 방향》,
2007 국정감사 자료집, 2007년 10월, 51쪽~53쪽.

22 보건복지부 보도자료, 《2008 국민연금 위탁운용 56조 8천억 원(23%)으로
확대》, 2007년 12월 31일.

23 정영효, 〈당기순익 45억 5천만 불, 투자수익 10배 급증〉, 《이데일리》, 2007년
11월 3일.

24 김규식, 〈국민연금 부동산 개발로 수익을 높인다〉, 《매일경제》, 2007년
11월 6일.

25 정재윤, 〈글로벌 투자사, "큰손, 국민연금 잡아라"〉, 《동아일보》, 2007년
4월 26일.

26 정경민, 〈국민연금, 해외자원 캔다〉, 《중앙일보》, 2007년 12월 17일.

27 정종태, 〈IB시대는 열리는데 금융전문가가 없다〉, 《한국경제》, 2007년
7월 10일.

28 현상경, 〈군인공제회 , M&A 시장 든든한 브랜드〉, 《머니투데이》, 2007년
11월 14일.

29 김규식, 〈국민연금 지배구조 개편 누더기〉, 《매일경제》, 2007년 12월 5일.

30 김신일, 〈지자체금고 유치경쟁 과열 우려〉, 《내일신문》, 2007년 5월 28일.

31 김수종, 〈공무원 시대의 공무원 연금〉, 《내일신문》, 2007년 10월 11일.

32 랄프 웬저, 《작지만 강한 기업에 투자하라》, 굿모닝북스, 2007년, 23쪽.

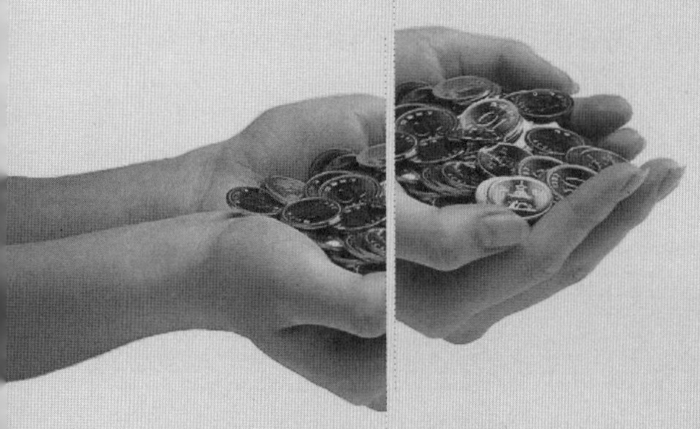

지역축제,
놀자, 놀아보자꾸나

유인촌 문화체육관광부 장관은 취임식에서 "축제가 너무 많다"면서 "수많은 축제를 정비할 것"이라고 말했다. 그런데 단순히 '경제 효과'만을 따져 섣불리 정비하는 우를 범하지 말아야 할 것이다. 최대의 '경제 효과'는 잘 즐기는 것이다.

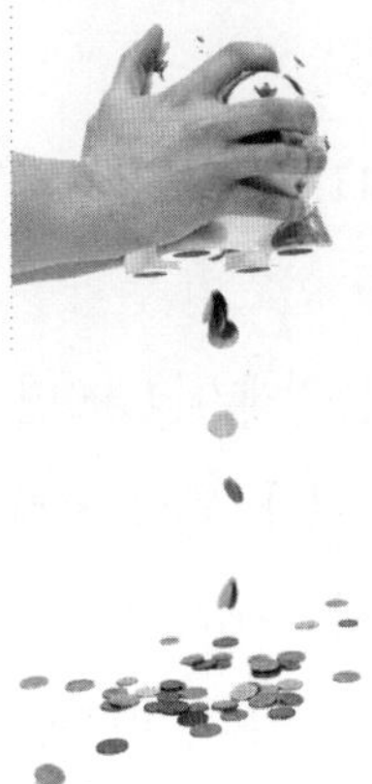

"그 나라 백성들은 노래와 춤을 좋아해서 밤에도 모든 촌락에는 남녀가 무리로 모여 노래하고 논다" "해마다 10월이면 하늘에 제사를 지낸다. 이때는 밤낮으로 술을 마시고 노래를 부르는데 이를 '무천'이라고 한다."[1]

삼국지 위서와 후한서에서 우리 민족을 묘사한 글이다. 예로부터 우리 민족은 발군의 '노는 실력'을 발휘했다. 그리고 2002년 월드컵 때는 그 실력을 유감없이 보여줬다. 일상생활에서도 기회만 있으면 화끈하게 논다. 출발할 때부터 도착할 때까지 흔들고 노래하는 관광버스와 골목 곳곳까지 박힌 노래방 문화는 한국인의 유희 저력을 보여준다.

이러한 노는 문화의 집합이 축제다. 그러나 신분과 성별, 나이에 상관없이 '살 판' 나는 신명을 벌였던 대동놀이 문화 전통은 조국 근대화라는 국민총동원 체제 속에서 사라졌다.[2] 우리는 멍석을 깔아줘도 놀 줄 모르는 축제를 잃어버린 민족이 됐다. 이제 우리에게 대표적인 '나라 축제'와 '지역 축제'는 없다. 다시 새롭게 만들어나가는 중이다. 그러나 '국풍81'부터 시작된 축제는 대부분 관이 주도적으로 만드는 축제였다.

문화관광부는 2006년, 한국 지역축제의 수를 1176개로 집계했다. 하루에 3~4개 꼴로 열리는 것이다. 개최시작 연도별 현황을 살펴보면 1980년대까지는 점진적으로 증가하던 축제가 1990년대를 넘어가면서 5년 간격으로 거의 두 배씩 증가했다. 특히 1996년부터 2005년 사이에 생겨난 축제들의 수가 전체의 64퍼센트에 이른다. 최근 10년 사이에 대부분의 축제가 생긴 것이다. 1995년부터 지방자치제가 부활한 탓이다.

최근 10년 사이에 대부분의 축제가 생겨

1996년부터 갑자기 축제가 늘다보니 축제 내용이 부실해졌다. "자갈치, 주꾸미, 숭어, 전어, 멸치 오징어, 새우젓 …… 어물전 생선 종류를 죄다 나열하나 싶더니 찐빵, 쌀 등 저녁밥상 먹거리가 줄줄이 이어진다. 꽃과 과일 종류도 끝이 없다. 연꽃, 벚꽃, 장미, 복사꽃, 코스모스, 딸기, 복숭아, 토마토 …… 달이 뜨면 달맞이, 해가 뜨면 해맞이, 여름이면 여름밤, 겨울이면 눈꽃, 사계절, 기후현상, 밤낮까지 훑어내린다. 이 길고 긴 단어의 행렬이 모두 한반도에서 열리는 축제의 이름이다. 구분조차 어려울 만큼 비슷비슷한 축제들이 넘쳐나고 있다."[3]

축제를 만들고 평가하는 과정도 부실하다. 지역축제의 '압축 성장' 방식 역시 우리 경제의 '압축 성장' 방식을 닮았다. 감사원이 2003년도에 개최된 강릉 단오제 등 496개 축제에 대해 조사한 결과, 삼성골한마당 축전 등 226개 축전은 사업타당성 검토 없이 2002년과 2003년에 신설해서 개최한 것으로 나타났다. 496개 축전 전부가 사업비에 대한 구체적 산출 근거 없이 총액만 예산에 계상하여 집행한 것이다. 경포여름바다예술제 등 101개 축전은 축전개최 후 평가보고서조차 작성하지 않았으며 평가보고서를 작성한 395개 축전도 평가결과를 반영해 폐지 또는 통합한 축전 이 하나도 없었다. 이 때문에 해마다 축전 수가 증가한 것이다.[4]

　이렇게 축제수가 급증한 것은 지방자치제를 도입하면서 각 시도가 앞다퉈 차별화된 지역 홍보와 예산 유치에 나섰기 때문이다. 즉, 홍보와 예산 유치에 '축제'만큼 유용한 수단이 없는 것이다. 게다가 주 5일제 근무로 주말여가산업이 활기를 띠면서 축제가 동반하는 외부 사람들의 유입과 고용창출, 소비산업 증가 등 경제 효과가 막대해지다보니 지자체의 '축제사랑'은 날로 커질 수밖에 없었다.[5] 그리고 선거로 뽑힌 단체장들이 자신의 치적을 쌓기 위해 축제를 남발한 측면도 있다. 축제를 급조하다 보니 기획·홍보 등은 허술하기 짝이 없어 축제가 외부에는 알려지지 않고 동네 잔치 수준에 그치는 게 태반이었다. 그런데도 축제에 쏟아 붓는 예산은 엄청나다. 매년 146개 축제가 열리는 경기도는 총 300여억 원을, 41개의 축제를 진행하는 전라북도는 70여억 원을 쓴다. 경기도 관계자는 "전국적으로는 시·군·구뿐 아니라 읍·면 단위에서도 축제가 열려 정확한 산출은 어렵지만 총 비용은 2000 ~3000억 원대로 추산한다"고 말했다.

그리고 2004년 말, 250개 지방자치단체들이 개최하고 있는 축제는 총 1178개였는데 그중 바람직한 축제형태인 민간주도형 축전은 363개(33.8퍼센트)에 지나지 않았다. 그리고 이들 축전은 축전 사업비의 대부분을 지방자치단체에 의존(의존율 : 2003년 71.9퍼센트, 2004년 78.3퍼센트)하는 관주도형 축전형태로 개최되고 있어 지방자치단체의 재정 부담이 가중되고 있었다.[6] 그런 와중에 국내 예술축제 붐을 주도한 '부산국제영화제PIFF' '광주비엔날레' '펜타포트 송도락페스티벌' '통영국제음악제' 등이 성공을 거두면서 점차 자리를 잡기 시작했다.

지역별 축제 현황을 보면 경기도가 152개로 가장 많고, 그 다음이 강원도로 124개다. 서울은 87개다. 광역시로는 부산이 83개로 가장 많고 울산과 대전이 각각 19개, 15개로 가장 적다. 소재에 따라 축제유형을 분류하면 예술문화축제가 21.9퍼센트, 전통민속축제가 17.2퍼센트, 관광문화축제가 10.5퍼센트, 관광특산축제가 17.4퍼센트 등으로 나타났다. 이중 관광문화축제와 관광특산축제를 관광축제로 묶으면 27.9퍼센트로 전체 축제 중에서 가장 많은 비중을 차지하는 것으로 나타났다.[7]

쏟아지는 유사 축제

이렇게 축제가 양적으로 팽창하고 난립하다보니 '짝퉁' 축제도 범람하기 시작했다. 2007년 9월 열릴 예정이었던 '고양 국제 어린이 영화제'는 어느날 갑자기 사라졌다. 경기도 고양시가 2005년부터 2006년까지 2회째 개최한 이 행사는 주민들의 호응은 물론 관람객들의 흥미도 이끌어내지도 못했다.

부산국제영화제 박준표 홍보담당은 "부산국제영화제 성공 이후 전국에 20여 개 정도의 영화제가 생겨났다"면서 "그러나 전문가 위주로만 운영하거나 시민후원, 조직의 효율성 등이 갖춰지지 않은 경우 대부분 고전하고 있는 것으로 알고 있다"고 말했다. 관광업계의 한 관계자는 "부실한 축제가 잇따라 양산되고 있는 이유는 축제의 목적을 지역 인지도 제고에 두기보다는 자치단체장들의 얼굴을 알려 차기 선거를 노리려는 선심행정에 두고 있기 때문"이라고 지적했다.

유사축제가 쏟아지고 있다. 이순신 장군을 소재로 한 축제는 현재 9개고 쌀 축제는 10개, 인삼 축제는 5개, 도자기 축제도 유명한 곳만 4개나 된다. 해맞이축제는 무려 20여 곳을 넘어서고 있고 가을철 전어 축제는 부산과 보령 등 전어가 잡히는 곳에서는 대부분 열리고 있다.

우석봉 부산발전연구원 연구위원은 "축제 베끼기가 성행하고 있지만 막을 방법이 없다"면서 "자칫 성공적으로 치러지고 있는 국제행사의 이미지를 훼손시키고 지역축제의 국제경쟁력도 떨어뜨리는 결과를 낳을 수 있다"고 우려했다.[8]

축제에는 본래 허례적 속성이 들어 있다. 본래 축제가 먹고 놀면서 즐기는 과정이기 때문이다. 그렇지만 국민들의 세금이 들어가기 때문에 낭비성 축제에 대한 비판여론과 구조조정을 요구하는 목소리가 높다.

대전시는 1983년부터 매년 열던 한밭문화제를 2007년 없애기로 했다. 매년 4억 원의 예산을 들이지만 프로그램은 20여 년간 농악경연·민속놀이 등 그대로였다. 도내 23개 시·군·구에서 연간 115개의 축제가 열리는 경상북도는 아예 시·군별로 축제 수를 연간 2개로 제한하는 축제 총량제를 도입하기로 했다.[9]

감사원은 2003년 240개 자치단체에서 열린 1028개 축제에 1327억 5300만 원의 예산이 집행되었고, 2004년에는 240개 자치단체에서 열린 1073개 축제에 1580억 8500만 원의 예산이 집행되었다고 밝혔다.

1973년에서 2007년까지 34년간 문화예술을 지원하는 문예진흥기금사업 집행예산은 총 1조 1521억 원이었다. 연평균 339억 원이다. 그리고 1999년까지 집행한 기금총액은 5400억 원이다.[10] 이런 문예진흥기금의 사용액과 지역축제예산을 비교하면 축제예산이 얼마나 많은지 알 수 있다.

축제예산을 더 자세하게 따져보자. 한국문화관광정책연구원이 조사한 축제당 평균예산을 보면 2004년에는 축제당 평균 2억 4000여만 원 정도였다가 2006년에는 1억 7000만 원으로 줄어들었다. 즉, 축제 수의 증가가 축제예산의 증가를 앞질러 갔음을 알 수 있다. 2006년도 서울에서 열린 축제의 평균 예산은 1억 6600만 원이었고, 광주시는 10억 6800만 원, 제주도는 1억 1200만 원이었다. 지역별 평균예산이 비교적 많은 곳은 광주시와 경기도 등이었고 제주도, 충남, 울산시 등은 평균예산이 적은 것으로 나타났다. 광주시의 축제 평균 예산은 제주도의 거의 10배나 많다. 지역 간 축제 평균예산의 차이가 큰 것이다.

예산 2억 원 이하의 축제가 절반 이상

각 축제별 예산 총액에서는 1억 원 미만의 축제가 38.9퍼센트로 가장 많았고, 1억 원 이상 2억 원 미만이 14.2퍼센트로 그 둘을 합하면 51.1퍼센트였다. 10억 이상을 사용하는 축제도 총 24개로 집계되었다. 광주비엔날레, 세계도자기비엔날레, 부산국제영화제, 펜타포트 송도락페스티벌 등 축제예산이 높은 축제들은 도나 규모가 큰 시 차원에서 추진하는 축제들이었다.[11]

축제 예산을 확보하려는 노력도 치열하다. 부산국제영화제는 성공한 지역축제로 손꼽힌다. 해마다 10월이 되면 부산의 남포동과 해운대에는 영화를 즐기려는 사람들로 장사진을 이룬다. 김동호 집행위원장은 이 영화제의 산 증인이다. 그는 정부 예산이 있어야 영화제가 산다면서 연줄을 총동원해 예산을 따내려고 노력했다. 그가 말하는 축제 예산 확보의 어려움을 들어보자.

영화제를 창설하면서 돈 마련에 동분서주해야 했지만 첫 영화제가 끝나자마자 다시 정부예산을 따는 일에 몰두해야 했다. 원천적으로 독립채산이 불가능한 국제영화제에서 정부로부터의 예산지원은 필수적일 수밖에 없었다.

부산국제영화제의 예산은 2007년 80억 원으로 정부 지원금이 14억 원, 부산시 지원금이 30억 원이었고 극장입장료 6억 원을 제외한 30억 원은 기업협찬금으로 충당했다. 정부예산을 확보하는 일은 무척 어려웠다. 나는 1998년 문화체육부부터 설득했다. 실무자들은 신규 사업비의 계상을 주저했지만 1998년도 제3회 영화제 예산에 처음으로 7억 원의 정부 보조를 받을 수 있었다.

2001년의 예산을 편성하던 2000년 여름, 첫 번째 위기가 찾아왔다. 당시 기획예산처는 모든 영화제에 대한 국고보조는 3회에 한한다는 원칙을 고수했다. 문화관광부나 부산시의 집요한 설득도 먹혀들지 않았다. 나는 지연과 학연을 동원했고, 10억 원의 국고 보조를 유지할 수 있었다.

10주년인 2005년을 앞두고 기념사업비로 5억 원이 증액되어 영화제 국고보조는 15억 원으로 늘어났다. 이때도 국회 문광위원들이 상임위원회에서 10억 원의 증액을 요구한 것을 계기로 나는 이용관 부위원장과 함께 예결위원회 계수조정위원 전원은 물론 각 당의 원내대표까지 만나서 설득 작업을 펼쳤다. 그 결과 5억 원을 증액할 수 있었다.[12]

문화관광부는 축제 간 경쟁을 유발시키고 우리나라 축제를 세계적 수준으로 발전시키기 위해 1999년부터 문화관광축제를 평가하고, 그 결과에 따라 국비를 차등지원하기 시작했다. 2005년에는 18개 축제를 선정했고, 최우수 3곳은 각 2억 5000만 원, 우수 7곳은 각 1억 3000만 원, 지역육성 8곳은 각 6000만 원을 지원했다. 2006년에는 최우수 5곳에 3억 원, 우수 9곳에 1억 5000만 원을 지원했다.[13]

문화관광부의 문화관광축제 예산지원규모는 2005년에 25억 원, 2006년에 35억 원이었다. 이 때문에 문화관광부의 축제 평가는 지방자치단체에 무소불위의 권력으로 작용한다. 지자체로서는 더 많은 재원과 더 많은 홍보효과, 더 높은 위상을 일거에 얻어 낼 수 있는 '손쉬운' 방법의 하나가 문화관광축제로 선정되는 것이기 때문에 이 시스템을 거부할 수가 없다. 대부분의 지역 축제는 문화관광축제로 선정되기를 선망하고 있다. 이런 선정 시스템을 10년간 시행한 결과 축제의 가시적인 활성화는 이끌어낼 수 있었다. 그러나 속내를 들여다보면 축제의 왜곡과 획일화를 조장했으며 지자체에서 주도하는 지역축제 시스템의 중앙의존성을 더욱 심화시키는 결과를 낳았다.[14]

축제는 '육성'의 대상이 아니다. 그러나 이러한 문화관광축제 시스템은 축제의 획일화를 낳고 축제에서 소비 성향을 조장한다는 우려를 낳고 있다. 문화관광축제가 '문화=관광거리', 그래서 '축제=관광거리'라는 통념을 굳히고 있는 것이다. 문화관광축제가 필수 요소로 강조하는 것은 관광을 할 외지인이다. 따라서 선정된 문화관광축제는 외지인의 비중이 절반 이상인 경우가 절대다수다. 그렇다면 외지인이 없다면 축제를 하지 않을 것인지 반문해보지 않을 수 없다. 이러한 축제는 축제라기보다 오히려 관광 이벤트에 불과하지 않을까.[15]

잘 키운 축제 하나 열 공장 부럽지 않다?

우리는 축제의 경제성을 너무 따진다. 잘 키운 축제 하나 열 공장 부럽지 않다는 식이다. 언론부터 '세계적인 히트 상품'을 요구한다. 언론들은 지자체 축제 예산은 급증하고 있지만 이중 성공사례가 10퍼센트에 머물고 있다고 비판하면서, 혈세를 쏟아부었지만 콘텐츠 개발에 실패했고 마케팅 전술도 없어 '동네잔치'에 머문 축제가 태반이라고 지적했다.[16] 그런데 정작 중요한 문제는 축제가 '동네잔치'에 머물렀다는 데 있는 것이 아니다. 제대로 된 '동네잔치'가 없다는 데 있다.

많은 관광객들을 모은 지역축제는 언론의 찬사를 받는다. 어린이날인 2007년 5월 5일 전라남도 오지 중의 오지인 함평군에는 38만 명의 관광객이 몰려들었다. 이는 함평군 인구(3만 9000명)의 10배로 올해로 아홉 번째인 '나비축제'를 보러온 인파다. 입장료, 상품 구입 등 관광객들이 이날 하루 함평에 뿌린 돈만 8억 원이 넘는다. 6일간의 축제 기간에 함평을 찾은 관광객은 120만 명을 넘어섰다. 행사비용이 7억 원 가량인 점을 감안하면 6일 만에 100억 원을 남기는 장사를 한 셈이다.

2007년 1월에 열린 강원도 화천군 '산천어 축제'는 2만 5000명 화천군민의 살림살이를 확 바꿔 놓았다. 다른 곳보다 빨리 추워지는 '혹한'을 축제 상품으로 활용한 화천군은 9억 원의 비용을 들어 549억 원의 경제 효과를 창출했다. 이는 군 연간 예산의 40퍼센트에 달하는 규모다.

축제가 지역 경제의 새로운 성장동력으로 부상하고 있는 것이다. 함평이나 화천처럼 '대박'을 터뜨릴 경우, 보통 지방자치단체 연간 수입의 3~4배에 달하는 수익을 남긴다. 연 매출 10억 원 규모의 중소기업 20~30개를 지역 내에 유치하는 효과 이상이다.[17]

이와 같은 효과 때문에 각 지자체들은 축제를 단순히 동네사람들끼리 즐기는 것으로 놔두려 하지 않는다. 수도권 집중으로 경제력을 잃어가고 있는 지방의 지자체에게 축제는 새로운 성장 동력인 것이다. 그러나 수도권 사람들이 많이 찾아줘야 축제는 성공한다. 즉, 축제의 성공 여부를 결정하는 요소는 축제에 대한 평가를 하고 관광을 하려고 찾아오는 '수도권 사람'들이다. 축제의 '수도권 집중' 현상이 새롭게 일어나고 있다고 볼 수 있다.

그러나 쇠락해가고 즐길 거리도 없는 지역의 주민들은 그나마 '특색 없는 축제' 속에서라도 며칠동안 기를 펴고 흥을 돋운다. 세련된 전문가 눈에는 볼품없을 수도 있다.

그런데 꼭 예산과 관의 지원이 많아야 축제가 성공할까? 그렇지 않다. 1000년의 역사를 가진 베네치아 가면축제는 19세기 이후 쇠퇴의 길을 걸었지만 1980년대에 예술인들과 시민단체가 본격적으로 축제를 조직하면서 화려하게 부활했다. 베네치아시는 교통관리 등 행사보조만 담당하고 있으며 실질적인 축제 진행은 자발적으로 참여한 시민들이 한다. 가면과 의상을 착용한 2000명의 봉사자 중 전문 예술인은 50여 명에 불과할 정도다. 베네치아는 이 축제로 인해 관광명소로 명성을 굳혔으며 가면산업의 활성화라는 부수입도 얻었다.

스페인 부뇰에서 열리는 토마토 축제는 '일탈'을 상품화한 케이스다. 이 축제는 1945년 농민들이 토마토를 던지며 시위를 한 데서 유래했다. 축제 예산은 5만 유로(약 6000만 원)에 불과하다. 소도시인 이유로 인프라가 부족하고 2시간이라는 축제시간 제약 등에도 불구하고 '난장판'이라는 축제의 컨셉을 잘 이끌어내 세계적 축제로 거듭난 경우다.[18]

기네스북에 세계최대 예술축제로 등재된 에딘버러 축제의 경우 예산은 겨우 16억 원에 불과하지만 연간 관광객은 1200만 명에 이르며 입장권만 100만 장이 넘게 팔린다.[19]

한국의 축제 수가 너무 많은 걸까? 그렇지 않다. 일본은 약 2만 개에서 2만 5000개의 축제가 있고, 프랑스 역시 가볼만한 축제만 2만 개 정도다.[20] 우리의 문제는 지역 주민들이 마음껏 즐길 수 있는 개성 있는 축제가 없다는 것이다.

지역 주민들이 즐길 수 있는 개성 있는 축제가 없다

외국의 대표적인 축제를 보자. 영국 스코틀랜드 지방의 에딘버러시에서는 일 년 내내 수많은 축제와 이벤트가 벌어진다. 특히 휴가철인 8월에 개최되는 에딘버러 국제 축제, 프린지 축제와 군악대 축제는 세계적인 축제로 손꼽힌다. 인구 45만 명에 불과한 에딘버러시는 축제전략으로 연간 1200만 명의 관광객을 유치하고 있으며 연간 벌어들이는 돈이 약 27조 원(1억 2500만 파운드)에 이른다.

에딘버러 프린지 축제는 1947년에 8개 극단이 자발적으로 모여 공연하면서 시작되었다. 프린지fringe는 본래 '가장자리' 또는 '주변'이란 뜻이다. 프린지 축제의 특징은 누구나 참가할 수 있고 축제 참가에 아무런 제약이 없다는 점이다. 2003년의 제57회 프린지 축제에는 세계 668개 공연단의 1만 2940명의 출연자가 20여 곳에서 총 2만 1594회의 공연을 했으며, 유료 관람객 수만 118만 4000명에 달했다.[21]

또 영국의 에든버러 축제와 함께 세계 양대 공연예술축제로 불리는 아비뇽 축제도 있다. 이 축제가 시작되는 매년 7월이면 아비뇽 성 안 어느 곳에서나 전세계에서 모여든 극단, 예술가들의 공연과 다양한 거리 홍보가 쉴 새 없이 펼쳐진다.

아비뇽 축제는 1947년 연출가 장 빌라르가 만든 것으로 "지방의 국민들에게도 공연예술을 관람할 권리를 주고, 연극을 수도나 가스, 전기처럼 저렴한 값에 모든 국민에게 보급한다"는 최초 창설자의 의지와 목표를 지향하고 있다. 그래서 티켓 값이 비교적 싸다. 그런데 아비뇽 축제의 주요 관객은 누구일까? 아비뇽 시민이 35퍼센트, 파리 시민이 32퍼센트, 파리를 제외한 나머지 프랑스 전역에서 오는 관객이 25퍼센트, 해외에서 오는 관객이 8퍼센트라고 한다. 아비뇽시의 전체 인구는 6만여 명, 축제가 열리는 3주 동안 평균 65만 명의 관광객이 아비뇽을 찾는다.[22]

에딘버러 축제와 아비뇽 축제는 모두 2차 대전 후에 시작되었다. 역사가 60년을 넘는 것이다. 그리고 현재 우리의 지역축제가 그러하듯 시작은 기획축제였다. 많은 사람이 에딘버러 축제와 아비뇽 축제처럼 한국축제의 세계화를 꿈꾼다. 그러나 강준혁 성공회대 문화대학원장은 성급한 축제 세계화를 경계한다. "여러 국가로부터 음악 단체를 초청해 음악제를 펼친다면 그 행사는 국제 행사라고 볼 수 있지만, 음악제의 존재가 세계에 알려지고 세계 각국에서 청중이 오지 않는다면 그 음악제가 세계화됐다고 말할 수 없습니다. 축제를 국제화시키는 것은 기획 단계에서 가능하나 세계화시키는 것은 오랜 세월에 걸쳐 자연적으로 이뤄지든지 강력한 홍보력에 의존하든지 할 수밖에 없습니다. 에딘버러 축제나 아비뇽 축제가 빛을 보기 시작한 것도 축제가 처음 시작한 지 30 ~40년이 지나서부터였습니다."

지금 세계적으로 유명한 축제들은 대부분 50년 이상 된 축제들이다. 그런데 우리는 축제 세계화를 이야기할 때 과연 30~40년 뒤를 내다보고 추진하느냐는 것이다. 강 원장은 우리나라 사람들은 에딘버러 축제가 엄청난 이익을 창출한다는 점에만 시선을 고정시키고 있다고 지적하면서 경제적인 목적이 강한 관광과 축제를 연결시키는 것은 절반 정도만 찬성한다고 덧붙였다. 또 축제 소재보다 더 중요한 것은 '사람'이라면서 전문 인력 육성에 가장 큰 비중을 둬야 한다고 목소리에 힘을 실었다.[23]

축제의 세계화는 금방 이룰 수 있을까? 지역축제가 발전하기 위해서는 지역축제, 한국축제, 아시아축제, 세계축제의 발전과정을 거쳐야 한다. 그런데 우리나라는 한국축제와 아시아축제라는 두 과정을 빼놓고 성급하게 세계축제를 이야기하는 게 아닐까.[24] 우리나라의 삼성전자와 현대중공업이 세계 일류 기업으로 성장하는 데는 수십 년이 걸렸다. 지역축제 역시 이와 마찬가지로 지름길이 있는 것이 아니다.

한국에 제대로 된 예술문화축제가 없는 이유는 무엇일까? 2005~2006년 광명음악밸리 축제 예술감독을 한 박준흠 씨는 "한국에서 제대로 된 예술축제의 수가 적고 그나마도 장수하지 않는다면 그건 역량 있는 문화기획자가 적고, 지자체 행정 조직의 수준이 낮기 때문"이라고 지적한다. 또 "부산국제영화제는 예외긴 하지만 이는 김동호 집행위원장이 지자체와 맞상대할 수 있는 능력을 가졌기 때문에 가능했다"고 말한다.[25]

해외의 경우 지자체 기반 축제들은 '도시이미지 마케팅' 차원에서 기획하는 경향이 강하다. 한국에서도 이런 추세가 서서히 반영되고 있긴 하다. 그래서 축제기획은 단순한 '프로그램 기획' 차원을 넘어 해당 지자체의 정책과 연관 지어 생각해야 한다.[26] 그런데 우리는 문화 기획력도, 도시이미지 마케팅 능력도 부족하다. 이건 전체적인 문화경쟁력과 관련되는데 우리의 경쟁력은 멕시코보다도 못하다.

최대의 '경제 효과'는 잘 즐기는 것이다

한국문화관광정책연구원은 2006년 OECD 12개 주요국가의 문화경쟁력을 분석했다. 그 결과 우리나라는 문화예술인 숫자, 문화 수출 능력, 문화향유 영역, 문화기반 영역 등 거의 전 부분에서 하위권에 머물렀다.[27] 이렇게 문화경쟁력이 떨어지는데 지역축제만 독야청청할 수는 없는 것이다.

과거 10년 간 지역축제도 '압축성장'을 해왔다. 그러나 이런 '압축성장' 뒤엔 지역축제의 그림자 또한 짙게 드리워져 있다. 축제를 정치적·행정적 이해관계에 종속시키거나 '황금알을 낳는 거위'로 과잉 격상시키는 흐름 속에서 자생력과 생명력을 상실해온 것이 지역 축제 10년의 역사이기 때문이다.[28]

축제의 외형적인 효과와 경제적 파급효과 그리고 축제의 규모로 축제가 성공했느냐 아니냐를 평가해서는 축제의 본질적인 의

미나 가치를 제대로 알 수 없다. 우리나라는 아직 축제의 전형으로 꼽을 사례가 부족하다. 우리가 흔히 드는 표본 축제는 옥토버 축제, 리우카니발, 삿포로 눈 축제, 아비뇽 축제 또는 에딘버러 축제인데 이들 축제의 특징은 축제에 참여하는 사람들 모두가 즐긴다는 것이다. 옥토버와 리우에서는 노는 것과 일탈이 강조되며 삿포로, 에딘버러, 아비뇽에서는 전시성과 창의력이 강조된다. 결국 축제는 사람과 사람 사이의 공동 놀이다.[29]

우리는 그동안 뒤를 돌아보지 않고 경제성장을 향해 앞으로만 달려왔기 때문인지 잘 노는 것조차 '경제 효과'로 포장해야 마음이 놓인다. 명분을 내세우는 우리 국민들의 이중성이다. 지역축제에는 2000억 원 이상의 예산이 들어간다. 그러나 그 돈을 아까워할 것 없다. 유인촌 문화체육관광부 장관은 취임식에서 "축제가 너무 많다"면서 "수많은 축제를 정비할 것"이라고 말했다. 그런데 단순히 '경제 효과'만을 따져 섣불리 정비하는 우를 범하지 말아야 할 것이다. 최대의 '경제 효과'는 잘 즐기는 것이다. 인간은 본디 '호모 루덴스Homo ludens'다. 우리는 보다 잘 놀도록 기획하고 돈을 써야 한다. 피터 드러커Peter Drucker는 그의 저서 《위대한 혁신》에서 문화산업을 "21세기 각국의 성패가 결정될 국가 경쟁의 최후 승부처"라고 표현하면서 문화산업이 21세기 성공을 이끌 산업임을 강조했다.[30]

삼국지와 후한서가 말한 우리들의 조상처럼 밤낮으로 노래하고 춤을 추며 즐기면 '세계적 히트 상품'으로 뜨는 축제가 따라오지 않을까?

1   김재선·엄애경·이경 역편,《한글 동이전》, 서문문학사, 1999년, 46~62쪽.

2   김성일,〈광장, 다시 난장을 꿈꿔라〉,《프레시안》, 2007년 7월 12일.

3   김소민,〈대한민국은 축제 공화국〉,《해럴드 생생뉴스》, 2007년 10월 27일.

4   감사원,《감사원보 2005》, 2006년, 453~454쪽.

5   김소민,〈대한민국은 축제 공화국〉,《해럴드 생생뉴스》, 2007년 10월 27일.

6   감사원,《감사원보 2005》, 2006년, 455쪽.

7   문화관광부,《문화관광축제 변화와 성과》, 2006년, 55~56쪽.

8   〈축제의 경제학(하) 짝퉁 범람 …… 남는 장사 10%도 안 돼〉,《한국경제》, 2007년 5월 9일.

9   정영진,〈예산만 먹는 지역 축제 없앤다〉,《중앙일보》, 2007년 5월 31일.

10 이종원,〈문화예술위원회를 중심으로 한 예술지원정책 변화 고찰〉,《세계화시대의 문화와 관광》, 경덕출판사, 2007년, 80쪽.

11 한국문화관광정책연구원,《한국 지역축제 조사평가 및 개선방안 연구(Ⅰ)》, 2006년, 47~51쪽.

12 〈"정부예산 있어야 산다" 연줄 총동원해 설득〉,《국제신문》, 2007년 11월 5일.

13 문화관광부,《문화관광축제 변화와 성과》, 2006년, 87~88쪽.

14 류문수,〈지역축제 활성화를 위한 대안의 모색〉,《지역축제 네트워크 포럼(4차)》, 문화연대, 2006년 12월 6일, 4쪽.

15 김채현,〈지역축제 10년, 평가와 전망〉,《지역축제 네트워크 포럼(1차)》, 문화연대, 2006년 9월 13일, 28쪽.

16 김준일,〈1176개 난립 …… '세계적 히트상품'이 없다〉,《경향신문》, 2007년 4월 26일.

17 〈축제의 경제학, 잘 키운 축제 하나 열 공장 안 부럽다〉,《한국경제》, 2007년 5월 7일.

18 김준일, 〈특색 홍보 민간주도 비전 '네 박자'〉, 《경향신문》, 2007년 4월 26일.

19 김대홍, 〈"에딘버러 축제도 알려지는데 30년 걸렸다"〉, 《오마이뉴스》, 2004년 10월 22일.

20 박인규, 〈"축제? 더 늘어나야죠. 단 개성 있는 축제가!"〉, 《프레시안》, 2007년 10월 11일.

21 김춘식, 〈영국 스코틀랜드 에딘버러〉, 《월간 지방의 국제화》, 한국지방자치단체국제화재단, 2004년 8월호,

22 김현진, 〈축제의 도시 아비뇽을 다녀오다〉, 《웹진 아르코》, 31호, 2006년 8월 첫째 주.

23 김대홍, 〈"에딘버러 축제도 알려지는데 30년 걸렸다"〉, 《오마이뉴스》, 2004년 10월 22일.

24 김대홍, 〈"에딘버러 축제도 알려지는데 30년 걸렸다"〉, 《오마이뉴스》, 2004년 10월 22일.

25 박준흠, 《축제기획의 실제》, 한울, 2007년, 20쪽.

26 박준흠, 《축제기획의 실제》, 한울, 2007년, 480쪽.

27 한국문화관광책연구원, 《OECD 주요 국가의 문화경쟁력 분석》, 2006년, 16~18쪽.

28 류문수, 〈지역축제의 일반적 현황 및 시계열적 분석〉, 《지역축제 네트워크 포럼(1차)》, 문화연대, 2006년 9월 13일, 3쪽.

29 김채현, 〈지역축제 10년, 평가와 전망〉, 《지역축제 네트워크 포럼(1차)》, 문화연대, 2006년 9월 13일, 25쪽.

30 BBC, 《경제의 최전선을 가다》, 리더스북, 2007년, 503~504쪽.

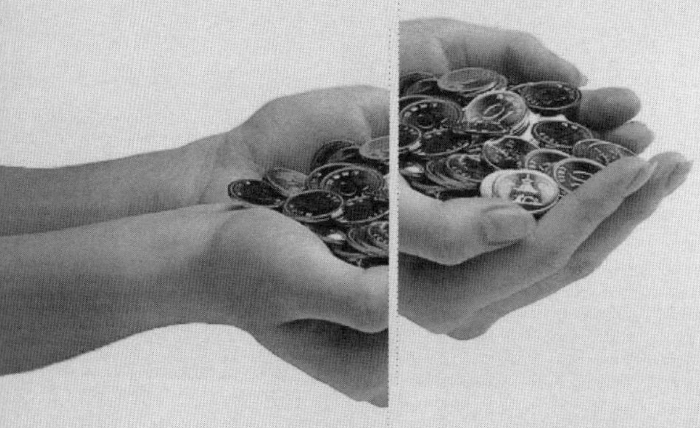

민간투자사업, 이보다 더 좋을 수 없다

한국에서 민간투자사업을 시작한 지 몇 년 지나지 않은 1999년에 〈최소운영수입보장제〉를 도입한 것은 외환위기 이후에 어려워진 건설회사를 살리기 위한 목적이 컸다. 정부는 외국의 어떤 나라도 도입하지 않는 〈최소운영수입보장제〉를 도입하고, 기업들이 엉터리로 교통량 수요예측을 해도 눈감아주었다.

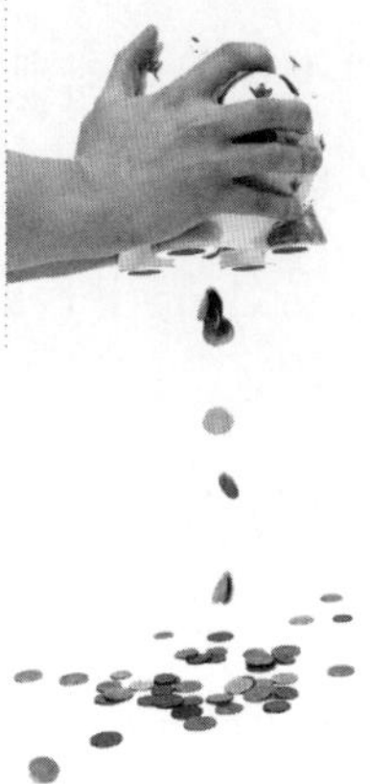

학교, 도서관, 노인요양시설, 군인아파트, 대학기숙사, 하수관, 도시공원. 이것들의 공통점은 뭘까? 모두 민간자본이 지을 수 있는 시설이다. 아니 실제로 짓고 있다. 도로, 철도, 항만, 공항시설 역시 민간자본이 짓는다. 전통적으로 이런 시설은 모두 국가에서 지었다. 그러나 이제 많은 몫을 민간기업이 담당한다.

2008년부터는 매년 피해가 반복되는 재해위험지구와 상습침수지역을 해소하기 위한 방재사업에도 민자유치가 가능해졌다.[1] 〈사회기반시설에 대한 민간투자법〉에 따르면 이렇게 민간자본이 건설할 수 있는 시설은 44개다. 국가의 중요한 시설 대부분이 여기에 들어간다.

기획예산처가 2008년 1월에 발표한 〈2008년 민간투자사업 기본계획〉은 추진방향으로 '민자사업하기 좋은 환경'을 내걸고 있다. 행정절차를 축소하고 협상기간을 단축해서 민간기업의 시간과 비용부담을 줄이겠다는 것이다.

이제 대한민국사회는 기업사회가 되었다. 국가시설을 기업이 짓고 관리하는 것은 그 상징이다. 우리나라는 1990년대 이후 세계화라는 압력 속에서 기업사회의 양상을 조금씩 보이기 시작했고 1997년 외환위기를 계기로 확실히 기업사회로 변화했다. 지난 10년간 일어난 변화가 얼마나 놀라울 정도인가는 우선 우리나라에서 유행하는 용어를 보면 알 수 있다.

'초일류' '일등' 같이 경쟁을 부추기는 용어는 매일 아침 신문광고에서 확인할 수 있고 'CEO 대통령' 'CEO 총장' 'CEO 장관' 'CEO 시장'과 같이 CEO가 들어간 말도 유행이다. CEO는 우리 사회의 이상적인 리더 모델이 되었다.[2]

'민자사업 하기 좋은 환경' 만들기

나라예산에서도 민간투자는 재정투자를 압도했다. 민간투자가 재정투자보다 금액이 많다는 뜻이 아니다. '민자사업 하기 좋은 환경'이라는 구호에서 보듯이 민간투자는 재정투자보다 월등하게 대우받는다.

민자사업의 〈최소운영수입보장제〉는 기업의 이익을 보장한다는 점에서 악명이 높다. 이 제도는 민간기업이 건설하는 시설의 운영수입이 추정운영 수입보다 적으면 국가가 적자를 메워주는 제도다. 인천공항철도는 총 4조 원이 투입되는 민자사업이다. 인천공항과 김포공항 노선은 2007년 3월 개통한 이후 하루 평균 1만 5000명 정도가 이용했다. 6개 객차를 한 번 운행할 때 겨우 70명 정도만 탄 셈이다. 이렇게 김포공항에서 인천공항까지 하루

105차례 열차가 운행된다.

그런데 정부가 사업 시작 때 추정한 교통량은 하루 20만 7421명이었다. 전망치가 무려 13배나 뻥튀기된 것이다. 정부는 공항철도와의 최소운영수입 보장 협약에 따라 2040년까지 실제 수요가 예상치의 90퍼센트에 못 미칠 경우 그 차액을 지원해주어야 한다. 건교부는 2008년 예산안에 인천공항철도의 적자보전을 위해 1040억 원을 책정했다. 그런데 앞으로가 더 문제다. 교통연구원의 추산에 따르면 정부가 줘야 할 적자 보전액은 2010년 1900억 원, 2016년에는 2700억 원, 2021년에는 3100억 원에 달할 것으로 예상되기 때문이다.[3] 4조 원 공사비보다 더 많은 돈을 적자 보전금으로 지급해야 하는 것이다. 서울역까지 연결되는 2단계 공사가 끝나면 이용객은 늘겠지만 두고두고 정부 재정의 발목을 잡을 것이다.

대구의 첫 민자유치 도로인 '범안로' 역시 대구시가 민자사업 시행자에게 매년 100억 원 이상씩 적자를 보전해주고 있다. 그러자 시민들이 '혈세 먹는 하마'라고 반발하고 나섰다. 여기도 실제 통행량이 추정통행량의 30퍼센트 안팎에 머문다.[4]

정부는 2002년부터 2007년까지 인천공항고속도로에만 운영수입 보장 명목으로 4822억 원을 지급했다. 그런데 인천공항고속도로의 수입보장이 끝나는 2020년까지 2조 원 가까운 돈이 더 지급될 것으로 예상된다. 그뿐 아니다. 천안~논산 고속도로는 총 1984억 원을 지급했고 우면산터널 도로는 327억 원을 지급했다.[5] 또 대구~부산 고속도로는 2006년에만 547억 원을[6], 광주 제2순환도로는 419억 원(2001년~2006년까지)을 지급했다. 이들 사업들의 교통량은 협약교통량의 50퍼센트를 밑돈다. 그러니 정부가 나라 돈으로 이들 민자사업가들에게 지급해야 하는 적자보전액은 하늘 높은 줄 모르고 늘어만 가는 것이다. 이런 〈최소운영수입보장제〉는 민간투자제도를 운용하고 있는 외국에는 없는 제도다.

민자사업에서 가장 중요한 것은 수요예측이다. 수요예측은 민자사업의 타당성과 최소운영수입보장금 등을 결정하는 기초자료가 된다. 그런데 우리나라 민간투자사업의 교통량 추정은 형편없다. 2004년 감사원은 민간투자제도 운영 실태를 감사했다. 그런데 민간제안사업의 교통수요예측 실태를 검토해보니 기종점통행량을 과다 적용하거나 도로노선의 연장, 용량 등 기초자료를 사실과 다르게 입력해 교통수요를 부풀려놓은 것들이 많았다. 즉, 예측 결과를 믿을 수 없는 것이다.

알면서도 '틀리는' 수요예측

결국 실제 교통량보다 예측 교통량이 많아 최소운영보장금으로 막대한 정부재정을 투입할 수밖에 없는 실정이다. 알면서도 저지르는 '오류'다. 그런데 그동안 이렇게 교통수요예측을 잘못한 용역수행자를 처벌할 법적 근거도 없었다. 그야말로 준비 부실인 것이다. 여러 차례 교통량 예측을 담당한 경험이 있는 한 민간용역사 관계자는 "용역을 수주받는 입장에서 사업을 무산시키는 방향으로 결론을 내리기란 사실상 불가능에 가깝다"면서 "교통량 예측뿐 아니라 대부분의 용역은 내려진 결론을 보강하는 방식으로 진행된다"고 말했다.[7] 심사위원회를 만들어도 결과는 비슷하다. 미리 통할 만한 사람으로 위원회를 만들기 때문이다. 한마디로 통과 의례일 뿐이다. 2005년 정부는 뒤늦게 〈사회기반시설에 대한 민간투자법〉을 개정하여 민간제안사업의 〈최소운영보장수입제〉를 폐지하고, 정부고시사업의 보장기간을 단축해 보장수준을 축소했다. 그리고 2007년 5월, 건설기술관리법을 개정하여 고의나 중대한 과실로 교통수요예측을 잘못한 자는 처벌할 수 있도록 했다.

정부 정책에도 정책실명제가 있어야 한다. 금융실명제만 필요한 게 아니다. 1998년 〈최소운영수입보장제〉를 도입해서 막대한 국가예산 낭비를 가져온 정부관료들과 그 법을 통과시킨 국회의원들의 실명은 그 정책에 같이 따라다녀야 한다. 정부가 예산으로 인천공항고속도로 사업자에게 지급한 최소운영보장금 4822억 원은 결코 작은 돈이 아니다.

우리나라에서 많은 어린이들은 아토피로 고통 받고 있다. 아토피를 앓고 있는 서울의 어린이 수는 서울시 전체 어린이의 20~30퍼센트에 달한다고 한다. 게다가 아토피를 앓고 있는 청소년의 54퍼센트가 자살을 고민해보았고 62퍼센트는 정신과 상담이 필요한 것으로 나타났다. 그런데 아토피 발생에 대한 책임은 모두 부모들이 지고 있다. 양방과 한방으로도 호전되지 않으면 민간요법에 기대 아토피상품을 구입하게 되는데, 대부분 증세는 더욱 악화돼 치료 자체를 포기하는 경우가 허다하다. 2006년에는 한 가정이 한 해 동안 부담하는 치료비만 600만 원이라는 조사결과가 나오기도 했다.[8]

이에 따라 보건복지부는 2008년에 처음으로 아토피 치료를 위한 예산을 책정했는데 겨우 27억 원이다. 그리고 2009년에는 28억 원을 계획하고 있다. 그것도 아토피와 천식 대책을 합한 돈이다. 그런데 이 돈도 국민건강증진기금에서 나온 돈이다. 국민건강증진기금은 담배에 부과되는 기금이다. 그러니까 담배를 팔아 만든 기금 중에 겨우 27억 원을 아토피 대책에 사용하고 있는 것이다. 그런데 인천공항고속도로 사업자 하나가 6년 만에 이 돈의 무려 180배가 넘는 돈을 삼킨 것이다.

우리나라 사회기반시설에 대한 민간투자의 역사는 1994년에 시작한 것으로 그리 오래 되지 않았다. 1994년 8월, 〈사회간접자본시설에 대한 민간자본유치촉진법〉을 제정했고 1999년 4월, 〈민간투자법〉으로 전면 개정되었다. 그리고 이때 최소운영수입보장의 근거를 만들었다. 2005년 1월, 다시 〈민간투자법〉을 개정해 민간투자사업 대상시설에 교육, 복지시설 등을 추가하고 임대형 사업BTL을 추가했다. 민간투자에는 다양한 방식이 있는데 크게 수익형 사업BTO과 임대형 사업BTL으로 나뉜다.

수익형 사업은 BTO라고 한다. 즉 'Build(지어서)-Transfer(국가 등에 소유권을 넘기고)-Operate(민간사업자가 시설을 운영)'하는 방식이다. 민간사업자는 사용자로부터 사용료를 받아 투자비를 회수한다. 임대형 사업은 BTL이라 부르는데 'Build(지어서)-Transfer(국가 등에 소유권을 넘기되 임대권을 가짐)-Lease(국가 등이 민간사업자에게 일정 기간 시설을 임차해서 쓰고 돈을 지급)'하는 방식이다.

주로 도로, 항만 등은 BTO 방식으로, 교육이나 복지시설 등은

BTL 형태로 추진된다. 임대형 민간투자사업을 활발하게 운영하고 있는 영국 등 선진국들은 많은 국가부채와 재정적자 때문에 필요한 공공서비스를 제공하는 데 어려움을 겪자 이를 극복하기 위해 이 제도를 도입했다. 대표적인 민자사업 선진국인 영국은 2005년 기준으로 정부 부채가 GDP의 약 46.8퍼센트에 달했다. 그러나 한국은 상대적으로 낮은 규모인 GDP의 20.3퍼센트 정도로 보고되고 있다. 우리나라에서 국가가 장기간 임대료를 부담하는 임대형 민자사업BTL을 시행한 것은 2005년부터다. 우리나라는 선진국들에 비해 공식적인 정부부채의 규모도 작고 적자재정정책을 추진하고 있는 상황이 아니었으므로 국채발행을 통한 재정투자가 어렵기 때문에 임대형 민자사업을 새로 도입했다고 말하기 어렵다.[9] 우리나라는 재정적자보다 투자재원이 부족해 민간투자제도를 도입한 것이다.

정부는 개발시대의 성장정책에 밀려 소홀히 취급되었던 복지와 교육, 환경 등에 대한 투자수요가 최근 급격하게 늘어나, 투자재원 문제가 발생했다면서 이와 같은 투자재원의 부족문제를 해결하기 위한 방안으로 사용자 부담원칙의 적용이 가능한 사업들을 중심으로 민간자본의 유치방안을 모색한 것이라고 민간투자제도의 도입배경을 설명했다. 그만큼 사회간접자본에 대한 예산증액은 쉽지 않다. 1997년 사회간접자본 투자금액은 10조 3000억 원이었고 일반회계대비 비중은 15.4퍼센트였다. 2004년에는 사회간접자본 투자금액이 17조 3000억 원으로 늘어났지만 일반회계대비 비중은 14.6퍼센트로 오히려 줄어들었다.

대한민국은 '건설 중'

외환위기 이후 사회안전망 구축을 위한 새로운 복지제도 도입과 노령화에 따른 의료비 지출 확대, 연금 수령인구 증가, 생산적 복지제도의 기틀 마련 등으로 사회보장비는 증가했다. 1997년 4조 3000억 원(일반회계대비 비중 6.5퍼센트)에서 2004년 12조 1000억 원(10.2퍼센트)으로 늘어난 것이다.[10] 또 연평균 사회간접자본의 예산 증가율은 1994년에서 2000년까지는 19.1퍼센트였고, 2001년에서 2003년까지는 8.3퍼센트, 2004년에서 2007년까지는 0.25퍼센트였다.

그런데 예산 부족으로 사회간접자본 시설 공사현장 중 40퍼센트가 넘는 곳이 공사가 중단되거나 연기되는 파행을 겪고 있다.[11] 복지 등 돈 쓸 곳은 많아지는데 예산은 한정되어 있으니 갈수록 건설예산이 쪼들리는 것이다. 이에 따라 정부는 민간투자를 유도해서라도 사회간접자본 시설을 위한 투자재원 확보가 시급하다고 말한다.

그러나 건설예산이 과거보다 줄어들었다고 해도 이는 상대적인 개념이다. 우리나라의 2007년 정부 예산 237조 가운데 52조 8000억 원이 공공부문 건설투자에 사용됐다. 또 2008년에는 전체 예산의 25퍼센트가 넘는 56조 7000억 원이 공공부분 건설에 배정돼 있다. 우리나라 국내 총생산 지출대비 건설투자 비중은 18.4퍼센트로 OECD 국가 평균인 10퍼센트의 2배에 육박한다.[12] 우리는 선진국에 비해 건설 부문에 과잉투자하고 있는 것이다.

그야말로 대한민국은 '건설 중'이다. 2007년 9월 현재 여의도

면적의 72배인 6억 1184만제곱미터에서 신도시·택지개발지구·산업단지·혁신도시 등 대형 개발 사업이 진행되고 있다. 게다가 정부와 공공기관의 대형 개발사업 지역에서는 예외 없이 땅값이 큰 폭으로 올라 부동산 투기를 유발한 것으로 지적됐다. 이를 위해 237조 3859억 원의 사업비가 투입됐고, 시중에 풀린 보상비만 해도 97조 원에 달했다.[13]

한국에서 민간투자사업을 시작한 지 몇 년 지나지 않은 1999년에 〈최소운영수입보장제〉를 도입한 것은 외환위기 이후에 어려워진 건설회사를 살리기 위한 목적이 컸다. 정부는 외국의 어떤 나라도 도입하지 않는 〈최소운영수입보장제〉를 도입하고, 기업들이 엉터리로 교통량 수요예측을 해도 눈감아주었다. 건설회사의 장래를 걱정하면서 그들의 안정된 수입을 보장하는 데 발 벗고 나선 것이다.

원래 민간투자제도를 도입한 목적은 민간의 창의성과 효율성을 최대한 활용할 수 있도록 하기 위해서였다. 그러나 국가의 재정을 투입한 재정사업보다 민간투자사업의 효율성이 높은지는 여전히 의문이다. 민자사업은 거의 '위험 제로'의 사업이다. 건설사들은 이중으로 혈세를 빼먹는다. 먼저 건설비다. 2006년 1월, 경실련이 내놓은 자료를 보면 민자사업자로 지정된 건설사는(수의계약 형태로) 1000원에 공사를 발주 받은 뒤 하도급업체에 공사를 넘길 때는 치열한 가격 경쟁을 유도해 624원 정도의 돈만 지급하는 것으로 나타났다. 서울~춘천 고속도로의 총 공사비가 1조 2900억 원이니, 사업을 추진하는 현대산업개발은 단순 계산으로도 5000억 원이 넘는 폭리를 취했다는 추정이 가능하다.

그 다음으로 교통 예측치 뻥튀기다.[14] 예전에는 민간제안사업에서 정부가 최소운영수입을 보장했고 지금도 정부고시사업은 보상수준이 줄긴 했지만 최소운영수입을 보장한다. 민자도로의 공종별 단가가 일반도로의 두 배 이상이라는 주장도 있다. 공종별 단가가 최대 3.8배 비싸다는 것이다. 그런데 우리나라는 공사 비용 가격검증 시스템이 없는데다가 정보공개도 하지 않고 있다. 일반도로는 가격경쟁입찰을 통해 사업자를 선정하는데 민자도로는 경쟁 없이 수의계약이 가능하기 때문이다.[15]

민자사업은 업계로비로 사업비가 부풀려질 개연성이 높다. 그리고 낙찰률은 사실상 100퍼센트다. 최저가낙찰제 공사의 평균 낙찰률이 약 60퍼센트인 것과 비교할 때 엄청나게 부풀려져 있는 셈이다. 보통 건설업체들의 컨소시엄으로 구성된 사업시행자가 사업을 추진하면 건설사들은 자신들의 출자비율만큼 시공권을 나눠 갖는다. 참여 건설업체들은 전체적으로 공사비의 30~40퍼센트를 떼먹고, 기존 국내 건설사업처럼 다단계 하도급을 거쳐 공사를 진행한다.

《미디어다음》이 입수한 '대구~부산 고속도로'의 공사비는 모두 1조 7360억 원이었다. 이 가운데 직접공사비와 간접공사비로 직접 지출된 비용은 1조 419억 원이다. 결국 참여 건설업체들은 공사비에서만 무려 40퍼센트 가량인 4942억여 원의 폭리를 취한 것이다.

투자의 기본원칙을 넘어 '무위험 고수익'으로

증권회사는 민자 사회간접자본 사업을 하는 건설회사의 수익성을 높게 보고 있다. 삼성증권은, 민자사업인 '대구~부산 고속도로' 출자회사의 28퍼센트 지분을 가진 현대산업개발이 2006년 출자지분 원금에 해당하는 1971억 원을 계약금과 중도금 명목으로 회수했고, 남은 프리미엄은 66퍼센트로 가정할 경우 1300억 원에 달할 것으로 추정한다고 분석했다. 대우증권도 건설회사의 민자 사회간접자본 사업을 고수익 개발사업으로 분석하고 있다.[16]

건설회사가 들이는 돈은 별로 없다. 사업비를 100으로 봤을 때 20퍼센트 가량은 재정에서 지원하고 60퍼센트 가량은 정부 보증으로 은행, 보험사, 연금 등 기관투자가들이 프로젝트 파이낸스 방식으로 자본을 끌어다 대준다. 대부분 민자사업은 여러 개 건설업체들이 출자해 별도의 회사를 설립하므로 실제 비용 부담은 사업비의 5퍼센트 미만이다. 그런데 잔뜩 부풀려진 공사비에서 30~40퍼센트의 수익을 챙기기 때문에 실제로는 공사수익만으로 충분히 이를 충당하고도 남는다. 초기 출자자금만 있으면 수조 원대의 사업을 하고도 막대한 수익을 보장받는 '저위험 고수익' 아니 '무위험 고수익' 사업이 가능한 셈이다.[17] 한마디로 땅 짚고 헤엄치기다. 높은 수익을 얻으려면 높은 위험을 부담해야 한다는 투자의 기본원칙이 여기서는 통하지 않는다.

민자도로는 통행료가 비싸다. 2008년 기획예산처(현 기획재정부)는 민자사업체가 대체도로보다 1.5배에서 2배의 통행료를 징수하는 것을 인정하고 있다. 통행료도 비싸지만 근본 문제는 '공사비 거품'이다. 그런데 민자사업에서 예상 통행량을 부풀려 마치 사업성이 높은 것처럼 계획서를 꾸미는 행위를 1차적으로 감시해야 할 관료사회가 건설자본과 한 통속이 돼 있다는 데서 문제가 생겨난다. 이는 민자사업에 대한 최고 의사결정 기구인 민간투자사업심의위원회(위원장 기획재정부 장관)에 대한 불신과 맥을 같이 한다. 심의위원회는 건설교통부(현 국토해양부), 재정경제부(현 기획재정부) 등 14개 부처 차관과 기획예산처(현 기획재정부) 장관이 위촉한 8인 이내의 민간 위원으로 구성돼 있다. 행정부 위주의 닫힌 구조인 것이다.

관료사회와 건설자본의 유착 의혹을 낳는 또 하나의 빌미는 조 단위에 이르는 민자사업에서 컨소시엄 구성을 통한 단독 응찰을 허용하고 있다는 점이다. 경실련 국책사업감시단의 신영철 정책위원은 "1000원짜리 김밥 장사도 경쟁을 하는데, 1조 원을 웃도는 사업에서 수의계약을 허용하는 게 말이 되느냐"고 반문한다.[18] 민자사업이 창의적이지도, 효율적이지도 않다는 비판이 많은 이유다. 심지어 건설자본과 관료사회가 납세자들의 주머니를 털고 있다는 주장도 제기된다.

연도별 민자사업의 투자수익률은 높다. 2000년 14.95퍼센트, 2001년 14.4퍼센트, 2002년 13.9퍼센트, 2003년 14.34퍼센트로 모두 14퍼센트를 넘었다. 2003년은 3년 만기 회사채 금리가 5.43퍼센트, 5년 만기 국고채가 4.76퍼센트였다. 장기사업을 하는 건설업의 특징이 있긴 하지만 이들 업체들은 2003년에 5년 만기 국고

채의 3배 수입을 올린 것이다.[19] 이것은 공사비에서 빼돌리는 금액을 제외한 공개 수익률이다.

민자사업을 하는 건설회사들의 '짬짜미'도 걱정스럽다. 공정거래위원회는 2007년 임대형 민자사업BTL인 하수도 사업 입찰에서 '짬짜미'를 한 7개 건설업체에 시정명령과 함께 모두 364억 5700만 원의 과징금을 부과했다.

민자사업 이익을 국민연금으로 돌리자

벽산건설은 대우건설과 아산시 하수도 정비 사업 입찰에서 대우건설이 우선협상 대상자로 선정되도록 들러리 역할을 했다. 이 대가로 대우건설은 벽산건설의 설계비용 등을 대주고 울산 신항 사업에서 시공 지분 10퍼센트를 제공하기로 합의했다.

이런 식으로 서로 '들러리'를 서가며 낙찰을 '보장'받은 탓인지 이들 업체는 입찰 때 공사 예정금액 대비 92~98퍼센트에 이르는 높은 가격을 써냈다. 이 사건 후 하수도 사업 낙찰률은 71.6퍼센트로 낮아졌다.[20]

2004년 8월의 민간투자사업 대상 사업 중 37개 국고관리 사업의 컨소시엄 현황을 살펴보면, 대부분의 사업이 단일 컨소시엄의 형태로 추진되고 있을 뿐 복수의 컨소시움이 경쟁하여 낙찰자가 정해진 사업은 인천공항 화물 터미널 등 6개 사업에 불과했다. 이러니 재정사업보다 민자사업이 효율적이고 국가 예산을 아낀다는 말은 믿을 수 없는 것이다.

사회기반시설 사업을 추진할 때는 재정사업으로 추진하는 것이 유리한지, 아니면 민자로 추진하는 것이 유리한지 면밀히 검토해야 하지만, 당장에 투입되는 재정자금이 적다는 이유로 민자로 추진하는 사례가 많다. 그런데 민간기업은 도로 등 사회기반시설을 제안할 때, 나라 전체의 장기적인 운용계획보다 기업의 이익을 앞세울 수밖에 없다.

경부고속도로 주변에 신도시 개발이 집중되고 있다. 2006년 말 수도권 지역에서 추진하는 택지개발사업은 모두 58개인데, 이들 신도시는 서울에서 반경 40~50킬로미터 거리에 있고 대부분 경부고속도로를 따라 마치 포도송이처럼 밀집해 있다. 이로 인해 머지않아 엄청난 교통 정체가 발생할 것이다.

교통전문가들은 도로 건설로 수도권 교통정체 문제를 해결하는 것은 한계가 있고, 2개 이상 시·도에 걸쳐 운행하는 광역철도를 건설하는 것이 정답이라고 말한다. 도쿄, 파리, 런던권의 경우 광역철도 길이는 각각 2879킬로미터, 1487킬로미터, 1733킬로미터다. 그러나 우리 수도권은 파리, 런던권에 비해 면적은 2배이면서 광역철도는 10분의 1 정도인 192킬로미터에 불과하다. 그러니까 외곽순환고속도로처럼 수도권 광역순환철도 건설이 필요한 것이다.[21]

그러나 재정사업이든 민자사업이든 수도권 주위에 철도건설이 적은 이유는 도로가 철도보다 공사이윤이 높기 때문은 아닐까? 국민연금의 2008년도 수익률 목표는 6.6퍼센트다. 국민연금은 말 그대로 국민들의 돈이다. 이렇게 민자사업에서 수익이 난다면 차라리 8퍼센트의 이익을 보장하고 국민연금의 돈을 빌려 사회기반시설을 건설하는 것이 이익의 사회 환원 차원에서 훨씬 나을 것이다. 아니면 국채를 발행해 사회기반시설을 만드는 것이 지금처럼 투명성을 확보하지 못하는 민간투자사업보다 나을 수 있다.

국채도 국가채무지만 임대형 민자사업BTL도 국가채무다. 임대형 민자사업에 대한 정부 지급금 규모가 중앙정부 예산에서 차지하는 비중을 살펴보면, 총사업비 가운데 운영비 비중이 20퍼센트인 경우를 기준으로 할 때 2008년에는 0.3퍼센트 내외이던 것이 2017년에는 2.6퍼센트에 달하게 될 것으로 추정되고 있다.[22]

임대형 민자사업은 국회의 예산심사가 없다

그런데 임대형 민자사업은 민간사업이라는 이유로 정부가 국회에 사업총액만을 보고할 뿐 국회의 예산 심사를 받지 않고 의결절차도 없다. 사실상의 국가채무부담행위인데도 국회의 통제를 피해 정부재정을 늘리는 것이다. 정부는 민간투자사업과 관련해 그간 지적돼온 문제들은 제도를 고쳐 거의 다 해결되었다고 한다. 그런데 문제는 이익을 극대화하려고 하는 민간기업이 진행하는 민간투자사업의 성격 자체에 있다. 정부 예산으로 추진하는 500억 원 이상의 사업은 예비타당성조사를 하지만 민간투자사업은 하지 않는다.

정부고시사업은 대상사업이 2000억 원 미만이면 주무관청이 자체 지정하고 2000억 원 이상이면 심의위원회의 심의를 거쳐 지정한다. 그러나 건설교통부 등 사업주체가 하고자 마음먹은 사회기반시설 사업에 심의위원회가 제동을 걸기는 어렵다.

민간 제안사업은 적격성 조사를 한다. 그런데 적격성 조사를 할 수 있는 자격을 갖춘 기관도 많지 않고 적격성 조사를 통해 사업이 걸려지리라고 기대하기도 어렵다. 한국은 로비와 마당발의 나라이기 때문이다. 막대한 이윤이 남는데 넘지 못할 고개는 없다.

앞으로 정부의 민자사업은 계속 늘어날 것이다. 2006년의 경우 사회기반시설에 대한 민간투자 금액은 3조 2000억 원이었고, 재정투자 금액은 18조 4000억 원이었다. 재정투자에 대한 민간투자 비율은 18.4퍼센트다. 그리고 2007년에서 2016년까지 10년간 연도별 총 민간투자 규모는 매년 10조 원을 넘어설 것으로 추정된다. 10년간 수익형 사업BTO이 46조 6000억 원, 임대형 사업BTL이 69조 9000억 원으로 총 116조 5000억 원에 달한다.[23]

이런 사업을 통해 많은 건설회사들이 통통하게 살을 불려 나갈 것이다. 그건 민간투자사업의 역사가 보여준다. 물론 시장논리에는 긍정적인 측면이 있다. 그러나 개발도상국에서 해마다 말라리아로 100만 명이 넘는 사람들이 죽고 수백만 명이 고통받고 있지만, 세계는 말라리아 치료약 개발보다는 살 빼는 약 개발에 20배나 많은 연구비를 투자하고 있다.[24] 시장이란 그런 것이다.

이명박 정부는 경부운하를 민자사업으로 추진한다고 한다. 이익이 없으면 민간자본은 움직이지 않는다. 기업들은 경부운하에서도 공사비에서 정부 수익 보장을 확보하거나, 개발한 하천부지를 받거나 해서 어떻게든 이익을 챙길 것이다. 민간투자사업, 건설자본에게 이보다 더 좋은 사업은 없기 때문이다.

1 〈재해위험지역 개선사업에 민자유치 가능〉,《연합뉴스》, 2008년 1월 22일.

2 김동춘,《1997년 이후 한국사회의 성찰-기업사회로의 변환과 과제》, 도서 출판 길, 2007년, 22~23쪽.

3 강갑생,〈올 1000억 원 세금으로 메워야〉,《중앙일보》, 2007년 10월 4일.

4 최세호,〈대구 첫 민자도로 '범안로' 무료화 논란〉,《내일신문》, 2007년 9월 10일.

5 허신열,〈민자도로 교통량 50% 뻥튀기〉,《내일신문》, 2008년 2월 15일.

6 건설교통위원회 수석전문위원,《2008년도 건설교통부 세입세출예산안·기금운용계획안 검토보고서》, 2007년 10월, 71~74쪽.

7 허신열,〈민자도로 교통량 50% 뻥튀기〉,《내일신문》, 2008년 2월 15일.

8 박진섭,〈젊은 엄마의 절규, "아토피 때문에 이민갑니다"〉,《오마이뉴스》, 2007년 11월 6일.

9 최석준,〈BTL 사업의 재정관리 방향〉,《한국개발연구》, 제29권 제1호 (2007년 1월) 통권 제99호, 143쪽.

10 이성준,〈민간투자사업 추진을 뒤돌아보고, 앞으로의 발전방향〉,《건설경제》, 통권 51호, 2007년 봄호.

11 차지완,〈409개 SOC 공사현장 중 194곳 중단-연기 '파행'〉,《동아일보》, 2007년 9월 3일.

12 최명애,〈정부예산 20% '삽질' …… OECD 2배〉,《경향신문》, 2008년 1월 7일.

13 김재중,〈전국은 '공사중', 개발로 지샌다〉,《경향신문》, 2007년 9월 12일.

14 길윤형,〈민자사업의 15년 '흡혈' 역사〉,《한겨레21》, 2008년 1월 15일, 제693호, 23쪽.

15 성홍식,〈민자도로사업 검증장치가 없다〉,《내일신문》, 2007년 10월 31일.

16 삼성증권,《기업분석, 현대산업개발》, 2007년 11월 26일, 대우증권《기업

분석, 현대산업개발》, 2007년 12월 3일.

17 선대인, 〈'혈세 먹는 하마, 민자사업자로 위장한 대형 건설업체들'〉,《미디어다음》, 2005년 6월 2일.

18 김영배, 〈고속도로 사업하기 좋은 나라〉,《한겨레21》, 2007년 8월 7일.

19 이재철,《민자유치사업의 문제점과 개선방안》, 국회예산정책처, 2005년 5월, 36쪽.

20 김영희, 〈대형건설사들, 정부 공사 '짬짜미'〉,《한겨레》, 2007년 7월 9일.

21 조중식, 〈마구잡이 신도시 개발이 수도권 '교통지옥' 만든다〉,《조선일보》, 2007년 9월 10일.

22 최석준, 〈BTL 사업의 재정관리 방향〉,《한국개발연구》, 제29권 제1호(2007년 1월) 통권 제99호, 147쪽.

23 대한건설협회,《민자 SOC 사업활성화를 위한 정책토론회 자료집》, 2007년 10월 31일, 15쪽.

24 장하준,《나쁜 사마리아인들》, 도서출판 부키, 2007년, 247쪽.

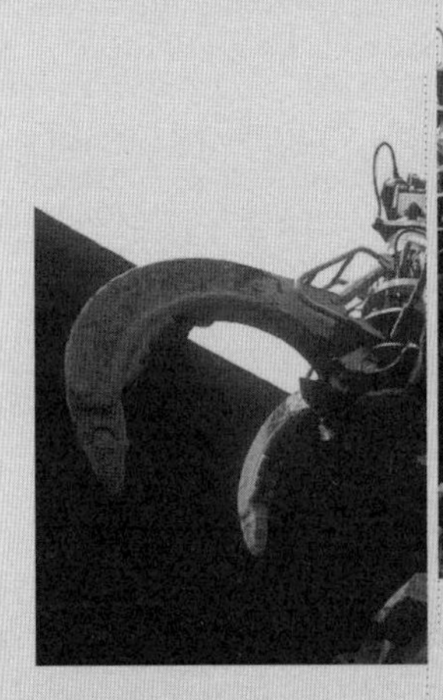

경유차 배기가스 저감사업,
자동차 회사를 위한
맞춤형 예산 헐어내기

앞에서도 말했지만 경유차 배출가스 저감장치 사업의 가장 큰 수혜자는 저감장치 제작사들이다. 감사원은 이들이 만든 저감장치의 판매 가격이 부풀려졌다는 문제도 제기했다. 수도권 대기환경관리 기본계획대로 2014년까지 2조 9450억 원을 배출가스 저감장치 부착에 쓴다면 이들 금액은 고스란히 저감장치 제작사의 손에 들어간다.

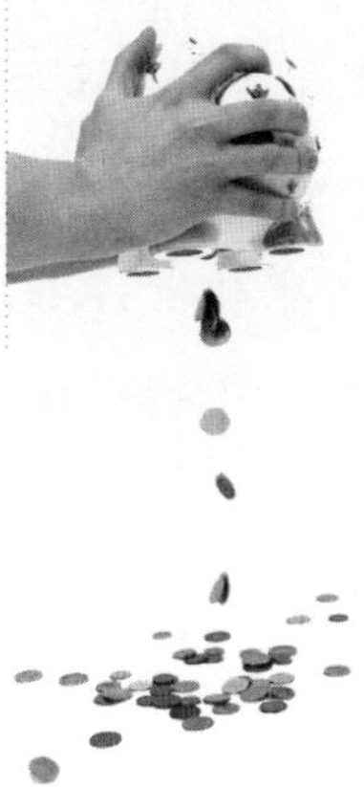

　연암 박지원은 《열하일기》에서 삼각산 도봉이 금강산보다 낫다고 했다. 박지원은 《열하일기》에 쓰기를 "한강 상류에서 배를 타고 두미강(한강 지류) 어귀로 내려 서쪽을 바라보면, 하늘에 닿을 듯 푸르게 솟은 한양의 삼각산 봉우리들 위에 영롱한 이내와 맑은 아지랑이가 자욱이 서리면서도 상긋거리고 한들거리는데 이 풍치는 삼각산이 아니고서는 찾아볼 수 없을 것이다"라고 서울과 북한산을 칭송했다.

　그러나 이제 서울 한복판에서 북한산을 바라보거나 북한산에서 서울 시내를 내려다보면 맑은 공기와 상긋거리고 한들거리는 풍치는 찾아볼 수 없고 희뿌연 매연에 검고 붉은 색을 띤 공기층만 보일 뿐이다. 더 자세히 보면 검붉은 층이 몇 개로 나뉘어 있는 걸 볼 수 있다. 서울의 공기는 정말 좋지 않다. 이는 서울뿐 아니라 다른 대도시들도 마찬가지다. 우리가 앞만 보고 풍요와 개발이라는 길을 달려온 업보다.

서울의 삶의 질은 높지 않다. 서울은 전반적인 삶의 질에서 전 세계 215개 도시 가운데 87위로 평가됐다. 국제컨설팅업체인 머서 휴먼 리서치 컨설팅이 대기오염과 교통혼잡도, 정치적 안정성, 범죄율 등 39개 항목을 따져 발표한 '2007 삶의 질' 평가 보고서에 따른 결과다. 아시아에서는 싱가포르와 도쿄가 각각 34위와 35위였고, 요코하마와 고베 그리고 나고야 등이 30위에서 50위대였다.[1]

서울을 비롯한 수도권(서울·경기·인천)의 대기오염은 심각하다. 수도권, 특히 서울의 대기오염도는 뉴욕, 런던, 파리, 동경 등 선진국 주요도시에 비해 훨씬 높다. 수도권 주민을 대상으로 여론조사를 한 결과(2003년) 절반 이상(60.1퍼센트)이 대기오염이 심각하다고 느끼고 있고, 80.5퍼센트는 대기오염 개선 대책에 동참할 의지가 있다고 표명했다. 또 서울에 거주하는 외국인(481명)들을 대상으로 설문조사를 한 결과, 서울이 살기 나쁜 이유로 교통체증(25.5퍼센트)과 환경오염(23.6퍼센트)을 꼽았다. 그리고 환경오염 중에는 대기오염(40.2퍼센트)을 가장 큰 문제로 인식하는 것으로 나타났다.[2]

수도권의 환경오염은 수도권 인구집중 덕분이다. 국토면적의 12퍼센트에 불과한 수도권에 총 인구의 47퍼센트가 살고 있다. 사람과 경제력 그리고 도로도 집중되어 있다. 서울은 교통 흐름상의 이유로 1968년에 전차를 철거하고 1974년에 지하철 1호선을 완공했다. 그러나 1970년대 이후 서울의 급격한 인구증가와 확장은 구조적인 교통문제를 가져왔다. 1980년대부터 소득 증가로 자동차 대수가 크게 늘었는데, 도로에 나온 승용차의 약 73퍼센트가 나홀로 차량이다.[3] 수도권의 자동차 등록대수는 1990년에 178만 9000대였고 2007년에는 759만 9000대로 17년 만에 4.2배 정도 늘었다.

수도권의 환경오염은 수도권 인구집중 덕분

수도권의 경유차 역시 증가했다. 미세먼지PM와 이산화질소 등 오염물질을 많이 내뿜는 경유차는 1995년에 102만 5000대였는데 2007년에는 260만 5000대로 늘었다.[4] 대도시 대기오염의 주범인 미세먼지는 휘발유 및 가스 차량에서는 거의 발생하지 않는다. 그러나 경유자동차는 최고의 기술을 적용한다 해도 미세먼지 발생을 완벽하게 차단하지 못한다.

앞으로도 수도권 인구집중 현상은 줄어들 것 같지 않다. 환경부는 2000년에서 2014년까지 전국 인구 증가율은 7.8퍼센트로 예측하고 있지만 수도권의 인구증가율은 18.7퍼센트로 전망하고 있다. 이대로라면 2014년에 수도권의 인구는 전체 인구의 51퍼센트를 차지할 것이다. 그리고 2014년 수도권 내 자동차 등록대수는 2001년보다 63퍼센트 늘어난 941만 2000대에 이를 것으로 예상된다. 환경부 발간 연구보고서에 따르면 서울의 미세먼지 농도를 세제곱미터당 30마이크로그램 감소시킬 경우 서울시민(25세 기준)의 기대수명은 54세에서 57.3세로 3.3년이 늘어나는 것으로 나타났다. 이는 오세훈 서울시장이 '잃어버린 수명 3년을 돌려드리겠습니다'라는 슬로건을 내세운 근거다.[5]

환경부는 이러한 수도권의 대기오염을 동경이나 파리 수준으로 개선하기 위해 2005년 11월 '수도권 대기환경관리 기본계획'을 발표했다. 2014년까지 10년간 수도권 대기환경 개선사업에 물경 4조 7354억 원을 들인다는 것이다. 저공해차 보급과 대형사업장 관리 등의 대책도 있지만 핵심은 경유차 대책이다.

매연을 많이 내뿜는 경유차에 '배출가스 저감장치'를 부착하는 데 10년간 2조 9450억 원, 가스차로 개조하는 데 7000억 원, 노후차를 조기 폐차하는 데 6369억 원이 소요된다. 이 '경유차 배기가스 저감사업'에는 10년간 모두 4조 2823억 원이 사용된다. 1년에 4282억 원 꼴이다.

현재 대학 등록금은 해마다 뛰어올라 학부모들의 허리가 휘고 있다. 32년간 물가가 8배 뛸 동안 등록금은 무려 26배나 올랐다.[6] 이에 따라 정부는 대학생들에게 대학등록금 학자금을 융자하고 있다. 그러나 학자금 대출금리는 2005년의 6.5퍼센트에서 2008년 7.65퍼센트까지 상승했다. 정부는 2007년 교육민생현안 대책으로 생활이 어려운 기초생활수급권자 17만 명에게는 무이자 학자금 대출을 하고, 저소득층 18만 명에게는 2퍼센트 금리보전을 하겠다고 했는데 여기에 들어가는 소요예산이 2008년 414억, 2009년 808억, 2010년 1131억, 2011년 1412억 원이다.[7] 그런데 경유차 사업 예산이면 학자금 대출을 신청한 저소득층 대학생 모두에게 무이자 대출을 할 수 있다.

경유차 배출가스 저감사업의 시작은 특이하다. 2002년부터 경유차를 생산해서 유럽에 수출하기 시작한 자동차회사들이 정부에 국내에서도 경유차를 팔 수 있도록 요청했다. 그리고 유럽과 미국도 경유차의 시장개방을 요구했다. 이에 따라 환경부와 시민 단체, 전문가를 중심으로 한 민·관 공동의 '경유차 환경위원회'는 2003년 2월 권고안을 만들었다. 그 권고안은 경유차 전반에 대한 대기오염 저감대책을 수립하고 이를 추진할 수 있는 법과 제도를 마련할 것과 에너지 가격비를 적정 수준으로 조정하는 등의 내용을 담고 있다.

이 권고안에 따라 정부는 경유 값을 올리기 위해 세금을 조정해서 '휘발유 : 경유 : LPG'의 상대가격을 '100 : 85 : 50'으로 하기로 했다. 그리고 정부는 '경유차 배기가스 저감사업'의 일환으로 〈수도권 대기환경 개선에 관한 특별법〉을 제정하기로 했다. 2003년에 제정한 〈수도권 대기환경 개선에 관한 특별법〉은 대기오염이 심각한 수도권 지역의 대기환경을 개선하기 위한 법이다. 정부가 2005년부터 투자한 4조 원이 넘는 '경유차 배기가스 저감사업'도 수도권의 경유차가 대상이다. 이 특별법이 4조 원이나 되는 돈을 뒷받침하는 법적 근거다. 그야말로 수도권의 수도권을 위한 대책이다.

수도권의 수도권을 위한 대책

정부는 수도권에 인구와 도로 등 경제력이 집중되고 경유차가 늘어나 대기오염이 심해지자 다시 경유차에서 나오는 국민 세금으로 수도권의 대기환경을 개선하는 사업을 벌이는 것이다. 물론 자동차 회사들은 경유차를 팔아 덕을 본다.

그럼 수도권이 아닌 지방의 대기환경은 괜찮은 걸까? 그렇지 않다. 지방 사람들 역시 좋은 공기를 마시지 못하고 있다. 2006년 전국 7대 도시의 대기오염을 조사한 의대교수들에 따르면 전국 7대 도시 중 부산 중구와 대구 서구가 대기오염이 가장 심각하고 주민들의 피해도 가장 큰 것으로 나타났다.[8] 환경부는 지방의 부산, 대구, 울산, 광주, 대전 등 5개 도시의 경유차 배출가스 사업에도 약간의 돈을 쓴다. 2007년에는 이들 5개 도시를 합해 약 41억 원이 사용됐고 2008년에는 약 46억 원이 사용될 예정이다. 그런데 이는 수도권 대책에 쓰는 돈의 1퍼센트 정도에 불과하다.

그런데 '경유차 배기가스 저감사업'을 잘 한다고 해서 대기오염이 나아진다는 보장은 없다. 사업의 전제 조건인 대기 오염원이 무엇인지를 두고 논란이 있는데, 정부는 서울시의 경우 미세먼지의 70퍼센트를 경유차가 배출한다고 말한다. 그런데 2006년 국정감사에서 한나라당 한선교 의원은 서울대의 조사결과를 제시하면서 수도권 대기오염의 원인 중 중국에서 넘어오는 오염이 50퍼센트를 차지하고 휘발유차가 13퍼센트, 경유차가 1.4퍼센트를 차지한다고 주장했다. 그러나 환경부 장관은 경유차의 오염비중이 1.4퍼센트와 11퍼센트라는 두 연구결과가 있지만 아직 학계의 공인은 받지 못했다고 답했다.[9]

미세먼지는 배출원이 다양해서 배출원 규명 및 배출량 산정이 어렵다. 국립환경과학원은 도로를 운행하는 자동차 때문에 도로상의 미세먼지가 다시 대기중으로 퍼지는 '도로 재비산먼지'가 대기오염의 85퍼센트를 차지한다고 주장했다. 그리고 경유차의 대기오염 비중은 9.7퍼센트로 내다봤다.

서울은 대기 개선 목표인 도쿄보다 악조건도 많다. 큰 산이 없고 바다에 접해 있는 도쿄와 달리 서울은 서쪽을 제외한 3면이 산으로 둘러싸인 역디귿자형 분지형태로 대기오염물질이 축적되기 쉽다. 평균풍속도 도쿄보다 낮다. 또 편서풍의 영향으로 멀리는 중국, 가깝게는 인천과 부천 등 공업도시의 오염물질로부터 영향을 많이 받는다. 특히 봄철에는 황사 때문에 미세먼지가 크게 늘어난다. 더구나 뉴타운 개발 등 서울 시내 곳곳에 공사가 벌어지면 그곳에서 발생하는 미세먼지도 만만치 않을 것이다.[10]

경유차의 미세먼지를 줄일 책임은 자동차 제작사에

세계에서 '경유차 배기가스 저감사업'을 세금으로 하는 곳은 많지 않다. 도쿄와 미국의 캘리포니아 정도다. 경유차의 미세먼지를 줄일 책임은 1차적으로 자동차 제작사에 있기 때문이다. 우리나라도 2009년부터 새로 제작되는 자동차의 배출가스 허용기준을 '유로-V' 수준으로 강화한다. '유로-V'는 미세먼지와 질소산화물 배출기준 등을 2005년 제작차부터 적용한 '유로-IV' 수준보다 대폭 강화한 기준이다. 중형승용차와 소형화물차 등의 미세먼지 배출기준이 지금보다 10배 정도 엄격해진다. 그리고 미세먼지를 많이 배출하는 경유차를 구입하는 소비자는 배출가스에 대해 책임을 져야 한다.

현재 경유차를 타는 사람들은 자동차 제작회사와 달리 환경개선 부담금을 별도로 낸다. 환경개선 부담금은 기준 부담금(2만 250

원)에 차령계수, 부과금 산정지수 등을 곱해 산정된다. 경유차의 환경개선 부담금은 2006년에 4510억 원, 2007년도에 4659억 원이었다.

경유차 배기가스 저감사업에 투자한 돈은 2004년부터 2007년까지 국비 4616억 4500만 원, 지방비 4494억 8700만 원이었다. 합계 9111억 3200만 원이다. 이것도 원래 계획한 예산인 1조 30억 원에는 못 미치는 돈이다. 정부는 2007년에만 4000억 정도의 돈을 퍼부었다.

그중 핵심사업인 경유차에 배기가스 저감장치인 DPF(매연여과장치)를 부착하는 데 2004년부터 2007년까지 총 4719억 3000만 원이 들어갔고, DOC(산화촉매장치) 부착사업에 1183억 6500만 원이 들어갔다. 그런데 배기가스 저감사업에 갑자기 큰 돈을 퍼붓자 많은 문제가 발생했다. 저감장치 제작에 대한 환경부 인증을 받은 업체는 SK에너지와 현대모비스, GS칼텍스, 일진전기 등 주로 대기업이다. 그런데 레저용 차량에 부착하는 DOC(산화촉매장치)는 100만 원 수준이지만, 대형 화물차나 버스에 부착하는 DPF(매연여과장치)는 816만 원이나 한다. 정부가 그 비용 가운데 무려 70~95퍼센트를 보조해주기 때문에 자동차 소유주의 실제 부담금은 10만~40만 원 정도다.

저감장치의 효과는 알 수 없다

문제는 수도권 대기오염 개선을 위해 막대한 혈세가 들어갔지만 효과를 기대하기 어렵다는 데 있다. 업계 관계자는

"정부가 배출가스 저감장치를 부착한 경유차에 대해 환경개선 부담금을 면제해주는 등 여러 혜택을 주기 때문에 자동차 소유주들이 이 장치를 부착하기는 하지만 실제 운행할 때는 떼어놓거나 배기관을 따로 만든 뒤 그것으로 배출가스를 배출하는 경우가 많다"고 실토했다. 이런 현상은 이 장치를 부착하면 출력이 저하되면서 연료 소모가 증가하기 때문에 벌어진 일이다.

여기에 배출가스 저감장치 제작업체들의 잇속 챙기기도 문제다. 현재의 배출가스 저감장치는 완벽하게 검증된 제품이 아니다. 대개 배기가스 온도가 일정 온도(보통 300도) 이상인 구간이 10퍼센트 이상일 때에 한해 효력이 발생한다. 그런데 일부 제작업체에서는 판매 증대를 위해 무차별적으로 이 장치를 부착한 것으로 알려졌다. 업계에선 한 때 "환경부 돈은 먼저 보는 사람이 임자"라는 말까지 나돌 정도였다. 엄청난 예산을 투입했지만 사후관리가 거의 이루어지지 않은 것이다.[11]

이 문제는 2007년 국정감사에서도 논란이 되었다. 배기가스 온도가 300도 이상이 되려면 대략 시속 70킬로미터 이상으로 10분 이상 달려야 하기 때문이다.

○ 위원장 홍준표 : 장관님, 단병호 위원님 질의 중에 배출가스 저감장치를 부착할 때 서울 시내 70킬로미터 이상을 달리는 버스를 기준으로 했다고 이야기하셨죠?

○ 환경부장관 이규용 : 네, 시속 70킬로미터로 10분 이상 가야 그런 매연을 태울 수 있는 온도가 나옵니다. 지금 저희가 시내버

스에 부착한 것들 중에 한 70퍼센트는 제대로 성능이 나오는데 30퍼센트는 못 미치고 있는 것을 보면 70킬로미터를 못 달리는 구간도 꽤 있는 것 같습니다.

○ 위원장 홍준표 : 그런 것을 탁상행정이라고 하는 겁니다. 정부의 막대한 예산을 들여서 책상머리에 앉아 가지고 …… 서울시내에서 버스가 시속 70킬로미터 이상 달리는 곳이 어디 있어요? 서울시내버스 속도 제한이 60킬로미터 아닙니까?[12]

환경부는 경유차 배기가스 검사 결과 배출가스 적합차량에도 저감장치를 부착하도록 사업대상을 확대했다. 그렇게 해서 낭비한 돈이 1506억 원이다. 〈수도권특별법〉과 〈대기환경보전법〉에 따르면 경유차의 배출가스를 검사해 부적합 판정을 받은 차량에 한해서 배출가스 저감장치를 부착하는 조치를 취해야 한다. 그런데 환경부는 2006년 4월, 배출가스 저감장치 부착 실적이 저조(2006년 3월 기준 연간 목표대수 대비 1.3퍼센트)하자 〈수도권특별법〉 등을 고치지 않은 채 경유자동차 중 총중량 5.5톤을 초과하는 대형차량은 검사결과와 관계없이 차량소유자의 신청에 따라 배출가스 저감장치를 부착할 수 있도록 사업대상을 확대했다.

그래서 2006년에 11만 6687대가 배출가스 저감장치 부착에 따른 소요경비를 지원받았다(소요경비 지원 금액 3284억 원). 그런데 그 중 배출가스 검사 결과 부적합 판정을 받은 차량은 3만 816대(26.4퍼센트)에 불과했고 적합판정을 받은 차량은 5만 1411대(44.1퍼센트)였다. 또 배출가스 검사를 아예 받지 않은 차량은 3만 4458대(29.5

퍼센트)였다. 즉, 1506억 원 정도가 〈수도권특별법〉과 수도권대기환경개선 기본계획의 지원대상이 아닌 적합 판정을 받은 차량에 지원된 것이다.[13]

배출가스 적합차량에도 저감장치 달아

한마디로 배출가스 검사 결과가 괜찮은 차량들에 목돈을 푼 것이다. 당연히 3000억 원 넘는 매출을 올린 배기가스 저감장치 제작사들의 배만 불려준 꼴이 되고 말았다.

형평성 문제도 있다. 국가가 돈을 대줘 최고 800만 원이나 하는 배출가스 저감장치를 단 차량은 3년 동안 환경개선 부담금을 면제받는다. 그런데 자기 경유차를 잘 관리해서 수백만 원의 국가보조금도 받지 않고 환경부 정밀검사에서 배출가스 적합판정을 받은 경유차는 도리어 환경개선 부담금을 꼬박꼬박 납부하는 기현상이 벌어지고 있다.[14]

배출가스 저감사업 중 조기폐차는 환경개선 효과가 높다. 디젤엔진 제작기술 수준이 날로 높아짐에 따라 1997년에 제작된 차의 미세먼지 배출허용 기준은 0.9g/kwh이었던 반면 2005년에 제작된 차량에는 0.05g/kwh 기준이 적용되었다. 1997년식 차량이 2005년식 차량보다 18배나 많은 미세먼지를 배출하고 있는 것이다. 그래서 연식이 오래된 노후차를 조기폐차할 경우 경제성이 더 높다.

그런데 환경부는 조기폐차 보조금으로 차량기준가액의 50퍼센트를 지급했다. 50퍼센트를 지급한다는 것은 차량 소유자 처지에서 볼 때 50퍼센트를 손해보는 것이다. 더욱이 정부의 차량기준가액은 보험개발원에서 산정한 금액으로 실제 중고차 시세보다 낮다. 따라서 실적이 잘 나올 수가 없다.

2005년 조기폐차 목표 대수는 6725대였는데 실적은 129대로 목표치의 2퍼센트를 달성했고, 2006년에는 목표 대수 2만 4478대에 2624대의 실적을 올려 목표치의 11퍼센트밖에 달성하지 못했다. 노후차의 폐차 지원금으로 80퍼센트를 지원해도 스타렉스 12인용은 지원금이 126~153만 원, 2.5톤급 화물차는 206~217만 원, 11톤 카고는 324~553만 원에 불과하다. 모두 700만 원에서 800만 원에 이르는 DPF(매연여과장치)장치 가격보다 싸다.

감사원에서 2006년 6월 중 DPF를 부착한 차량 4218대를 표본조사한 결과 차량가액이 DPF 가격에 미달하는 차량이 전체의 59퍼센트인 2507대였다. 50만 원 상당의 차량이 700만 원의 DPF를 달고 있는 사례도 있었다. 조기폐차해야 할 차량에 차 값보다 비싼 배출가스 저감장치를 부착한 것이다. 배보다 배꼽이 큰 것이다. 결국 저감장치 제작회사의 호주머니만 채워주었다.[15]

이처럼 배출가스 저감사업에는 많은 문제가 있다. 너무 많아 일일이 열거하기가 어려울 정도다. 사후관리제도도 큰 문제다. 정부는 배출가스 저감장치를 단 자동차와 저공해 엔진으로 개조한 차량에 한해 장치보증기간(장치 3년)에는 환경개선 부담금뿐 아니라 정밀검사와 수시검사도 면제해주었다. 엄격한 배출가스 사후관리가 요구되는데 아예 손을 놓은 것이다.

사업을 진행한 후 사후관리규정을 만들어

환경부는 2006년 10월에야 〈배출가스 저감장치 사후관리규정〉을 만들었다. 저감장치를 부착한 차량의 매연 측정을 통해 저감장치의 성능을 확인하고 시정 명령을 할 수 있도록 절차를 규정했다. 사업을 한참 진행한 후에 사후관리규정을 만든 것이다. 또 환경부는 2007년 들어 저감장치 제작사에게 해당 분기에 부착한 저감장치의 성능을 점검하고 제출할 것을 의무화했다. 제작사가 환경부에서 인증받은 대로 저감장치를 생산하는지 확인하기 위해서였다. 또 저감장치가 성능을 유지하는지 알아보기 위해 수시검사도 도입했다.

앞에서도 말했지만 경유차 배출가스 저감장치 사업의 가장 큰 수혜자는 저감장치 제작사들이다. 감사원은 이들이 만든 저감장치의 판매 가격이 부풀려졌다는 문제도 제기했다. 수도권 대기환경관리 기본계획대로 2014년까지 2조 9450억 원을 배출가스 저감장치 부착에 쓴다면 이들 금액은 고스란히 제작사의 손에 들어간다.

환경부는 서울시의 미세먼지 오염도가 2004년 세제곱미터당 59마이크로그램에서 2006년 세제곱미터당 55마이크로그램으로 감소했다고 주장했다. 도로변 미세먼지 오염도 역시 2004년 세제곱미터당 72마이크로그램에서 2006년 세제곱미터당 59마이크로그램으로 대폭 개선되었다고 한다.[16] 그러나 2008년 1월 환경부와 국립환경과학원은 2006년의 연평균 미세먼지를 분석한 결과 서울, 인천 등 전국 38개 도시에서 대기 질이 악화됐다고 밝혔다. 대기 질을 개선하기 위해 해마다 수천억 원을 쓰지만 효과가 없는 셈이다. 대기 관측망을 갖춘 전국 66개 도시 중 경기, 평택, 고양, 시흥, 김포, 화성, 양주, 이천은 대기오염이 심각한 수준이었다.

서울, 경기, 인천 등 수도권의 미세먼지 오염도는 세제곱미터 당 60~68마이크로그램이다. 일본의 도쿄(32마이크로그램), 미국의 뉴욕(22마이크로그램) 등 선진 대도시와 비교할 때 2~3배나 높다. 환경부는 대기의 질이 눈에 띄게 좋아지려면 시간이 걸릴 것으로 보고 있다. 경유차에 배출가스 저감장치를 부착하고 있지만 차량 에서 발생하는 미세먼지가 줄지 않기 때문이다.[17]

사업이익은 누가 가져가는가?

환경부는 수도권의 대기오염이 심각하기 때문에 2011년 이후에나 강화된 대기환경 기준을 충족할 수 있을 것으로 내다봤다. 그러나 과연 그때 목표를 달성할 수 있을지는 알 수 없 다. 문제가 발생하더라도 경유차 배기가스 저감사업을 담당한 환 경부 고위간부들은 모두 다른 자리로 옮겨갔을 것이다. 하급 공 무원들은 위에서 시키는 대로 죽어라 일한 죄밖에 없지만 결국 그들이 온갖 비난을 다 받을 것이다.

우리나라는 2005년부터 '유로-IV' 기준을 충족한 경유차량을 만들고 있다. 심하게 말하면 시간이 흘러 노후 경유차량이 모두 폐차되면 자연스럽게 경유차 배기가스 문제가 해결될 수도 있는 것이다. 즉, 노후차량 조기폐차 사업에 집중하고, 배기가스 정밀 검사를 엄격히 해서 경유차량 소유자에게 많은 책임을 지울 수 있다. 그렇게 하는 것과 2014년까지 2조 9450억 원을 들여 배기가스 저감장치를 부착하는 사업 중 타당성과 경제성이 높은 쪽은 어디일까?

수도권 대기오염의 원인은 수도권 인구집중과 도로와 자동차 중심의 생활이다. 이는 대중요법으로도 치료하기가 어렵다. 그렇다고 공무원들이 순수하게 수도권의 대기환경을 개선하기 위해 무리한 사업을 진행한다 하더라도 문제다. 무능하기 때문이다. 저감장치 제작사들과 알게 모르게 얽혀 있다면 더 큰 문제다. 대기환경을 개선한다는 적당한 핑계를 대고 나라의 예산을 헐어 내기 때문이다. 그것도 맞춤형으로 말이다.

중요한 것은 이런 사업이 한두 개가 아니라는 것이다. 우리나라 예산 정책의 가장 큰 문제는 그 돈이 자기 것이 아니라는 공무원들의 안이한 생각에 있다. 만약 자신들의 돈이었다면 사업을 이렇게 엉망으로 진행했을까? 이것이 바로 사업을 평가하는 '기준'이다.

1   신미란, 〈서울 삶의 질 세계 87위 …… 2계단↑〉,《한국재경신문》, 2007년
    4월 3일.

2   환경부,《수도권 대기환경관리 기본계획》, 2005년 11월.

3   녹색교통,《친환경 교통체계 구축을 위한 국제 심포지움》, 2003년 12월 4일,
    100~103쪽.

4   환경부 내부 자료. 2008년 1월.

5   박준동, 〈오세훈, 서울의 대기 개선에 승부 걸었다〉,《주간조선》, 1909호,
    2006년 6월 19일. 87쪽.

6   최민영, 〈돈 아까워 화장품 안 사고 하루 두 끼만 먹어〉,《경향신문》, 2008년
    2월 6일.

7   교육인적자원부,《정부보증 학자금 대출제도 확대》, 2007년 8월 업무보고
    자료.

8   정희정, 〈부산 중구·대구 서구 대기오염 최악〉,《문화일보》, 2006년 10월
    25일.

9   국회 사무처,《2006년도 국정감사 환경노동위원회 회의록》, 18쪽.

10 박준동, 〈오세훈, 서울의 대기 개선에 승부 걸었다〉,《주간조선》, 1909호,
    2006년 6월 19일. 87쪽.

11 윤영호, 〈수도권 경유차 대책, 혈세 먹는 하마?〉,《주간동아》, 통권 554호,
    2006년 9월 26일.

12 국회 사무처,《2007년도 국정감사 환경노동위원회 회의록》, 54~55쪽.

13 감사원,《감사결과 처분요구서-경유자동차 배출가스 저감사업 추진실
    태》, 2008년 1월, 16~18쪽.

14 〈고유가에 부담금까지, 경유차는 '봉'〉,《내일신문》, 2008년 1월 30일.

15 감사원,《감사결과 처분요구서-유자동차 배출가스 저감사업 추진실태》,
    2008년 1월. 27~28쪽.

16   환경부, 《수도권 대기개선대책 현황 및 개선방안》, 2007년 10월.

17   성동기, 〈수도권 시민들, 먼지에 파묻혀 산다〉, 《동아일보》, 2008년 1월 9일.

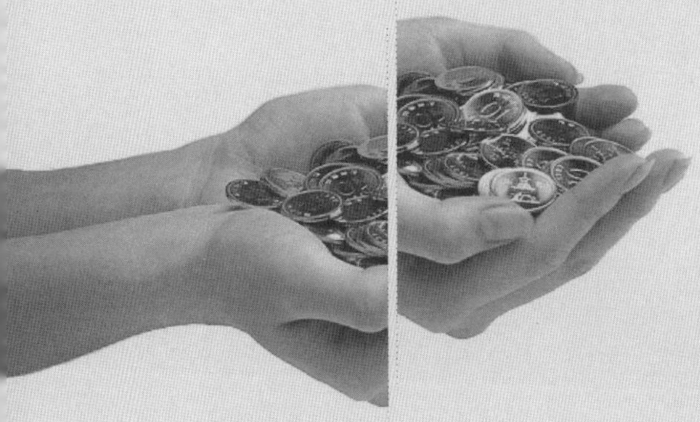

공공디자인,
당신이 걷는 곳이
당신을 말해준다

최근에 공공디자인이 인기를 끌면서 각 지자체들은 경쟁적으로 간판정비를 비롯한 공공디자인 관련 사업들을 추진하고 있다. 그러나 문제는 매우 급하게 추진하고 있다는 점이다. 그리고 지자체장의 치적 과시용이거나 다른 지자체 따라하기인 경우가 대부분이다.

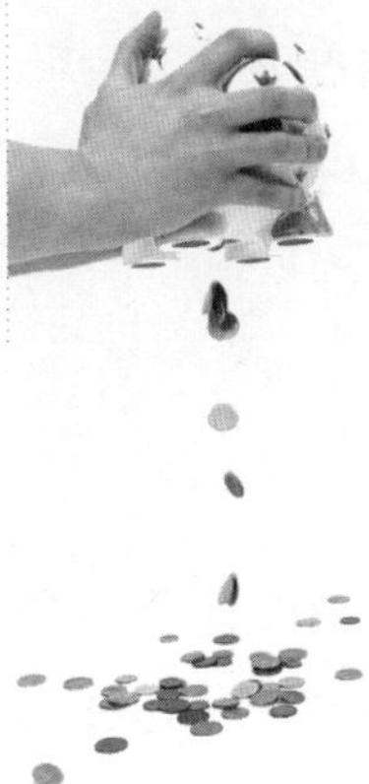

한국은 간판의 천국이다. 간판을 혐오하는 사람들에게는 간판의 지옥이라고 할 수도 있겠다. '간판 공해'라는 말은 이미 우리에게 익숙해진 상용어가 되었다. 보는 사람들의 입장에서는 '간판 공해'겠지만, 적잖은 돈을 들여 간판을 내건 상인들의 입장에서는 그야말로 '간판 전쟁'이다. 그것도 처절한 전쟁이다. 간판은 건물 벽도 모자라 보도에까지 내려왔다. 보도에 이동식 입간판이 늘어선 것이다. 또 어느 곳에 가든 접할 수 있는 '원조' 간판은 절규에 가깝다.[1]

이런 간판 전쟁은 오래전에 시작되었다. "간판이 너무 자극적이어서 종로 거리나 명동 같은 번화가를 걸어가면 단 5분이 안 돼 눈이 어지럽다." "시민들이 거리에 울긋불긋 무질서하고 난잡하게 붙어 있는 광고 때문에 광고 노이로제에 걸릴 정도다. 건물 전면을 뒤덮다시피 해 서울은 마치 '간판도시'처럼 돼버렸다." "온 나라가 간판과 구호로 덮였다. 도시에 있는 집들의 앞 쪽은 문턱

에서 지붕 끝까지 무질서한 그림과 글의 뒤범벅, 거리는 구호와
현수막의 비빔밥이다."

세계 최악이라는 한국의 간판문화에 대한 비판의 목소리다.
위에서 소개한 3건의 비판글은 최근의 것이 아니다. 차례대로 각
각 1959년, 1965년, 1974년에 신문에 게재된 기사다.

'간판 공화국' 반세기

반세기 넘게 간판 비판을 해왔으나 달라진 것은 없
다. 가장 큰 이유는 광고와 홍보를 간판에만 의존하는 자영업 과
잉 때문이다. 한국의 노동시장은 자영업주와 무급 가족 종사자
등 비임금 근로자 비중이 전 산업에 걸쳐 37.6퍼센트에 달한다.
이는 미국의 7.4퍼센트, 독일의 11퍼센트, 영국의 12.2퍼센트, 일
본의 15.9퍼센트, 대만의 23.6퍼센트에 견주어볼 때 매우 높은 수
치다. 이익을 내는 자영업자의 수는 전체의 10퍼센트 미만이기
때문에, 간판 전쟁은 '죽느냐 사느냐' 하는 필사적인 전쟁이 될
수밖에 없다. 그 치열한 전쟁은 결국 '시간 강박'에 근거한 속전
속결주의로 치닫게 되어 있다.[2] 그러나 아무리 생존경쟁이 치열
하다 해도 간판은 거리를 꾸미는 핵심 디자인이다. 간판은 개인
소유물이지만 공공재산이기도 하다. 그러니 점포주에게만 맡겨
둘 수 없는 것이다.

'간판이 아름다운 도시'를 만들려는 지자체가 늘어나고 있다.
아름다운 간판이 아름다운 도시를 만든다는 캠페인도 등장했다.
간판 기득권이 없는 일부 신도시에서는 좋은 효과도 보고 있다.

규정을 어긴 간판을 달면 건축 허가를 취소한다는 극약 처방도 나오고 있는 실정이다.

2007년 입주를 시작한 동탄 신도시는 '선진 간판 도시'로 자리 잡고 있다. 동탄 신도시는 국내 최초로 도시 전체가 건축허가 단계에서부터 간판 규정을 지키도록 명시했다. '업소당 간판은 1개로 제한하고 글자 높이는 70센티미터 이내', '판형 네온과 전광판 사용은 금지', '상업지역은 4층, 주거지역은 2층 이하에만 가로형 간판 사용' 등이다. 이런 조건을 지키지 않으면 건축허가가 취소되고 과태료가 부과된다.[3]

서울시도 2008년 3월, '간판 가이드라인'을 발표했다. 서울을 5개 권역으로 나눠 각기 다른 간판 규제를 적용한다. 서울시의 간판 8만 9000개 중 불법간판은 절반을 넘는 54퍼센트다. 새 가이드라인이 정착되고 불법 간판이 없어지면 서울시의 간판 수는 현재의 4분의 1 수준으로 줄어들 전망이다. 그러나 간판 단속권은 자치구에 있다. 하지만 구청장들은 선거를 의식해 간판 규제를 제대로 못하고 있다. 그렇기 때문에 단속을 통한 간판 정비는 사실상 불가능하다.[4]

파리의 간판과 거리는 아름답다. 파리의 마레지구는 노트르담 등 중세 또는 17~18세기 건축물이 존재하는 역사지구로써 이 지역에서는 간판을 보기가 쉽지 않을 정도로 엄격하게 규제하고 있다. 파리 시내의 모든 간판은 사전에 허가를 받아 부착해야 하는데 건축, 도시설계, 문화예술, 행정 등 4개 분야의 공무원이 협의를 해서 허가한다. 그리고 모든 간판에는 세금을 부과한다. 불법 간판을 달면 엄청난 벌금과 함께 형사처벌 대상이 되기도 한다. 파리는 엄격한 규제를 통해 문화도시의 경관을 유지하고 있는 것이다.[5] 이처럼 선진국은 오래전부터 국가의 미래전략 차원에서 공공디자인을 해왔다. 그러나 우리의 공공시설이나 공간디자인은 품격을 찾아보기가 어렵다. 한나라당 박찬숙 의원은 세계문화유산인 종묘와 창덕궁, 경복궁 주변의 공공디자인 실태를 조사했다. 그 결과 교통 안내시설부터 내부의 안내판들과 휴식 공간 그리고 각종 편의시설들까지 모두 디자인과 관리가 부실했다. 오히려 문화재의 가치와 이미지를 떨어뜨리고 있었다.[6]

이러한 시민들의 불만에 방아쇠를 당긴 것은 2004년 자동차 번호판 사건이었다. 건설교통부가 2004년 1월 1일을 기해 전국 어디서나 사용할 수 있다며 제시한 번호판은 디자인이 촌스럽다는 이유로 국민들의 거센 저항을 받았다. 국민들에게 자동차는 '나'의 라이프스타일이 고스란히 반영된 사랑스러운 존재다. 그런데 국가가 제시한 번호판은 '나'의 기호와 전혀 맞지 않는 매우 촌스러운 것이었다. '왜 우리가 세금을 낸 국가가 멋없는 공공디자인을 강제하는가?' 여기에 국민들이 분노한 것이다.[7] 한마디로 휴대폰과 가전제품 등 일류 디자인을 쓰던 국민들이 삼류 공공디자인에 넌더리를 낸 것이다.

한국인의 공과 사의 불화

이 사건은 한국인 특유의 공公과 사私의 불일치를 보여준다. 한국인에게 공公은 없다. 청문회를 통해 드러난, 사私에 집중했던 이명박 정부의 장관들뿐 아니라 우리나라의 국민들 역시 그렇다.

한국을 종종 오가는 디자이너 루크 하인스 씨는 한국의 디자인 수준을 가늠하기 힘들어한다. 그는 "휴대폰, TV, 자동차 등 한국산 제품의 디자인은 어느 나라와 견주어도 뒤지지 않을 정도입니다. 그런데 거리의 시설물과 표지판, 간판 등 생활 속 공공디자인은 혼란스럽기 그지없습니다"라고 말한다.

그가 더 의아스럽게 생각하게 된 것은 한국인의 집을 방문했을 때다. "실내 인테리어 디자인은 미국의 상당한 부자의 집에서나 볼 수 있는 수준이었습니다. 집안의 디자인에는 그렇게 비용을 많이 들이고 신경을 쓰면서 바로 문만 열고 나가면 맞닥뜨리는 거리의 디자인에는 아무도 신경을 쓰지 않는다는 사실을 이해하기 어렵습니다."[8]

공공디자인을 한마디로 표현하면 "공공장소의 여러 장비, 장치를 합리적이고 아름답게 꾸미는 것"이다. 공공디자인의 영역과 대상은 넓다. 공공건물과 도로, 공원과 광장, 역사 공간, 도시 색채계획과 야간조명 같은 '공공 공간 디자인Public Space Design'에서부터, 도로 표지판과 신호체계, 옥외 광고물, 국가 기구 상징물, 화폐와 주민등록증, 여권, 자동차 표지판에 이르기까지 우리가 집을 나서면 부딪히는 모든 것이 공공디자인 대상이다.

그러니 공공디자인이 도시의 경쟁력을 결정한다는 주장도 무리가 아니다. 도시의 경쟁력은 곧 국가 경쟁력으로 이어진다. 오세훈 서울시장은 서울을 디자인 도시로 만들겠다는 포부를 밝혔다. 또 "도시가 단순히 경제적 자원과 인적 자본만 갖고 유지되는 것은 아니다. 일류도시가 되려면 파리, 런던, 뉴욕처럼 삶의 질을 높일 수 있는 문화자본들을 많이 갖고 있어야 한다"고 설명했다.

오세훈 시장은 이를 위해 지방자치단체로는 최초로 디자인 전담조직인 '디자인 총괄본부'를 신설했으며, 서울시의 모든 행정영역을 디자인 콘텐츠로 탈바꿈시키겠다고 밝혔다.[9] 그는 특히 "서울이 2010년 세계 디자인 수도로 선정된 것을 계기로 선진국 시장에서 '디자인과 최첨단 트렌드를 보려면 서울로 가라'는 말이 나오도록 하겠다" 면서 "현재 디자인 서울을 만들기 위해 구체적인 사업들을 진행하고 있다"고 밝혔다.[10]

우리는 항상 경쟁에 시달려서 그런지 도시공간을 재설계하거나 공공디자인을 하더라도 마케팅이나 도시경쟁력을 강조한다. 그런데 이런 마케팅의 원조는 파리의 에펠탑이다. 에펠탑을 건축할 때 파리의 지식인들과 시민들은 반대했다. 그러나 에펠탑은 지금 파리의 상징이 되었다.

프랑스 파리는 도시 전체가 유적지에서 생활공간으로 탈바꿈하고 있다. 크리스챤 디올과 알카텔이라는 통신회사의 사옥도 건물의 외장은 과거의 유산인 바로크 양식 그대로다. 외장은 그대로 둔 채 내부를 수박 속 긁어내듯 수리해 새로운 공간으로 만든 것이다. 또 파리는 사용하지 않는 다리의 하부 공간을 미술관, 작은 상점, 카페 등으로 개조해 활용하기도 한다. 즉, 도시 전체가 유적지면서 생활공간인 것이다. 프랑스를 방문하는 관광객 수는 연간 7500만 명을 넘나든다. 그리고 약 30조 원 이상의 경제적 효

과를 낸다.[11]

파리 세느강의 야간 유람선을 타면 가이드가 강 옆에 있는 16세기와 17세기의 건물들을 하나하나 소개한다. 관광객들은 조명이 어우러진 건물들을 보며 탄성을 지른다. 밤 10시가 되면 금빛으로 빛나는 에펠탑이 10분간 은빛 광선을 쏘아댄다. 그리고 탑 꼭대기에서 등대처럼 레이저 광선으로 하늘을 비추는데, 이는 파리가 세계의 등대라는 의미라고 한다. 문화 자존심의 표현인 것이다.

유람선을 타고 한강을 가로지르면?

세계의 수도에서 한강처럼 수량이 풍부하고 아름다운 강을 둔 도시는 드물다. 그러나 유람선을 타고 한강을 가로지르면 "이쪽 아파트는 평당 3000만 원, 저쪽은 평당 2000만 원입니다"라는 말 외에는 할 말이 없다. 성냥갑 모양의 아파트가 강 양쪽을 메우고 있기 때문이다. 오죽하면 외국의 한 학자가 강변의 아파트를 보고 전쟁방어물로 착각할 정도였을까. 6.25 전쟁과 급속한 압축성장을 거치면서 얻은 어쩔 수 없는 경관이라고 돌려버리기에는 너무 지나친 풍경이다.

2008년 1월 21일, 대통령직 인수위원회에서 발표한 '디자인 코리아 프로젝트'는 이명박 정부가 '디자인'을 핵심 정책의 하나로 삼겠다는 의지의 표명이다. 디자인 전문가들은 "소득 2만 달러의 길목에서 선진국의 '가늠쇠'로 인식되는 디자인을 국정의 중심에 둔 것은 환영할 일"이라고 입을 모았다.

2008년 중앙정부와 전국 지자체의 공공디자인 개발비로 책정

된 금액은 약 1840억 원이다. 일부 관계자들은 각 지자체가 공공
디자인에 경쟁적으로 자금을 쏟아붓고 있지만 정책을 총괄하는
'컨트롤 타워'가 없어 디자인 프로젝트가 필요하다고 말한다. 전
국경제인연합 역시 우리나라 디자인 정책은 산업자원부와 건설
교통부, 문화관광부, 지방자치단체 등 부처별로 중복돼 있어 '디
자인 청' 설립 등 체계적인 시스템 구축이 필요하다고 건의했
다.[12] 그러나 '컨트롤 타워'가 없어 우리 공공디자인이 비틀대는
것은 아닐 것이다.

전문가들은 '정부 주도의 디자인 정책'이 기형적인 형태로 변
질될 수 있다고 우려했다. 한 대학의 산업디자인과 교수는 "정부
가 나서서 건축물 설계와 가로 시설물에 손을 댄다는 것 자체가
또 하나의 규제를 낳는 것"이라고 말했다. 또다른 공공디자인 전
문가는 "해외에서는 능력을 인정받은 디자인 전문가가 '마스터
플래너'가 돼 종합적인 도시 계획을 세우지만, 우리는 특혜 시비
를 우려해 관료가 주도한다. 이런 분위기부터 바꿔야 한다"고 지
적했다. 우리나라는 공연장이나 경기장 등 공공건물 디자인을 관
료가 결정한다. 그런데 이들 건물은 갓이나 방패를 형상화한 전
통 디자인이 많다. 왜냐하면 대체로 무난하기 때문이다.

공공건물 디자인은 관료가 결정한다

한 디자인 관련 관계자는 "서울시에서 2005년 약
100억 원을 들여 청계천 등 도심상가의 간판 교체 사업을 했지만,
업주 상당수가 주변 상가와 식별이 어렵다는 이유로 다시 간판을

바꿨다. 민의를 충분히 반영하지 않고 디자인 정책을 수립하면 이처럼 혈세만 낭비하게 된다"고 지적했다.[13]

대표적인 공공디자인 사업인 간판정비사업은 2003년부터 시작했는데 투입된 예산에 비해 총체적인 효율성은 상대적으로 저조했다. 이 예산을 많게는 100억 원 넘게 가져다쓴 자치단체가 있는가 하면 적게는 10억 원 미만을 사용한 자치단체도 있다. 예산은 크게 국비와 지방비 그리고 간판정비사업에 참여하는 점포주들이 내는 비용으로 구성되어 있다. 문화관광부가 2007년 대표적인 17개 간판정비사업을 조사한 결과 예산의 비효율성은 심각했다.[14]

우리나라에는 수많은 아파트와 빌딩이 있지만 우리나라를 대표하는 랜드마크(상징건물)는 쉽게 떠오르지 않는다. 병풍처럼 일렬로 선 아파트 단지, 직사각형을 벗어나지 못한 비슷비슷한 빌딩들이 대부분이기 때문이다. 그래서 최근 랜드마크를 목표로 서울 용산과 상암동, 인천 송도신도시에 100층이 넘는 초고층 빌딩 건축을 줄줄이 추진 중이다. 그러나 파리의 퐁피두 센터를 설계한 건축가 리처드 로저스는 건물의 높이나 크기보다는 디자인 즉, 설계 디자인의 우수성이 랜드마크를 만드는 결정적 요소라고 말한다.[15]

서울시는 2007년 8월, "새로운 디자인이 아니면 아파트를 짓지 못하도록 하겠다"며 '성냥갑 아파트'의 퇴출 방침을 발표했다. 그후 2007년 10월, 서울시에서 열린 건축위원회 회의에서 민간 건설업계가 제출한 5건의 재개발, 재건축 사업 등 굵직한 건축심의가 '디자인 수준 미달'로 퇴짜를 맞았다. 디자인 차별화는 이미 주택시장의 대세로 자리 잡고 있다. 대한건축사협회 간부는 "건설사들이 디자인을 차별화했다고 하지만 이는 아파트 분양 성공을 위한 것이지 예술적이나 도시미학적 수준은 아니다. 서울시의 조치는 오히려 늦은 감이 있다"고 말했다.[16]

새로운 도시문화와 도시경쟁력이 21세기의 중요한 화두로 떠오르면서 공공디자인에 대한 관심이 급격히 높아지고 있고 예산도 늘어나고 있다.

문화관광부는 2003년과 2004년에 걸쳐 정부 연구원들과 현장의 전문가들 그리고 공무원들을 모아 여러 차례 토론을 벌였다. 그리고 대한민국의 미래를 위한 문화비전을 만들어《창의 한국》이라는 책자에 담아 발표했다. 《창의 한국》은 27대 추진과제를 제시했는데 그 가운데 하나가 '쾌적하고 아름다운 공간환경 조성'이다. 이런 문제의식을 갖고 문화관광부는 2005년 8월 문화정책국에 '공간문화팀'을 만들었다. 문화관광부가 공공디자인정책을 체계적으로 추진하기 시작한 것이다.

썩 내키지 않았던 공공디자인 사업

서울시는 '디자인서울총괄본부'를 만들었다. 부산시역시 2007년에 공공디자인 실험을 주도할 '부산디자인센터'를 설립했다. 이미 김해시는 공공디자인의 선구 도시로 꼽히고 있다. 지난 2000년 지자체 최초로 도시디자인과를 신설하고 도시경관과 환경디자인을 전공한 박사급 인력 2명을 채용한 바 있다. 그러나 그동안 공공기관 입장에서 공공디자인은 썩 내키지 않는 일이었다. 경제적 효과나 실적이 바로 나타나지 않다 보니 막대한 사업비로 건물을 짓거나 시설을 고치는 일에 더 주력해온 것이다.

부산디자인센터 박수철 원장은 "정체성을 담은 도시 브랜드는 도시의 생존키워드"라며 "도시 정체성은 늘 변하고 있다. 도시 환경에만 치중했던 과거에 비해 현재는 잘 팔리는 매력 있는 도시, 시민들의 욕구를 해소시켜 주는 도시가 절실하다"고 말했다.[17]

모든 사업이 그렇듯 공공디자인사업도 돈이 있어야 한다. 그러나 아직 공공디자인사업에 대한 예산은 많지 않다. 문화관광부 공간문화팀의 예산은 2006년 9억 원, 2007년 14억 원, 2008년 13억 5000만 원이었다. 공간문화팀은 2006년에는 영등포 공공디자인 시범도시 조성사업을 벌였고, 2008년에는 공공디자인 엑스포와 안양과 대구의 공공디자인 시범도시 조성을 주요 사업으로 추진할 계획이다. 간판문화사업 예산은 2007년에 8660만 원이었고 2008년에는 1억 원이다.

또 공간문화팀은 걷고 싶은 거리를 만들고 생활공간의 디자인을 개선하는 '일상장소 문화공간화 사업'을 추진하고 있다. 예산은 2006년 10억 원, 2007년 9억 원, 2008년 9억 원이다. 산업자원부 미래생활산업본부는 한국디자인진흥원을 통해 공공디자인사업을 하고 있다. 이쪽은 공공디자인을 통해 산업과 지역브랜드를 키운다는 목적이 있어서 그런지 예산이 훨씬 많다. 2006년에는 서울광장 공공디자인 개발 등을 비롯한 8개 사업에 11억 8000만 원의 예산이 투입되었고, 2007년에는 공공디자인개선사업의 예산이 대폭 늘어나 무려 70억 3800만 원이 책정되었다. 산림청에서 주관한 '등산로 주변 공공디자인 개선사업'에 3억 원, 문화재청이 주관한 '세계유산 등 주요기념지 공공디자인 개선사업'에 2억 5000만 원, 과학기술부가 주관한 초등학교와 중학교의 과학 교과서 디자인개발에 3억 5000만 원이 투입되는 등 국가형 사업 20개, 지역형 사업 31개, 총 51개 사업이 진행된 것이다.

'디자인서울'과 '창의 문화도시'를 표방하는 서울시의 공공디자인 예산은 이보다 덩치가 크다. 서울시의 2008년 예산 총액은 23조 6178억 원인데 이중에서 고품격의 '디자인 서울 거리' 조성 사업에만 359억 원이 투입된다. 25개 거리에 토탈 공공디자인을 적용해 공공건축, 시각매체, 광고물 등을 개선하는 사업이다. 또 동대문운동장 부지에 세우게 되는 '동대문 디자인 플라자'에 2010년까지 총 3758억 원이 투입된다. 이에 따라 서울시는 2008년에 총 925억 원의 예산을 책정했다.

스페이스 마케팅

디자인을 잘 하려면 당연히 돈이 든다. 애초에 서울시가 밝힌 '동대문 디자인 플라자' 건축 예산은 2274억 원이었는데 나중에 1484억 원을 증액했다. 오세훈 시장은 건축비가 증가한 것에 대해 이렇게 설명했다.

"처음엔 통상 건축물 기준으로 예산을 잡았는데, 자하 하디드라는 세계적 건축가의 작품을 선정하면서 불가피하게 늘었다. 이게 유례없이 공법이 어려운 곡선 형태의 건축물이다. 처음 시도

하는 거라 생각보다 돈이 많이 들어간다. 그러나 '스페이스 마케팅'이라고 해서 건축물 하나로 얻을 수 있는 효과가 크기 때문에 과감히 수용했다."[18]

건축계에서는 자하 하디드 같은 세계 스타 건축가 부류를 '시그니처 건축가signature architect'라고 부른다. 직역하면 '서명 건축가' 또는 '사인 건축가'다. 자기 이름이 박힌 건축물을 세계 곳곳에 사인하듯 파는 건축가라는 뜻이다. 말할 것도 없이 이들 시그니처 건축가들이 짓는 건축물들은 훨씬 더 비싸다. 설계비는 물론이고 시공비도 몇 배씩 더 들어가는 것이다.

따라서 민간이 아닌 지자체가 국민 세금으로 시그니처 건축가들의 비싼 건축을 사려고 할 때는 그 건축물이 그만한 가치가 있는지를 면밀하게 따져봐야 한다. 동대문운동장 터는 명품 건축보다 장소의 역사성과 문화성을 살리는 게 더 좋을 수도 있다.[19] 서울시는 동대문운동장 공원화와 같은 '도시관리'에 1조 2438억 원(48퍼센트 증가), '문화관광'에 5657억 원(37퍼센트 증가)을 2008년 예산으로 책정했다. 대신 길을 새로 닦거나 넓히는 '도로교통' 부문은 2조 2084억 원(-13.4퍼센트)으로 크게 줄었다.[20]

오세훈 시장이 말한 '스페이스 마케팅'으로 유명한 곳은 스페인의 작은 도시 빌바오다. 빌바오는 문화시설인 구겐하임 미술관 유치를 통해 경제적 부흥을 일으켰다. 인프라와 환경 투자를 늘려 도시를 개조한 빌바오에는 10년간 1000만 명의 관광객이 찾아왔다. '빌바오 효과'라는 말도 생겼는데 이는 하나의 유명한 건축물이 그 지역에 미치는 영향이나 현상을 일컫는 말이 되었다. 이

'빌바오 효과'를 벤치마킹하기 위해 한국과 일본, 대만 등 아시아 국가의 상당수 지자체들이 연례행사처럼 빌바오시를 다녀오고 있다. 그리고 빌바오를 흉내내 해외의 유명 건축가를 초청하는 데 혈안이 돼 있다. 우리는 단지 유명한 건축가의 이름과 디자인을 빌려오려 할 뿐, 옛 기억이 묻어나는 지역성과 그 지역에서 살아가는 시민에 대한 배려는 조금도 하지 않는 것 같다.

최근에 공공디자인이 인기를 끌면서 각 지자체들은 경쟁적으로 간판정비를 비롯한 공공디자인 관련 사업들을 추진하고 있다. 그러나 문제는 매우 급하게 추진하고 있다는 점이다. 그리고 지자체장의 치적 과시용이거나 다른 지자체 따라하기인 경우가 대부분이다. 청계천 복원의 정치적 효과를 학습한 지방자치단체장들이 제2, 제3의 청계천을 꿈꾸는 것처럼, 임기 내에 뭔가 가시적인 성과를 남겨야 한다는 지자체장들의 조바심은 문제를 더욱 악화시킨다.

치적 과시용, 또는 다른 지자체 따라하기

2003년 7월부터 2005년 9월까지 진행된 청계천 간판정비사업이 지자체 따라하기의 대표적인 경우다. 청계천 간판정비사업에는 32억 원의 예산이 들어갔지만 청계천 점포주 50명을 상대로 설문조사를 한 결과 사업에 대한 불만족이 92퍼센트(46명)에 달했다. 원인은 '간판디자인이 너무 획일적이다(38퍼센트)' '내 간판이라는 소유감이 없다(36퍼센트)' '간판이 눈에 띄지 않는다(18퍼센트)' 등이었다.

이런 결과는 하향식 행정정책이 낳은 오류다. 간판디자인의 획일화로 간판의 1차 기능이라 할 수 있는 랜드 마크 기능을 완전히 상실한 것이다. 그리고 업종이 다른 각 점포의 속성이 간판에 표현되지 않아 점포의 변별력이 사라졌다. 이것이 업주들의 큰 불만거리가 되었다. 문제는 청계천 간판 정비사업이 전국 지방자치단체의 선행모델이 되었다는 것이다. 이로 인해 전국의 여러 지자체에서도 간판정비사업을 시작했다. 그러나 다소의 차이가 있긴 했지만 대부분 청계천의 실패에서 크게 벗어나지 못했다.[21]

각 지자체가 벌이고 있는 공공디자인 사업도 이런 결과를 가져올 가능성이 크다. 공공디자인사업은 그 '결과'가 중요한 것이 아니라 '과정'이 중요하다. 지지부진해 보일지라도 그 지난한 과정을 통해서 만들어가는 '문화'와 '시민의식'이 있어야 하기 때문이다. 50년을 이어온 간판과 거리 디자인이 어떻게 하루아침에 바뀔 수 있겠는가.

아무리 시범 사업일지라도 김포시의 경우처럼 간판 교체비용을 전액 지원하는 방식으로는 상인들이 '내 간판'이라는 애착을 가질 수 없다. 지자체가 디자이너를 고용해서 무료로 간판디자인을 제공하는 강동구의 사례도 마찬가지다. 무료로 해주면 간판문화가 자리 잡을 수 없다. 다음의 기사가 이를 입증한다.

"너무 많은 일이 쏟아지고 있다. 한 달에 400여 건이나 되는 광고물 디자인에 참여하고 있다. 일은 보통 11시에 끝나고 주말도 없는 경우가 다반사다. 디자이너가 30퍼센트를 작업하고 업체에서 70퍼센트를 해야 함에도 불구하고 현실은 그 정반대다 ……

혼자 하다 보니 일에서 병목현상이 발생한다. 광고물 제작 업주들 가운데는 본인은 하나도 노력하지 않고 아예 디자인을 맡기다시피 하는 경우도 있다. 구청에서 공짜로 해주는데도 불구하고 '왜 빨리 안 해주냐'며 보채는 업주도 있을 정도다"

공공디자인 개선사업도 똑같다. 시민들과의 대화와 합의를 통해 천천히 추진하는 것이 아니라 지자체장의 '의지'와 외부 '전문가'의 아이디어만으로 추진한다면 결국 지역적 특성이 무시된 평범한 시설물이 들어설 것이다. 이는 도시미관과 공공환경에 재앙을 불러올 수도 있다.

전국적으로 벤치마킹의 대상이 되고 있는 서울시의 공공디자인 개선사업에 대해서도 비판의 목소리가 높다. "중장기적 관점에서 사업을 추진하고 문화와 편의성 등을 배려해야 함에도 불구하고, 현재 서울시의 정책은 너무나 조급하고 실적 중심이란 느낌이 든다." "몰개성적인 사업은 천편일률적인 성형수술과 다를 바 없다." 등의 비판이다.[22]

서울시는 2008년 10월에 열리는 '서울디자인올림픽'을 7개월 앞두고 디자인 거리 20곳을 추가로 지정하고 거리 단장을 앞당겼다. 수년이 걸려야 할 공공사업을 행사를 앞두고 급하게 진행하는 것이다.[23]

예산 투입만으로는 성과를 낼 수 없는 공공디자인

상인과 주민이 함께 한 공공디자인 사업으로는 〈부산 광복로 시범가로 조성사업〉을 들 수 있다. 예산은 86억 6700만 원이 투입되었는데 문화관광부가 30억 원, 부산시가 28억 3400만 원, 중구청이 28억 3300만 원을 각각 부담했다. 사업은 2005년부터 2007년까지 3년간 진행되었다.

건물주와 점포주, 지역주민 대표 97명으로 구성된 '부산시 광복로 시범가로 지원협의회'는 사전토론을 가진 후 5번에 걸쳐 중간보고를 했다. 민원발생이 예상되는 업소는 지원협의회와 추진단에서 방문해 문제를 해결했다. 참여한 상인들 사이에 의견충돌이 생기는 등의 우여곡절이 있었지만 결국 사업은 완성되었다. 그리고 문화예술거리를 조성하기 위해 지역주민 등이 연합해 비영리 사단법인인 '광복로 문화포럼'을 만들었다.[24] 광복로는 3개 구간별로 간판에 다른 색깔의 띠를 둘려 특색을 살렸다. 해가 지면 광복로는 화려한 빛깔로 뒤덮인다. 모든 구간의 차선과 보도 사이 바닥에는 파도 형태의 480개 야광 등이 숨겨져 있다.[25]

서울 금천구도 2년 전 '디자인자문위원회'를 구성해서 성공한 사례다. 소규모 공장들이 늘어선 서울 금천구 독산동 뒷길에는 공장지대라고는 믿기 어려울 정도로 멋지게 디자인된 건물들이 눈에 띈다. 낡고 지저분한 공단지역 건물들의 이미지가 새롭게 바뀌고 있는 것이다.

변화의 발원지는 지난 2005년 금천구가 구성한 '디자인자문위원회'다. 금천구는 새로 짓거나 증축·리모델링하는 모든 건물은 건축허가를 받기 전 위원회의 자문을 받도록 의무화했다. 이 자문위원회에는 건축·조경·색·조명 등 분야별 민간전문가 18명이 참여하고 있다. 물론 시행 초기에는 건축주들의 반발이 심했다. 금천구 도시디자인팀장은 "비용 증가를 이유로 주저하는 건축주에게는 완공 이후의 건물가치 상승을 강조하며 설득작업에 나섰다. 그리고 들인 비용보다 더 큰 성과가 나타나자 건축주들의 인식이 바뀌기 시작했다"고 말했다.[26]

디자인을 통해 도시를 발전시키는 것은 쉽지 않은 일이다. 도시 디자인의 업그레이드는 단순히 건물 몇 개를 잘 짓고, 간판을 정비하는 정도로 가능한 일이 아니다. 도시 전체에 대한 디자인 가이드라인 제정이나 그를 집행할 수 있는 행정력의 뒷받침, 재정적 지원 등 포괄적 접근이 필요한 일이다. 파리 등 유럽 도시의 경관이 아름다운 이유는 건물이나 공공시설물의 색채와 형태를 지자체가 철저하게 통제하고 그에 대한 지원을 하기 때문에 가능한 일이다.[27]

예컨대 간판 제작은 간단한 일처럼 보이지만 간판을 멋있게 만드는 일은 그렇게 쉽지 않다. 먼저 간판 관련 법령을 알아야 하고 간판 디자인의 원리와 도시 공간 환경을 이해해야 한다. 또 지역의 고유상황, 지역시장과 점포들의 동향, 건축물과 상관관계, 소비자 태도 등 다양한 상황들을 꿰뚫고 있어야 한다. 그런데 이런 능력을 갖춘 전문 인력은 많지 않다.

또 간판정비사업을 끝낸다 해도 유지보수를 잘 해야 한다. 그렇지 않으면 간판정비사업은 의미를 잃고 예전 상태로 퇴행할 것이다. 이런 문제들을 극복하기 위해서는 간판정비사업의 주체가 점포주와 시민이 되어야 한다. 다른 공공디자인 사업도 마찬가지다.[28]

그런데 중앙정부의 보조금이 사업을 성급하게 추진하도록 부추기는 측면이 있다. 국고보조금은 지자체의 쌈짓돈이라는 지적도 있지만, 단년도 회계주의를 채택하는 우리나라에서는 일단 국고보조금을 받으면 그 해에 전액 집행해야 하는 것이 원칙이다. 지자체 입장에서는 국고보조금이 '남의 돈'이고 그 해에 다 써야 하기 때문에 사업의 효과를 깊이 고민하지 않을 수 있다. 현재의 시스템으로는 공공디자인과 간판정비 국고보조금을 크게 늘린다 해도 이런 문제가 생길 수밖에 없다.[29]

작은 건물부터 오랫동안, 구마모토 아트폴리스

도시를 매력 있게 바꾸는 일은 시간이 걸리는 작업이다. 한 개인이 몸을 멋있게 가꾸려면 많은 시간과 노력을 기울려야 하듯이 수백만 명이 사는 도시 역시 변화를 위해서는 많은 시간과 노력이 필요하다. 일본에는 구마모토 아트폴리스ArtPolis라는 프로젝트가 있다. 이 프로젝트는 1988년부터 시작되었다. 그리고 현재까지도 다양한 프로그램이 지속되고 있다. 이는 우리나라의 도道에 해당하는 구마모토 전체를 대상으로 하는 장기 프로그램이다. 구마모토는 초기 자본이 많이 들지 않는 소프트웨어적 접근 방식으로 현역 건축가인 커미셔너를 두고 전폭적인 행정지원을 한다.

구마모토는 대규모 투자를 하는 방식보다는 지역별 점조직처럼 작은 건물부터 바꾸어가기 시작했다. 동시에 지역 자체적으로 필요한 건물들의 건축도 아트폴리스 계획에 포함시켜 마라톤을 하듯 장기간 진행했다. 청소년의 집, 시영아파트 단지, 실내체육관, 온천 시설 등이 여기에 해당한다. 지역별로 진행되는 건축물 신축 및 리모델링은 사업이 확산될수록 그 수가 늘어났다.

건축가 아라타의 제안과 호소가와 지사의 결정으로 시작된 구마모토 아트폴리스는 20년 세월이 지난 지금에 이르러서 어느 정도 성과가 가시화되고 있다. 또 이 프로젝트는 일본의 다른 지방에서도 다양하게 활용되어 유사한 성과를 내고 있다.[30]

'당신이 사는 곳이 당신을 말해줍니다'라는 아파트 광고가 있었다. 강남으로 대표되는 아파트 수요심리를 콕 찍어 부추긴 광고였다. 그러나 '당신이 사는 곳이 당신을 말해줍니다'는 거리와 간판, 공원, 도로와 같은 공공시설과 공공디자인에 어울리는 말이다. 한국사회에서 그동안 '공公'은 존재하지 않았다. 그것은 없거나 비어 있거나 또는 버려져 있는 것이었다. 한국사회의 공적인 것과 공공 영역이라 불리는 것들의 속을 들여다보면 사실상사적인 것이 점령하거나 변형되어 있는 것이 대부분이다.

디자인도 오로지 소비와 관련된 사적 관심의 대상이었다. 그래서 자본주의의 발전에 따라 사적 영역의 디자인은 빠르게 발전한 반면, 공공 영역의 디자인은 시민사회의 부재 속에서 방기되었거나 공공을 대리한 국가주의의 엄숙한 표정에 갇힌 채 정체상태에 빠져 있었다.[31]

돈을 내고 사면 끝나는 아파트와 달리 공공디자인은 그냥 예산만 투입해서는 성과를 낼 수 없다. 구마모토 아트폴리스처럼 수십 년을 두고 천천히 기다려야 성과가 나타나는 것이다. 그와 함께 문화의식과 한국 사회에 대한 성찰도 뒤따라야 한다. 정말 당신이 사는 곳, 당신이 걷는 곳이 당신을 말해주는 시대다.

1　강준만, 〈간판공화국의 주목 투쟁〉, 《한겨레21》, 제593호, 2006년 1월 10일.

2　강준만, 〈'간판 공화국' 반세기〉, 《한국일보》, 2007년 11월 28일.

3　배한진, 〈동탄 신도시엔 '간판공해' 없다〉, 《조선일보》, 2007년 5월 4일.

4　성시윤, 〈서울 '거리 공해' 간판 4개 중 3개 없앤다〉, 《중앙일보》, 2008년 3월 13일.

5　문화관광부, 《간판문화 발전을 위한 방안 연구》, 2007년 12월, 9쪽.

6　국회의원 박찬숙, 《문화재, 공공디자인을 입다》, 2007년 10월.

7　2007 대한민국 공공디자인엑스포 조직위원회 심포지엄, 《공공디자인을 말하다》, 2007년 10월, 58쪽.

8　박준동, 〈부조화·몰개성 …… 한국의 거리엔 디자인이 없다〉, 《주간조선》, 1937호, 2007년 1월 8일.

9　조일훈, 〈"미래는 정보→매력으로 권력이동, 서울에 문화폭탄 쏟아붓겠다"〉, 《한국경제》, 2007년 7월 24일.

10　유인호, 〈"문화+경제 마케팅으로 서울 도시경쟁력 높일 것"〉, 《한국일보》, 2008년 2월 23일.

11　홍성용, 《스페이스 마케팅》, 삼성경제연구소, 2007년, 252쪽.

12　전국경제인연합 홈페이지, 《디자인 발전방안 정책건의》, 2007년 12월 12일.

13　김미리, 〈휴대폰 가전 디자인은 '일류' …… 도로·간판은 '삼류'〉, 《조선일보》, 2008년 1월 22일.

14　문화관광부, 《지방자치단체 간판정비사업 기초실태조사》, 2007년, 54쪽.

15　차학봉, 〈"랜드마크는 높이가 아니라 디자인이다"〉, 《조선일보》, 2007년 4월 24일.

16　박재현, 〈건설사 '디자인 차별화' 안간힘〉, 《경향신문》, 2007년 10월 12일.

17　김영한, 〈도시 공공디자인 프로젝트-공공기관부터 '첫 걸음' 내디뎌라〉, 《부산일보》, 2007년 4월 16일.

18 　주정완, 〈"연남·연희동에 서울 차이나 타운 추진"〉,《조인스닷컴》, 2008년 1월 7일.

19 　김진애,《김진애의 공간 읽기》, (주)서울포럼, 2008년, 50쪽.

20 　주정완, 〈서울시 문화관광 예산 37% 늘려〉,《중앙일보》, 2007년 11월 9일.

21 　문화관광부,《지방자치단체 간판정비사업 기초실태조사》, 2007년, 13~17쪽.

22 　2007 대한민국 공공디자인엑스포 조직위원회 심포지엄,《공공디자인을 말하다》, 2007년 10월, 97~98쪽.

23 　이정훈, 〈서울 거리 '디자인 단장'도 좋지만〉,《한겨레》, 2008년 3월 25일.

24 　문화관광부,《2007 공간문화 교육 워크숍 자료집》, 2007년, 120~122쪽.

25 　장호정, 〈광나는 광복로〉,《국제신문》, 2008년 2월 23일.

26 　곽수근, 〈몰라보게 예뻐진 금천 공단 건물들〉,《조선일보》, 2007년 10월 23일.

27 　〈서울을 디자인 도시로 만들려면〉,《중앙일보》, 2007년 10월 23일.

28 　문화관광부,《지방자치단체 간판정비사업 기초실태조사》, 2007년, 53쪽.

29 　2007 대한민국 공공디자인엑스포 조직위원회 심포지엄,《공공디자인을 말하다》, 2007년 10월, 96쪽.

30 　홍성용,《스페이스 마케팅》, 삼성경제연구소, 2007년, 226~229쪽.

31 　2007 대한민국 공공디자인엑스포 조직위원회 심포지엄,《공공디자인을 말하다》, 2007년 10월, 17~23쪽.

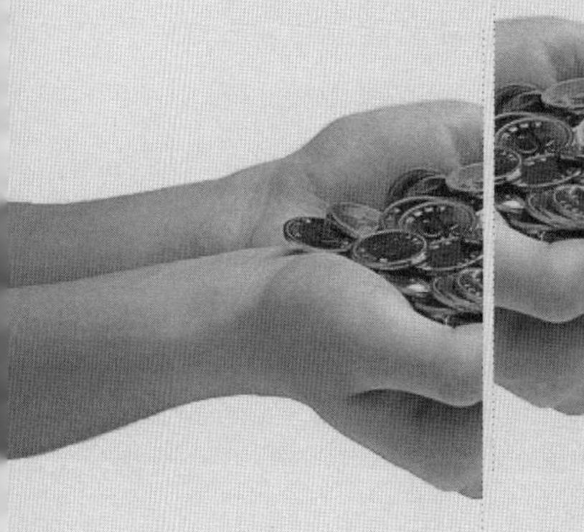

예산과 세금,
뜯기는가,
돌려받는가

우리나라에서는 조세정책과 예산배분 문제가 정치 이슈로 잘

떠오르지 않는다. 연줄이 더 빠르고 효과가 있기 때문이다.

덕분에 마당발이 득세하는 세상이 되었다. 단순하게 말하면

아직도 세금은 '가렴주구', 예산배분은 '망극한 성은聖恩'의

영역인 것이다.

죽음과 세금은 피할 수 없다. 어느 쪽이든 사람들은 좋아하지 않는다. 그렇지만 세금이 있어야 나라 살림을 꾸려갈 수 있다. 그렇기 때문에 국민들은 어쩔 수 없이 세금과 공존해야만 한다. 그러나 한국에서 세금은 '공익公益'이 아니라 '가렴주구苛斂誅求'의 상징이었다. 세금은 어떻게 걷느냐에 따라 사회 계층 간에 이해가 엇갈린다. 소득 재분배 효과가 있을 수도 있고 경제와 사회문제를 푸는 중요한 정책 수단이 될 수도 있다. 그러나 우리 사회는 선진국과 달리 아직 조세 정책이 선거 쟁점이 되지 않고 있다. 종합부동산세로 논란이 있긴 했지만 미미한 수준이다. 국민들은 내 호주머니에서 빠져나가는 돈에는 당장 민감하게 반응하지만 숲은 보지 못하는 경우가 허다하다. 우리 사회가 개인의 노력에 기대는 '각개 약진 사회'이기 때문이다.

우리나라의 2008년 예산은 총 256조 1721억 원이다. 일반회계가 152조 5045억 원, 특별회계가 42조 7964억 원이고 나머지 60조 원이 넘는 돈은 기금 지출액이다. 그리고 들어오는 돈보다 쓰는 돈이 많아 7조 4000억 원의 적자 국채를 발행한다. 예산 중 공무원 인건비는 23조 4000억 원이다.[1] 그래서 인건비를 빼고 실제 쓸 수 있는 돈은 232조 7000억 원 정도다. 이는 무척 큰 돈이다.

우리나라 경제를 대표하는 10대 기업(금융·보험업 및 공기업 제외)의 2007년 매출액을 모두 합하면 216조 8431억 원이다.[2] 즉, 우리나라 예산은 삼성전자, 포스코, 현대자동차, 현대중공업 등 10대 기업의 매출액을 합한 것보다 18퍼센트 정도 많다. 그런데 예산은 대기업의 매출액과 달리 바로 쓸 수 있는 돈이다. 우리나라를 대표하는 삼성전자의 2007년도 순이익은 약 7조 4250억 원이다. 우리나라 예산은 이 돈의 34.5배다. 이 계산을 보면 예산의 힘이 어떠한지를 알 수 있다.

기업 순이익과 예산은 다르다. 기업은 이를 악물고 이익을 내야 한다. 한 경영자 출신 정치인은 치열한 경쟁으로 돈을 벌어야 하는 기업경영에 비해 거둔 돈을 쓰기만 하는 정부 일은 너무 쉽다고 말하기도 한다. 물론 나라 재정도 바닥날 수 있다. 우리는 1997년 외환위기 때 이미 정부 부도를 경험한 적이 있다. 그리고 그 피해는 고스란히 국민들이 떠안았다.

우리나라 살림 통장은 모두 77개

우리나라의 살림 통장은 모두 77개다. 일반 회계 1개, 특별회계 16개, 기금 60개로 구성되어 있다. 일반회계는 교육·국방·복지 등 나라의 근간을 유지하기 위해 쓰는 기본 지출을 말한다. 재원은 주로 국세이며 수수료·벌금 등 세외수입도 포함된다.

특별회계는 낙후지역 개발 등 국가가 벌이는 특정 사업·자금을 별도로 운영할 필요가 있거나 특정한 세입과 세출을 직접 연계할 필요가 있을 때 편성된다. 사업수입과 목적세·수수료·부담금 등이 주요 재원이다.

기금은 국민연금기금·남북협력기금 등과 같이 특정 목적을 위해 자금을 별도 조성해 운영하는 것을 말한다. 기금 편성과 운영도 국회의 심의를 받는다는 점에서 특별회계와 별 차이가 없다. 그러나 상대적으로 편성과 운영에 자율성이 높다.[3]

국민은 세금에 민감하게 반응한다. 세금은 내 호주머니에서 바로 나가는 돈이기 때문이다. 그러나 이렇게 모인 돈이 예산이라는 창고 속에 들어간 후에는 어떻게 사용되고 있는지 거의 관심을 갖지 않는다. 우리나라 세금은 복잡하다. 14개의 국세와 16개의 지방세로 총 30개가 있다. 소득세와 부가가치세 등은 우리가 잘 아는 세금이지만 공동시설세와 사업소세 등 낯선 세금도 있다. 그러나 어떤 종류의 세금이든 내고 싶지 않은 마음은 똑같다. 그래서 정부 입장에서는 간접세가 거두기 좋다. 우리나라는 2005년 기준으로 직접세 비중이 55.2퍼센트, 간접세 비중이 44.8퍼센트였다. 미국은 간접세 비율이 8.2퍼센트에 불과하다.[4]

대표적인 간접세인 유류세를 보자. 기름 값이 100달러를 넘어서자 유류세를 내리자는 여론이 들끓었다. 우리나라 기름은 세금 덩어리다. 한국 자동차 운전자들이 휘발유 1리터를 사용할 때 내는 세금은 미국의 7배, 일본의 2배다. 또 소득 수준을 감안한 세

금 부담은 미국 소비자의 25배, 일본의 4.4배나 된다.[5]

물론 영국, 독일, 프랑스, 이탈리아 등 60퍼센트가 넘게 간접세를 내는 나라들도 있지만 이들 국가의 국민소득은 4만 달러 수준이다. 따라서 국민 소득 2만 달러인 우리가 지는 부담은 이들 나라의 두 배인 것이다.

2007년 6월을 기준으로 휘발유에 붙는 세금은 주유소 판매 가격의 57.1퍼센트고 경유는 48.9퍼센트다. 세금 종류는 교통세와 교육세, 주행세, 부가가치세다. 예를 들어, 휘발유의 세전가격이 리터당 597원이라면 세후 정유사 가격은 1475원, 주유소 판매 가격은 1549원이 되는 것이다.[6]

국세에서 차지하는 유류세 비중도 높다. 2005년에는 17.3퍼센트, 2006년에는 16.9퍼센트였다. 2006년 거둬들인 유류세만 무려 26조 원이다. 경유에 붙는 세금은 5년 만에 2배가 되었다. 유류세는 2000년에 15조 8000억 원이었다. 즉, 6년 만에 10조나 늘어난 것이다. 정부만 '고유가' 덕을 보고 있다.

정부만 '고유가' 덕 봐

그런데 이렇게 기름 값이 올라도 소비는 줄어들지 않는다. 우리나라 휘발유 소비는 2003년에는 484만 배럴이었는데 2007년에는 493만 배럴이었다. 휘발유와 경유가 생활필수품이 되었기 때문이다. 산업연구원은 휘발유와 경유의 가격 탄력성이 낮아 가격을 올려도 소비를 줄이는 효과가 별로 없다는 연구 결과를 내놓았다.[7]

기름만이 아니라 자동차 자체도 세금덩어리다. 자동차를 사게 되면 등록세, 취득세, 특별소비세 등 5개의 세금이 붙는다. 또 보유하고 있어도 자동차세와 교육세 그리고 주행세 등 5개의 세금을 낸다. 2006년에 약 29조 원의 세금을 자동차에서 거둬들였는데 이는 국가 총 세수의 16.7퍼센트에 해당한다. 자동차 한 대에 부과된 세금은 평균 183만 원으로 2인 이상 가구의 평균소득 3375만 원의 5.4퍼센트다.[8]

정말 편리하고 거두기 좋은 세금인 것이다. 적어도 세금을 관리하는 기획재정부 입장에서는 자전거도로를 만들거나 자전거 이용을 권할 것 같지가 않다. 정부는 에너지 절약을 강조하지만 정부 스스로가 기름을 적게 쓸 생각이 없다. 국민들에게는 경차를 이용하라고 말하지만 정부기관의 경차비율은 고작 1.6퍼센트다. 기름 값과 자동차 관련 세금을 나라 돈으로 내기 때문이다. 청와대 비서실과 국무조정실, 산자부 등 30곳은 2003년 이후 구입하거나 임차한 경차가 단 한 대도 없다.[9]

이명박 정부는 2008년 3월에 유류세를 10퍼센트 내렸다. 이로인해 세수는 1조 3000억 원이 준다. 그러나 고유가가 계속되는 가운데 소비자가 직접 혜택을 볼 수 있을지는 분명하지 않다. 상대적으로 소득이 높은 휘발유 사용자들만 혜택을 볼 뿐이다. 정부는 유류세 인하로 줄어드는 세금을 어떻게든 보충해야만 한다. 그런데 국제 유가 상승으로 유류세를 내린 효과는 3주도 되지 않아 상쇄되었다.

유류세를 내리는 것 자체가 바르지 않다는 주장도 있다. 유류세는 서민을 괴롭히지만 지구 파괴를 억제하는 환경세이기도 하기 때문이다. 오건호 민주노동당 정책전문위원은 유류세를 내리는 대신 서민들에게 꼭 필요한 기름만큼 세금부담을 보전해주자고 주장한다. 기름을 많이 쓰는 사람에게 그만큼 세금을 내게 하고, 대신 서민들은 필수적인 양만큼 세금을 보전 받는 '알뜰기름 카드'를 도입하자는 것이다.[10]

담배에 부과되는 세금은 휘발유보다 더하다. 2000원인 담배에 붙는 조세 및 부담금은 1520원이다. 세금이 담배 값에 무려 76퍼센트나 되는 것이다. 담배소비세가 641원, 지방교육세가 321원, 부가가치세가 182원, 국민건강증진부담금이 354원 등이다.

흡연자가 건강증진부담금을 내면서 일반 국민들의 건강을 지키는 것이다. 2000원인 담배의 마진을 포함한 제조원가는 298원에 불과하다. 담배를 즐기는 사람은 자동차 운전자보다 더 높은 세금을 내면서 사회적으로 좋은 대우도 못 받는다. 담배소비세는 지방세다. 그렇기 때문에 담배세를 받지 못하면 살림이 휘청하는 지자체들도 많다.

술은 종가세(출고가격×세율)로 세금을 매긴다. 맥주와 소주, 위스키는 모두 세율이 72퍼센트다. 소주 1명의 출고원가는 394원인데 세금이 주세(72퍼센트), 교육세(21.6퍼센트), 부가세로 합계 445원, 그러니까 출고원가의 1.13배의 세금이 붙는다. 술이 아니라 세금을 마시는 꼴이다. 그런데 소주 한 병을 마시고 담배 한 갑을 태우면 이건희 회장이나 비정규직이나 모두 똑같은 세금을 내는 게 된다. 이것이 간접세의 문제점이다.

"월급의 10퍼센트를 더 받을 수 있습니다"

2007년 원희룡 의원은 《매달 월급의 10퍼센트를 더 받을 수 있습니다》라는 공청회 자료집을 냈다. 한마디로 4000만 원 이하를 받는 근로자의 근로소득세를 폐지하자는 주장이다. 2005년을 기준으로 근로소득세를 납부하는 근로자수는 610만 명이고 이들이 내는 근로소득세수는 9조 7000억 원이다. 연간 4000~8000만 원을 받는 근로자수는 26만 명으로 이들이 내는 세금은 2조 2179억 원이고, 8000만 원 이상 받는 근로자수는 5만 명으로 이들이 내는 세금은 2조 3438억 원이다. 연간 4000만 원 이하의 소득을 올리는 근로자들의 근로소득세를 감면하면 정부의 세수입은 5조 2169억 원이 줄어든다. 원희룡 의원은 이들의 세금이 2005년을 기준으로 1년 재정 총수입의 2.3퍼센트에 불과하니 이 정도의 재정 낭비만 막으면 충분히 가능하다고 주장했다. 그리고 부족한 재원은 제대로 걷지 못하고 있는 세금을 거둬 충당하자고 한다. 지방정부보다 중앙정부가 훨씬 세금을 못 거둔다는 것이다.

또 원희룡 의원은 방치된 국유재산 수익률을 1퍼센트 올려야 한다고 주장한다. 2005년 국유재산액은 264조 3794억 원인데 재산수익은 3814억 원으로 0.14퍼센트의 수익률이다. 단지 보유만 하는 국유재산을 민간 부동산 전문관리기관에 맡겨 운용하면 2~3퍼센트의 수익률을 올릴 수 있다는 설명이다.[11]

우리나라에는 과세 사각지대가 많다. 1억 원에 산 그림을 3억 원에 팔아도 세금이 부과되지 않는다. 미국과 프랑스 등 선진국들은 미술품을 살 때 13~17퍼센트의 취득세를 물린다. 교회와 절도 마찬가지다. 신도수가 수만 명이나 돼도 목사 등 종교인은 세금을 내지 않는다. 또 우리 법은 영세 자영업자를 위해 '부가가치세 간이과세제도'를 두고 있다. 간이과세제도란 한 해 매출이 4800만 원에 못 미치는 사업자에겐 부가가치세율을 감면해 주는 제도다. 문제는 탈세를 위해 간이과세자로 남으려는 자영업자가 너무 많다는 것이다. 이춘규 세무학회장은 "간이과세자 비율이 전체 자영업자 가운데 40퍼센트에 육박해 형평성을 해치고 있다"고 지적한다.[12] 현재 우리나라에 10억 이상 고액 체납자만 3046명이다. 이들이 체납한 세금은 13조 9743억 원이다. 정태수 전 한보그룹 회장이 2225억 원으로 4년째 1위다.[13]

세금을 걷는 것을 모든 국민들이 싫어할 것 같지만 국민 여론 조사를 해보면 2008년에 세금을 더 걷어야 한다고 생각하는 국민이 39퍼센트, 덜 걷어야 한다는 국민이 46퍼센트였다.[14] 형편이 어려운 사람은 세금을 더 걷어야 한다고 생각할 것이고 재산이 많은 사람은 세금을 덜 걷어야 한다고 생각할 것이다.

국회에서 가장 인기 있는 법안은?

조세제도 개혁은 어렵다. 2005년 12월, 한덕수 경제부총리는 "조세 제도 선진화를 위해 중장기 조세개혁 방안을 마련하겠다"고 밝혔다. '넓은 세원-낮은 세율'을 골자로 세금의 틀을 다시 짜겠다는 중대 발표였다. 부가가치세 납부대상을 확대하고 주세와 담배세를 인상하며 고소득 자영업자의 소득파악을 높이는 방안 등, 사실상의 증세방안이 제시된 것이다. 그러나 세금 올리는 것을 좋아할 사람은 없다. 결국 조세개혁특위의 활동은 흐지부지하다 2년이 못 돼 중단됐다.[15]

국회에서 가장 인기 있는 법안은 그렇다면 무엇일까? 바로 조세감면법안이다. 참여연대의 보고서에 따르면 국회의원들은 조세감면법안을 15대에 41건, 16대 106건 그리고 17대 상반기에만 87건을 냈다. 참여연대는 이에 대해 "재정적자가 심각한 상황에서 세수확보 대책과 실효성조차 고려 않는 선심성 정책남발"이라고 꼬집었다.[16]

증세와 감세는 다르다. 세금을 줄인다 해도 나라 살림이 걱정돼 세금을 더 내겠다고 저항할 사람은 없다. 이명박 정부의 강만수 기획재정부 장관은 연일 감세정책을 발표하고 있다. 기획재정부는 2008년 3월, 25퍼센트인 법인세를 2008년과 2013년 두 번에 걸쳐 5퍼센트씩 내리기로 했다. 중소기업의 세율도 내린다. 이로 인해 5년간 줄어드는 세수는 총 8조 6000억 원에 이른다. 기업은 이 돈만큼 이익을 보는 것이다.

우리나라 국세에서 가장 많은 세수는 부가가치세(2006년 기준 27.6퍼센트)다. 그리고 소득세(22.5퍼센트)와 법인세(21.3퍼센트)가 그 다음이다. 정부는 집값이 안정되면 종합부동산세를 검토하고 양도소득세와 대기업세제를 줄여 소득세의 소득공제를 늘리겠다는 방침이다.[17] 또 정부는 법인세를 줄이면 투자가 늘어날 것으로 기대하고 있다. 그러나 기업 투자위축은 여유재원의 부족 때문이 아니다. 대부분의 대기업들은 사상 최대의 현금을 쥐고 있지만 경기

불안과 같은 외부 요인 때문에 투자에 나서지 못하고 있는 것이다. 노무현 정부도 법인세를 내렸지만 기업투자는 늘지 않았다.

기업은 돈이 된다면 법인세율 인하와 상관없이 또 도장을 300개나 받는 한이 있더라도 투자에 나선다. 이번에 감세 정책을 입안한 기획재정부는 지난 2005년에 내놓은 '감세논쟁 주요 논점'에서 감세가 소득증대나 투자확대로 이어지지 않을 것이라고 이미 전망한 바 있다.[18]

세금을 줄이겠다는 것은 납세자들에게 반가운 소식이 아닐 수 없지만 문제는 줄어드는 세금만큼 다른 곳에서 세수를 늘리거나 세출을 줄여야 한다는 것이다. 이명박 정부는 예산 10퍼센트 절감을 목표로 하고 했지만 지출을 줄이는 것은 정치권과 지자체, 온갖 이익집단의 이해관계가 걸려있기 때문에 쉽지 않을 것이다. 그렇다고 새로운 세원을 발굴하는 것 역시 더더욱 쉽지 않다.

세금을 줄이면 혜택은 누구에게

이명박 정부 출범 전까지 경제부처(재정경제부와 기획예산처)는 감세론에 반대해왔다. 정치권에서 경기부양을 위한 감세론이 불거질 때마다 보도자료를 배포해가며 필사적으로 거부했다. 그들은 미국의 실패 사례를 부각시켰다. 레이건 정부와 부시 정부는 공급주의 경제학 이론에 따라 감세정책을 폈지만, 기대했던 조세수입 증가는 나타나지 않고 오히려 재정적자만 키우는 부작용을 낳았다.[19]

그렇다면 세금을 줄이면 혜택은 누구에게 돌아갈까? 여기에는

‘평균’이란 거짓말쟁이가 등장한다. 해마다 내년도 세입 예산이 결정되면 언론은 1인당 세금이 얼마인지를 따져 보도한다. 물가가 오르고 나라 경제도 성장하니, 1인당 세금은 해마다 ‘사상 최대’가 되기 마련이다.

납세의무자가 1200만 명에 육박하는 근로소득세는 다른 어떤 세금보다 사람들의 관심을 끌게 마련이다. 근로소득세 납부자 가운데 소득 상위 10퍼센트가 낸 근로소득세가 소득총액에서 차지하는 비율은 2002년 9.47퍼센트였다. 그런데 그것이 계속 높아져 2005년에는 10.9퍼센트에 이르렀다. 그 다음으로 상위 10~20퍼센트 계층은 2002년에는 소득의 4.36퍼센트를 세금으로 내다가 2005년에는 4.89퍼센트를 냈다. 이 두 계층을 제외하면 나머지 계층은 소득에서 차지하는 근로소득세 비중이 모두 낮아졌다.

근로소득세수가 크게 늘어난 것은 사실이지만, 계층별로 따져 보면 상위 20퍼센트 계층만 세금 부담이 커졌고, 나머지 계층은 반대로 세금 부담이 줄어든 것이다. 2005년의 경우 전년보다 근로소득세를 8651억 원 더 매겼는데, 그 가운데 70.2퍼센트를 소득 상위 10퍼센트 계층이 부담할 정도였다.

이를 보면, ‘납세자 1인당 평균 세부담’을 강조하는 사람들이 무엇을 노리는지 알 수 있다. 평균을 내세워 ‘세금을 줄이라’는 주장의 동조자를 얻으려는 것이다. 그 결과 세제가 개편되면 가장 큰 이득을 보는 사람은 당연히 세금을 많이 내는 고소득자들이다. 그런데 2008년부터는 과표구간 조정으로 근로소득세 부담이 줄어든다. 당연한 얘기지만 고소득 계층일수록 혜택이 크다.

근로소득세 납세 의무자 가운데 절반은 세금을 한 푼도 내지 않는다. 세금을 안 내거나 조금밖에 내지 않는 사람들이 '봉급쟁이는 봉'이라는 말에 동조하는 것은 자칫 제 발등을 찍는 일이 된다. 고소득자의 세금 부담이 줄면, 자신에게 돌아올 복지 혜택이 줄거나, 간접세 부담이 커질 것이기 때문이다.[20] 이명박 정부의 감세정책은 현재 계획대로라면 대기업과 부유층이 가장 큰 덕을 볼 것이다.

'공짜' 국립공원의 부작용

세금과 다르지만 국립공원의 입장료 폐지문제를 살펴보자. 2007년부터 1600원이던 국립공원 입장료가 폐지됐다. 1997년 내무부와 문광부, 조계종이 '공원입장료 폐지문제는 국가재정형편 등을 고려하여 검토 추진한다'고 합의한 지 10년 만이다. 2006년의 경우 국립공원의 입장객은 1620만 명 남짓이었고, 입장료 수입은 229억 원이었다.

이 입장료는 국립공원 관리에 사용되었다. 국립공원관리공단은 18곳의 국립공원을 관리한다. 2006년의 경우 입장료 수입은 공단의 총 예산 1300억 원 중 18퍼센트를 차지했다.[21] 즉 폐지된 입장료 수입 229억 원은 예산으로 메워줘야 하는 것이다.

입장료가 폐지되자 50퍼센트 이상 탐방객이 증가해서 국립공원 훼손이 심해졌다. 2007년 가을이 되자 설악산과 북한산 등 국립공원은 밀려드는 인파로 샛길 등산로가 생기고 쓰레기가 급증하는 등 몸살을 앓고 있다.[22] '공짜' 국립공원의 부작용인 것이다.

결국 더 많은 예산을 투자해 국립공원을 관리해야 하는 상황이 되고 말았다.

입장료는 개인에겐 푼돈이지만 나라 전체로 보면 큰 수입이고 국립공원을 관리하는 재원이었다. 정부는 작은 돈이라도 내고 들어간 사람과 그냥 입장한 사람이 국립공원을 대하는 태도가 다르다는 점을 인식하지 못했다. 이 입장료 폐지는 기획예산처가 반대했지만 국회의원들이 강력하게 요구해 결국 통과되었다.

우리나라 예산 편성과정은 이렇다. 매년 4월 30일까지 기획예산처 장관(현 기획재정부)이 중앙관서의 장에게 '예산편성지침'을 통보한다. 중앙관서의 장은 매년 6월 30일까지 기획예산처 장관에게 이듬해 예산요구서를 보낸다. 예산처는 각 부처와 협의해 부처별 예산배정액을 확정짓는다. 예산처가 가을 국회에 예산안을 제출하기 전까지 각 부처 공무원이 서로 예산을 따내기 위해 예산처 주변으로 몰려든다. 그후 기획예산처 장관이 정부 예산안을 편성해 10월 초 국회에 제출하면 상임위원회와 예산결산위원회의 심사를 거쳐 12월에 본회의에서 확정된다.

우리나라 예산의 95퍼센트 이상은 정부 예산안대로 결정된다. 그래서 정부의 예산결정권을 쥔 기획예산처의 힘은 대단하다. 예산이 없으면 어느 부처도 일을 못하기 때문이다. 당연히 성과도 올릴 수 없다.

국가정보원, 법무부 등 힘 있는 부처들도 예산을 한 푼이라도 더 따내기 위해 예산처의 눈치를 살펴야 한다. 막강한 검찰이 밥을 사는 곳이 두 곳인데 한 곳은 기자, 또 한 곳은 기획예산처라는 말이 나돌 정도다. 한 전직 검찰총장은 "검찰청은 물론이고 모든 부처의 기관장이 예산 배정 시즌만 되면 예산처 장관 앞에서 작아지더라"고 말하기도 했다.

예산결정 부처의 막강한 힘

공무원이 접대하는 유일한 부처는 예산처라는 농담이 심심찮게 나올 정도로 기획예산처는 국회의원들이 '고개를 숙이는' 몇 안 되는 정부 부처 중 하나다. 지역구의 다리 건설, 도로 건설 등 숙원사업을 해결하기 위해 국고 보조를 따내려는 의원들이 여야 가릴 것 없이 서로 기획예산처 공무원들을 만나고 싶어한다.[23]

만약 지역의 민원이 있으면 일찍 정부 예산안에 반영해야 통과될 확률이 높다. 국회까지 넘어온 예산안에 끼워 넣으려면 성사되기가 쉽지 않기 때문이다. 이명박 정부의 조직개편으로 기획예산처는 없어졌다. 새로 생긴 기획재정부는 세제실과 예산실을 두고 있다. 예산의 입구와 출구를 모두 통제하는 것이기 때문에 막강한 힘을 자랑한다.

예산편성은 '재원배분회의'에서부터 시작한다. '재원배분회의'에서는 나라 재정을 사용하기 위한 전략과 뼈대를 세운다. 그리고 향후 5년간 국가 재정을 어디에 어떻게 쓸 것인지도 결정한다. 노무현 정부는 2007년 4월, 대통령이 주재한 가운데 국무총리 및 국무위원 전원이 참석해 2008년 '재원배분회의'를 열었다. 정부는 이런 재원배분회의를 토대로 2007년에서 2011년까지의

'국가재정운영계획(시안)'을 확정하고 2008년도 부처별 예산 지출 한도를 결정한다.

이명박 정부는 '재원배분회의'를 '재정전략회의'로 고치고 2008년 4월 27일 회의를 열었다. 이 회의에서 이명박 정부는 복지예산 증가율을 최대한 억제하고, '성장'에 무게를 두는 재정운용방침을 결정했다.

그런데 언론이나 국민들은 이런 '재원배분회의'에는 관심을 갖지 않는다. '재원배분회의'를 열었다는 사실도 보도되지 않는다. 나라의 큰 정책 틀을 잡는 총액이나 총론에는 관심이 없고 구체적인 지역예산이나 사업예산에만 관심이 있기 때문이다. 그러나 예산의 큰 방향을 어떻게 잡는지는 매우 중요하다. 특히 5년 단위의 재정운영계획은 나라의 정책이나 정부운용방향을 보여주는 것이라서 굉장히 중요하다.

정부 부처가 예산 전쟁을 통해 예산을 확보하는 것은 어렵다. 나라와 가정은 똑 같다. 언제나 쓸 곳은 많고 돈은 모자란다. 그래서 쉬운 방법을 찾아냈는데 대표적인 것이 복권기금과 국민건강진흥기금이다. 우리나라 기금은 국민연금, 국민주택기금, 남북협력기금, 공무원연금기금 등 모두 60개다.

조세저항 없는 재원 마련

먼저 복권기금을 보자. 이 기금은 2004년에 만들었다. 복권기금의 복권사업에는 여러 가지가 있지만 대표적인 것이 로또복권이다. 2007년 상반기의 로또복권 판매액은 1조 1818억 원 정도였다. 당첨금은 판매액의 절반만 준다. 그리고 복권사업 운영비를 뺀 영업수익률은 40.5퍼센트다. 삼성전자의 영업이익률이 10퍼센트 정도라는 점을 감안하면 40.5퍼센트의 수익률은 꿈의 숫자다. 로또를 팔아 인생역전을 하는 곳은 서민이 아니라 복권위원회인 것이다.

이 수익금 중 1165억 원을 〈복권 및 복권기금법〉에 따라 법정배분사업인 과학기술진흥기금, 국민체육진흥기금, 제주도개발특별회계 등 9곳에 준다. 그리고 소외계층 복지 사업에 쓰라고 보건복지부와 노동부, 교육인적자원부 등에 지급하고 문화예술진흥과 문화유산보존을 하는 문화재청 그리고 문화관광부 등 모두 11곳에 2759억 원을 지급한다.[24] 2007년 하반기까지 따지면 금액은 두 배가 된다.

한국문화예술위원회는 복권수익금의 일부를 문화예술진흥을 위한 재원으로 지급하는데 이 돈은 '이 달의 우수 문학도서 보급' '올해의 예술작품 축제·시상'을 비롯해 도시 저소득주민들에 대한 문화환경 조성 사업 등에 사용된다. 서민들의 푼돈이 국가예산으로 해야 할 사업에 사용되고 있는 것이다. 즉, 우리가 로또를 사면 절반은 나라에 바치는 게 된다. 한마디로 조세저항 없는 재원 마련인 것이다. 앞으로는 나라예산에 기부하는 마음으로 로또를 사야 할 것이다.

국민건강증진기금은 담배에 부과되는 부담금으로 만드는데 2000원과 2500원짜리 담배에 모두 갑당 354원이 부과된다. 2008년도 국민건강증진부담금 계획안의 총 지출액은 1조 7583억 원이다. 그중 국민건강증진부담금은 1조 5753억 원이다. 이 기금은 '미숙아 및 선천성 이상아 의료비' '노인치매병원 확충' '혈액안전관리' '성인병 예방교육' '장애인 의료재활지원' '희귀난치성 질환자 지원' 등 다양한 보건복지사업에 사용된다. 이 역시 당연히 국가예산으로 해야 할 사업이다. 또 금연교육과 금연홍보에도 311억 원이 사용된다. 담배를 팔아 모은 부담금으로 아이러니하게 금연사업에 쓰는 것이다.

아토피와 천식에 걸린 자녀와 부모들이 받는 고통과 치료비 문제는 심각한 수준이다. 2008년에 처음으로 국가가 마련한 어린이의 아토피와 천식에 대한 대책 사업에도 국민건강증진부담금이 사용된다. 이처럼 국민건강증진기금 사업 내용을 모두 살펴보면 국가가 담배를 많이 피우도록 권해야 할 것만 같다.

거둔 세금을 누가 쓸 것인가에 대해서도 치열하게 경쟁한다. 2007년 서울시 강남구의 지방세 수입은 2308억 원이다. 제일 작은 곳은 강북구로 168억 원 정도다. 그런데 지방세 중 취득세와 등록세는 서울시청 세수로, 재산세는 기초단체인 자치구 세수로 집계된다.[25] 강남구의 재산세는 강북구의 13.7배다. 돈이 많으면 주민에게 혜택을 주는 많은 사업을 할 수 있다. 따라서 주민이 누리는 '삶의 질'도 달라진다. 이렇게 서울의 강남권과 비강남권의 사이에 지방세 세원별 격차가 날로 심각해지자 열린우리당 우원식 의원은 2005년 자치구 간의 편차가 큰 재산세는 서울시세로 돌리고, 편차가 적은 자동차세와 담배소비세는 구세로 전환하자는 지방세법 개정안을 냈다. 그러자 그 개편내용을 둘러싸고 국회와 서울시 그리고 각 자치구가 치열하게 싸우기 시작했다. 결국 서울 시내 25개 자치구의 재산세 수입 중 50퍼센트를 '공동재산세'로 바꿔 서울시가 자치구에 적절하게 교부하기로 결정했다.[26]

2007년도 종합부동산세 세수는 2조 4000억 원이다. 2005년 도입한 종합부동산세는 국세로 하되 재정이 취약한 지자체에 우선 배분해 지역균형발전을 지원하도록 설계됐다. 그런데 2007년 5월, 정부가 당초 취지와는 달리 중앙부처의 예산으로 사용하는 방안을 검토하자 지자체들이 강력하게 반발하는 일이 일어났다.[27]

'가렴주구'와 '망극한 성은'

유럽의 한 연구소가 측정한 '세계행복지수'에서 덴마크가 1위를 차지했다. 한국은 56위였다. 세계 1위의 경제대국 미국도 행복 순위로는 17위였다. 덴마크는 고용과 해고가 자유롭다. 따라서 덴마크 사람들은 직장을 자주 옮겨 다닌다. 하지만 덴마크 근로자들은 직장을 잃어도 걱정이 없다. 실업수당이 월급의 80퍼센트까지, 그것도 최장 4년까지 나오기 때문이다. 또 나라에서 수시로 취업 재교육을 시키고 자녀의 학비를 대학 졸업 때까지 지원한다. 행복하지 않을 수 없는 것이다. 우리도 덴마크처럼 살려면 부족한 두 가지부터 갖춰야 한다.

첫째, 국민들이 세금을 많이 내야 한다. OECD통계에 따르면 덴마크의 조세 수입은 GDP(국내총생산)의 48.8퍼센트다. 한국(24.6퍼센트)에 비하면 엄청난 세금을 걷는 것이다.

두 번째, '투명한 정부'가 되어야 한다. 나라에 '세금을 뜯긴다'는 생각 대신 '내가 내는 세금만큼 돌려받는다'는 믿음이 뿌리 내려야 한다. 덴마크는 2007년 세계투명성기구TI의 부패인식지수CPI에서 세계 180개국 중 1위를 차지했다. 세계에서 공무원과 정치인이 가장 깨끗한 나라라는 뜻이다. 한국의 순위는 세계 43위다. 노무현 정부 들어서도 순위는 개선되지 못했다.[28]

우리나라 납세자들의 세금 거부감은 크다. 2007년 2월에 조세연구원이 전국 납세자를 상대로 조사를 한 결과 우리나라 납세자 열에 일곱은 세금 내는 것에 강한 거부감을 갖고 있는 것으로 나타났다. 세금 내기를 꺼리는 이유로는 '세금이 제대로 쓰이지 않고 낭비되기 때문'이라는 응답이 가장 많았다.[29]

국민들의 조세 낭비 체감지수는 이처럼 높다. 그런데 이렇게 체감지수를 높인 데는 국민들 스스로의 탓도 크다. 험난한 정치 역사를 겪으면서 국민들은 예산을 '중앙의 힘 있는 사람이 가져다주는 이권' 정도로 생각하기 때문이다. 선거 때만 되면 '중앙의 힘 있는 사람'을 뽑아달라는 목소리가 높다. 그리고 이런 능력을 가진 사람들은 쉽게 당선된다. 국민들은 '투명한 정부'보다 내가 속한 지역과 집단의 이익을 앞세운다. 그래서 우리나라에서는 조세정책과 예산배분 문제가 정치 이슈로 잘 떠오르지 않는다. 연줄이 더 빠르고 효과가 있기 때문이다. 덕분에 마당발이 득세하는 세상이 되었다. 단순하게 말하면 아직도 세금은 '가렴주구', 예산배분은 '망극한 성은聖恩'의 영역인 것이다.

1 윤창희, 〈내년 예산 256조 1721억 원〉, 《조인스닷컴》, 2007년 12월 29일.

2 최우성, 〈덩치만 키우고 실속은 못차려〉, 《한겨레》, 2008년 4월 3일.

3 신현안, 〈예산안은 나라 살림 가계부, 허투루 못 쓰게 잘 감시해야〉, 《중앙일보》, 2007년 10월 30일.

4 재정경제부, 《조세개요》, 2007년 9월, 19쪽.

5 방성수, 〈휘발유는 '세금 덩어리'〉, 《조선일보》, 2007년 5월 17일.

6 이영환, 《유가 상승의 원인 및 유류세 인하를 둘러싼 쟁점 분석》, 국회예산정책처, 2007년 7월, 43쪽.

7 정경민, 〈국민소득 따지면 휘발유세 일본의 3~4배〉, 《중앙일보》, 2007년 6월 13일.

8 석동빈, 〈차 가진 죄, 연평균 세금 183만 원〉, 《동아일보》, 2007년 6월 13일.

9 신치영, 〈정부기관 경차비율 고작 1.6%〉, 《동아일보》, 2007년 11월 19일.

10 오건호, 〈세금 많이 걷는 나라에서 살고 싶다〉, 《프레시안》, 2007년 6월 28일.

11 원희룡 의원실, 《공청회 자료집, 매달 월급의 10%를 더 받을 수 있습니다》, 2007년.

12 김태근, 〈과세 사각지대 없애라〉, 《매일경제》, 2008년 3월 5일.

13 안호기, 〈10억 이상 국세 체납 3046명〉, 《경향신문》, 2007년 11월 23일.

14 홍영림, 〈1년새 보수에서 중도 쪽으로 '살짝 U턴'〉, 《조선일보》, 2008년 3월 6일.

15 정경민, 〈물 건너간 '노 정부 조세개혁'〉, 《중앙일보》, 2007년 5월 7일.

16 장정욱, 〈국회의원 지역지원법안 발의 '홍수'〉, 《여의도통신》, 53호, 2008년 3월 17일.

17 강진구, 〈쏟아지는 감세정책 '빈 곳간' 우려〉, 《경향신문》, 2008년 3월 4일.

18 김진철, 〈세수 주는데 지출 확대 …… 곳간 거덜 날라〉, 《한겨레》, 2008년 3월 11일.

19 윤영신, 〈신중해야 할 감세론〉, 《조선일보》, 2008년 3월 7일.

20 정남구, 〈평균은 거짓말쟁이〉, 《한겨레21》, 675호, 2007년 9월 4일.

21 국립공원관리공단 내부 자료, 2007년 9월.

22 이주희, 〈'공짜' 국립공원 1년의 아쉬운 부작용〉, 《조선일보》, 2007년 11월 10일.

23 신치영, 〈연 200조 부처 배정 '막강 파워'〉, 《동아일보》, 2007년 9월 14일.

24 국무총리 복권위원회 홈페이지, 《2007년도 상반기 복권사업 실적, 기관별 지출명세서》, 2008년.

25 윤근영, 〈서울시민 1인당 지방세 100만 원 돌파〉, 《내일신문》, 2007년 5월 2일.

26 장인식, 〈지방자치단체 재정 격차 해소, 지방세법상 재산세 공동과세제도〉, 《국회보》, 2008년 2월.

27 한강우, 〈정부와 지자체 '사용처' 이견, 올 2조 8000억대 정부서 '눈독'〉, 《문화일보》, 2007년 5월 9일.

28 강경희, 〈덴마크, '가장 행복한 나라' 의 비결〉, 《조선일보》, 2007년 10월 3일.

29 〈세금 억지로 낸다. 68%〉, 《한겨레》, 2007년 3월 3일.

예산낭비,
누구 호주머니의
돈인가

예산을 계획하고 집행하는 권한은 모두 공무원에게 있다. 그러나 공무원들은 예산을 효율적으로 사용하지 못한다. 모두의 돈은 바꿔 말하면 그 누구의 돈도 아니기 때문이다.

모습 1 : '바르게 살자'

2007년 6월, 서울의 도심 한복판인 종로 2가 종로타워 앞에 커다란 조형물이 놓였다. 시내버스와 비슷한 높이의 이 돌덩어리엔 '바르게 살자'라는 글귀가 새겨져 있다. 바르게 살기운동협의회는 1999년부터 지금까지 전국 거리 곳곳에 이런 돌 300여 개를 세웠다. 1000개를 세우는 것이 목표라고 한다.

돌 한 개를 세우는데 보통 800만 원 정도의 비용이 들어간다. 그동안 총 24억 원의 돈이 들어간 것이다. 이 비용은 대부분 자치단체의 사회단체 보조금에서 나왔다. 즉 나라 예산이다. 홍성태 상지대 교수는 "거리는 중요한 공공재고, 그 자체가 관광자원이기 때문에 선진국일수록 거리를 어떻게 더 아름답게 꾸밀 것인지 많은 고민을 한다. 그런데 이 돌은 서울의 가장 중요한 상징인 종로의 경관을 망치는 흉물"이라고 말했다.[1]

모습 2 : '그 말'이 '그 말'인데

경찰이 경찰청장 취임 때마다 새 지휘 방침을 담은 현판을 바꿔달아 매번 5억 원 가량의 혈세를 쏟아부은 것으로 밝혀졌다. 최기문 전 청장(2003년 3월~2005년 1월)이 취임할 때는 최기문 청장이 기치로 내건 '함께 하는 치안, 편안한 나라'가 새겨진 현판 2569개를 각 경찰서와 지구대에 바꿔 달았다. 경찰청은 이를 위해 4억 9879만 원의 예산을 썼다. 2005년 1월, 허준영 전 청장의 취임 때도 '최상의 치안 서비스를 위해서'라는 현판 2302개를 바꿔다느라 4억 4691만 원이 투입됐다. 2006년 2월, 이택순 전 청장이 취임할 때도 마찬가지였다. '믿음직한 경찰, 안전한 나라'를 지휘방침으로 정했기 때문에 전국 경찰관서 2355개의 현판을 바꿔달았고 4억 9182만 원을 사용했다.[2] 2008년 2월 취임한 어청수 경찰청장도 '경찰이 새롭게 달라지겠습니다'라는 새 지휘 방침을 내걸었다.

여기에 드는 예산은 경찰관서 운영에 필요한 소모성 물품을 구입하는 '일반 수용비'로 충당된다. '그 말'이 '그 말'인데 경찰은 청장 교체 때마다 국민들은 관심도 없는 현판을 바꿔 단다며 5억 원씩을 낭비하고 있는 것이다.

모습 3 : '공로연수' 예우, 1500억 원

정년을 앞두고 안방에서 근무하면서 보수를 받는 공무원 퇴직예정자들이 2006년의 경우 2639명이나 되는 것으로 드러났다. 이른바 '공로연수'를 적용받는 퇴직예정자들은 적게는 6개월에서 1년까지 보수와 차량유지비, 특수대학원 연수비 등 소요경비를 지급받는다.

퇴직예정자가 개인회고록을 쓰는 경우에도 예산이 지원된다.

문제는 이들에게 들어가는 예산이 만만치 않다는 점이다. 예를 들어 경상북도의 경우 2005년과 2006년 2년간 공로연수자 220명에게 인건비로 150억 원 가량을 지급했다. 이외의 경비까지 감안하면 200억 원 가량의 예산이 들어간 것으로 추산된다. 이를 전국 공로연수자에게 들어가는 비용으로 환산하면 매년 1500억 원 안팎의 예산이 소요되는 것으로 나타난다.[3]

모습 4 : 시골 군수님도 '장관급 차'

현재 140개 시군구 가운데 38개 시군구는 지방세를 비롯해 지방자치단체의 모든 수입을 합쳐도 공무원 인건비에 미치지 못할 정도로 재정상황이 좋지 않다. 하지만 이러한 지자체 기관장도 전용 차량은 대형 고급 승용차를 타고 있는 것으로 나타났다. 특히 재정자립도가 15퍼센트에도 미치지 못할 정도로 재정이 열악한 지자체 65곳의 시군구 청장 가운데 중형차를 타는 사람은 18명에 불과했다. 이 가운데 35개 지자체는 2006년 5.31 지방선거 이후 2700cc급 또는 3000cc급 승용차를 기관장 전용으로 새로 구입한 것으로 나타났다. 3000cc를 초과하는 차량을 구입한 지자체도 5곳이나 됐다.

현재 중앙정부의 경우 장관급은 3300cc, 차관급은 2800cc를 각각 넘지 못하도록 전용차량 배기량 권고기준을 정해놓고 있다. 하지만 지자체의 경우 기관장이 지방의회의 의결을 거쳐 자율적으로 전용차량을 결정하고 있다.[4]

모습 5 : 20조 원은 쉽게 줄인다

한나라당 유력 대권주자인 이명박 전 서울시장은 2007년 2월, "국가예산을 연간 20조 원 넘게 줄일 수 있는 비책을 이미 마련해놓고 있다"고 밝혔다. "기업경영 마인드를 갖고 예산 편성과 집행절차를 조금만 바꾸면 20조 원은 아주 쉽게 줄일 수 있다"는 것이다.[5]

이명박 대통령직인수위원회는 2008년 2월 《국민세금 1원도 소중하다》라는 '예산낭비사례 분석을 통한 예산절감 지침'을 내놓았다. 인수위원장은 발간사에서 "이 사례집이 새 정부의 '예산 10퍼센트 절감' 목표에 기여할 수 있기를 기대"한다고 했다.

우리나라의 2008년도 예산은 256조 원이 넘는다. 여기에서 10퍼센트를 절감하면 약 25조 원의 세금이 절약된다. 많은 언론이 이 예산절감 지침서 내용을 보도했다. '부산~김해 경전철' 교통수요를 과다 예측해서 사업자에게 매년 108억 원의 예산 지급이 예상되고, 배출가스 저감장치를 무분별하게 지원해서 1506억 원을 낭비했다는 보도 내용도 줄을 이었다. 그런데 이 248쪽에 달하는 예산낭비 사례집은 새로운 내용이 아니라 감사원 결산감사본부가 만든 것이다. 그간 감사원이 감사한 예산낭비 사례를 총 정리한 것에 불과하다.

국민 세금 1원도 소중하다. 그러나 …

감사원은 많은 결산감사와 재무감사를 통해 예산낭비사례를 지적하고 시정조치를 내린다. 국민세금 1원도 소중하기 때문이다. 그러나 매년 유사한 예산낭비 사례가 되풀이된다. 신문에는 매해 그런 보도가 가득하다.

'모습 1~모습 3'까지의 예산 사례는 다양한 형태로 변주된다. 이 사례는 금액이 작은 경우다. 나라가 추진하는 R&D(연구개발)사업 예산은 10조 원대다. 그런데 D등급 평가를 받은 사업은 예산이 늘고, A등급을 받은 사업은 되레 삭감되는 일이 많다.

정부는 R&D(연구개발) 예산 배분을 철저하게 성과에 따라 하고 있다고 말하지만 실제 예산 배정과 집행은 엉뚱한 방향으로 흘러가기 일쑤다. '평가 따로, 예산 따로'다. 기획예산처와 산업자원부 등 힘센 부서의 입김이 크기 때문이다.[6] 우리가 할 수 있는 건 그 예산낭비를 최소한도로 줄이는 것이다.

보이지 않는 예산낭비도 많다. 우리나라는 동두천의 캠프 케이시를 비롯한 30개의 미군기지를 반환받는다. 그런데 이들 기지의 토양과 지하수 오염은 심각하다. 파주의 캠프 에드워드의 토양은 탄화수소THP가 기준치의 200배, 아연은 기준치의 6배였다. 또 지하수에 쌓인 기름 두께는 240센티미터였고 THP의 오염농도는 기준치의 6배였다.[7] 미군이 남의 땅이라고 험하게 쓴 탓이다.

그런데 대부분의 미군기지는 오염된 토양과 지하수가 복구되지 않은 채 반환된다. 환경부는 이들 기지의 토양치유비용으로 1197억 원을 산정했다. 그런데 이 숫자도 믿을 수 없지만 지하수 기름오염 치유비용은 아예 넣지도 않았다. 따라서 앞으로 우리 정부가 얼마나 재정을 쏟아 넣어야 할지 알 수 없다. 우리 정부의 협상 능력이 부족한 덕분이다.

국회가 예산을 깎을 수 있을까? 어렵다. 국회는 정부가 제출한 2006년도 일반회계 예산 145조 7000억 원 중 8953억 원을 삭감했을 뿐이다. 삭감률은 0.61퍼센트다. 2007년 삭감률은 0.93퍼센트고 2008년 일반회계는 153조 6527억 원에서 152조 3038억 원으로 1조 3489억 원을 순삭감했다. 역시 삭감률은 0.88퍼센트다.

즉, 국회의 예산 삭감률이 1퍼센트를 넘지 않는 것이다. 1만 원을 심사해 100원도 깎지 못한다. 아니 국회 스스로가 자신들이 쓰는 예산을 올리는 실정이다. 2003년의 국회 소관 예산은 2497억 원이었는데 2007년도 예산은 3942억 원이었다. 무려 57퍼센트나 올랐다. 결국 정부가 편성한 것 그대로 나라 살림이 결정되는 것이다. 국회는 예산을 깎기 어렵고 효율적으로 심사할 수도 없다. 국회에 예산을 연구하는 예산정책처가 있지만 여기에서 진행하는 연구나 대안은 한계가 있다. 국회의원이 지역구와 민원인의 민원을 해결해야 하기 때문이다. 한 국회의원은 쏟아지는 민원 때문에 밥을 먹을 수 없을 정도라고까지 말했다.

"한나라당 이계진 의원은 자신의 블로그에 초선의원의 애로사항을 올려놓았다. 쉴 새 없는 민원 청탁 때문에 입에 밥을 넣고도 씹을 수가 없고, 술잔을 입에 대고도 술을 넘길 수가 없을 정도라고 한다. 이계진 의원은 한 사람 만날 때마다 민원이 한 건씩 접수되므로 사람 만나기가 겁난다는 생각이 들 때가 있다고 한다. 총선 당시 선거공약을 내놓지 않아 화제가 됐던 이 의원은 "선거공약이 '전무'한 상태였던 나도 이러한데 선거공약이 '화려했던' 분들은 어떻게 감당하고 있나 궁금하네요"라고 반문하기도 했다."[8]

국회는 예산을 깎기 어려워

　　　　국회의 상임위가 먼저 예산을 심사하지만 최종 심사
는 예산결산특별위원회가 한다. 예산결산특별위원회 소속 위원
은 50여 명인데 매년 바뀐다. 예산결산특별위원회가 장관과 차관
을 상대로 한 예산질의는 예산의 효율적 사용에 관한 내용도 많
지만 상당수는 지역발전과 민원 해결을 위한 질의다. 2008년도
예산을 심사한 예산결산특별위원회 의원의 발언을 보자.

　　A의원 : 문화관광부 장관에게 질의하겠습니다. 홍주성 복원사업
을 진행하는데 작년 예산에서 50퍼센트밖에 지원을 못 받다 보니까
사업에 진척이 없어요. 여기에 국비 100억 원을 요청했는데 원활히
지원이 될 수 있게끔 도와주시기 바랍니다.

　　문화관광부 장관 : 문화재청하고 잘 상의해서 진척이 있도록 힘써
보겠습니다.

　　B의원 : 제 지역구인 김해시 주촌면에 천연기념물 307호인 이팝
나무가 있습니다. 여기에 문화공간을 만드는 사업을 하는데 2006년
에 국비 1억 4000만 원밖에 지원받지 못해 부지 일부를 매입하고 사
업이 중단되었습니다. 2008년도에는 최소한 국비 4억 2000만 원을
지원받아서 조속히 사업을 추진할 수 있도록 해야 한다고 봅니다.

　　기획예산처 장관 : 2008년도 문화재 보수정비사업 예산은 1750억
원으로 작년의 1689억 원보다 늘었습니다. 이 규모 내에서 문화재청
하고 협의해서 위원님이 지적하신 사업에 대해 협의하겠습니다.

예산결산특별위원회 회의장은 이런 청탁성 발언들로 넘쳐난
다. 예산결산특별위원회의 핵심은 13인으로 구성된 계수조정소
위원회다. 예산결산특별위원회 전체 회의에서 총괄 심의를 한 뒤
계수조정소위가 마지막 심의를 하기 때문이다. 2008년도 예산 계
수조정소위원은 위원장 원혜영, 위원 변재일, 김종률, 신학용, 채
일병, 한병도(이상 통합민주당), 이원복, 김기현, 김양수, 박종근, 엄
호성, 이병석(한나라당), 강기갑(비교섭단체, 민주노동당) 의원이다.

계수조정소위원회 위원이 되는 순간 의원과 보좌진들은 사무
실에 앉아 있을 시간이 없을 정도로 많은 사람들이 찾아온다. 정
부 부처, 산하기관, 같은 지역 국회의원, 같은 당 국회의원, 시의
원, 민원인, 지역구민 등등 말이다. 그런데 이들이 나라를 위해
세금을 효율적으로 써달라고 찾아오지는 않는다. 이들이 요청하
는 내용은 '나(부처, 지역, 단체)와 관련된 예산'이다. '나'와 관련된
예산이 가장 '효율성'이 높은 돈이기 때문이다. 노련한 정부 부처
는 국회의원이 정부가 추진하는 사업을 반대하면 지역구 예산을
늘려주고 대신 그 사업을 살리는 방식으로 '거래'를 하기도 한다.

돈이 하늘에서 떨어지지 않으니 어느 한 쪽 돈이 늘어나면 다
른 쪽 돈은 줄어들 수밖에 없다. 이런 예산 증액을 잘 하면 지역
구민들에게 '중앙의 힘 있는 의원'으로 대접받는다. 지역발전은
부동산값 상승과 일자리와 연결되기 때문에 '중앙의 힘 있는 의
원'은 다음 총선에서 다시 당선되기가 쉽다.

예결위 핵심은 계수조정소위원회

예결위 계수조정소위원회 위원에게 총 6조 원대의 로비가 있었다는 사실이 드러났다. 이 같은 사실은 국회 예결특위 등이 각계에서 받은 예산민원 내역을 정리한 내부 문건에서 확인되었다. 예산 민원을 넣은 당사자들은 국회의원과 청와대, 각 정부 부처, 정부 산하단체, 군수업체, 기업체, 대학과 이익단체 등 가릴 것이 없었다. 이들은 자기 조직과 관련한 203건의 사업예산을 원안 유지 또는 증액해줄 것을 요구했다. 정부와 국회 예산안에 항목조차 없는 사업예산을 새로 넣어달라고 요청한 경우도 전체의 3분의 1이 넘었다. 국내 유명 군수업체의 C사장은 군용비행기와 헬리콥터 등 4건의 사업예산 1조 2800여억 원을 정부안대로 유지시켜 달라고 예결 소위에 민원을 넣었다. 지역의 기피·혐오시설에 대해서는 사업을 무산시키기 위한 예산 삭감 로비도 있다. 수도권 K의원은 화물터미널 확장예산 290억 원, 지방의 K의원은 군기지 관련예산 324억 원을 전액 삭감해 달라고 요구했다.[9]

2008년도 예산 계수조정회의는 2007년 11월 19일에 시작해 12월 28일 끝났다. 4~5일 동안 감액사업을 심사하고 다시 4~5일 동안 증액사업을 심사한다. 먼저 예산을 감액하면 남는 예산이 나오게 되는데 그 예산을 계수조정소위가 처리한다. 물론 공익을 위해 쓰면 좋겠지만 그렇게 되기는 쉽지 않다. 의원들도 챙겨야 할 곳이 많기 때문이다. 당 지도부도 관심 두는 곳이 많다. 이처럼 먼 길을 걸어온 국가 예산은 각 당의 지도부와 계수조정소위원회 위원이 최종 결정한다.

한 신문은 국회의원들이 '2008년 예산'을 심의하면서 선심성 예산을 크게 늘렸다고 보도했다. 정부 예산안에는 아예 없었거나 적은 금액만 배정됐던 도로·체육시설 건립 등 민원성 지역 예산이 4500억 원 가량 늘어난 것이다. 기획예산처에 따르면 국회는 정부 안에 없던 도로 건설과 전철 복선화 예산을 총 775억 원(28건) 끼워 넣었다. 당초 안보다 예산을 증액한 도로 건설 사업도 3753억 원(112건)에 달했다. 이런 예산은 대부분 지역구를 의식한 의원들이 끼워 넣은 것이다. 예컨대 국회는 강원도 인제군 상남면 상남리와 하남리를 잇는 31번 국도에 오미재고개 터널을 뚫기로 하고 10억 원의 설계비를 책정했다. 그러나 이 고개는 경사가 급한 편이지만 교통량이 적어 경제성이 떨어진다는 평가를 받아 왔다. 건교부는 이 예산을 책정하지도 않았는데 국회의 요구로 예산이 추가됐다.[10] 물론 타당성조사도 하지 않았다. 이런 돈들이 계수조정소위원회에서 늘어나는 것이다. 그런데 이들 예산을 늘리기 위해 복지 예산과 교육 예산이 대폭 '가위질' 당했다. 사회복지는 1642억 원, 교육은 1461억 원, 농림해양수산은 1108억 원이 순삭감됐다. 그리고 기초생활수급자 장학지원사업은 100억 원이 삭감됐다. 또 학자금대출 신용보증기금 지원액은 1000억 원이나 깎였다.[11] 이 돈은 대학생들의 최대 고민인 등록금 대출 예산이다.

복지와 교육예산은 주인 없는 돈이라 지켜내기가 쉽지 않다. 얼마 전 숭례문이 불타자 문화재를 복원할 수 있는 실측도면이 화제가 되었다. 그런데 문화재청이 확보 중인 정밀실측도는 실측이 필요한 국보·보물급 목조와 석조 건물 429점 중 35퍼센트인 152점에 불과하다. 예산이 없기 때문이다.

문화재청이 한해 정밀실측에 배정한 예산은 불과 4억 원이다. 이 돈도 2008년 예산에서는 오히려 삭감돼 2억 7000만 원으로 줄었다.[12] 이 예산으론 한 해 3~4점 밖에 처리하지 못하기 때문에 수십 년은 걸려야 모두 완성할 수 있는 실정이다.

예산낭비를 막는 것도 중요하지만 예산을 효율적으로 쓰는 것도 중요하다. 대표적 사례로 '부동산정보관리센터' 예산을 들 수 있다. 우리나라 부동산 투기는 유명하다. 부동산 값이 뛰면 정권이 흔들릴 정도다. 그런데 우리나라 주택과 토지 그리고 주민등록 정보는 건설교통부, 국세청, 법원행정처, 행정자치부 등이 따로 갖고 있으면서 공유하지 않는다. 부동산 문제에 대처하는 통합된 기본 통계가 없는 것이다. 어떻게 그럴 수 있었을까 하는 생각이 들지만 정부의 부동산 대책 현실이 그렇다. 여기에는 각 부처가 자신들의 정보를 내놓지 않으려는 부처 이기주의도 크게 작용했다. 2004년부터 2006년까지 행정자치부에서 이러한 부동산 관련 컴퓨터 시스템을 연결하는 '부동산정보관리센터'를 만들었다. 그 구축비용이 42억 원이었다. 주택 문제의 심각성에 비하면 정말 적은 예산이다. 이 센터를 통해 전국의 세대별 주택 및 토지소유 현황과 거주지별 건물소유 현황 등이 발표되었고, 극심한 부동산 편중 소유 실태가 드러났다. 이 기본 자료를 잘 이용하면 적절한 부동산 대책을 세울 수 있을 것이다. '부동산정보관리센터'의 2008년 예산은 시스템 유지보수비를 포함해 9억 500만 원이다.

공무원과 공기업은 강력한 이익집단

예산을 계획하고 집행하는 권한은 모두 공무원에게 있다. 그러나 공무원들은 예산을 효율적으로 사용하지 못한다. 모두의 돈은 바꿔 말하면 그 누구의 돈도 아니기 때문이다.

공무원 자체가 강력한 이익집단이다. 공무원은 공익을 위해서도 일하지만 자신의 이익을 위해서도 일한다. 자신들의 이익과 관련된 연금감축이나 공무원 구조조정은 강력하게 반대한다. 서울시 ㄱ국장은 동료 국장의 장모상에 업무추진비로 부의금 5만 원을 지출하는 등 동료직원들의 경조사비로 46차례에 걸쳐 모두 230만 원을 썼다. 이처럼 서울시 공무원들이 나랏돈을 이용해 직원들의 경조사비로 부당하게 지출한 금액이 2006년에만 모두 4억 원에 이르는 것으로 국가청렴위의 조사 결과 드러났다.[13] 업무추진비는 기관운영이나 업무협의 등 공적 업무 수행에만 쓸 수 있는 돈이다.

2007년 정부 부처의 특수활동비는 8134억 원이었다. 노무현 정부가 출범할 때보다 2120억 원이 늘었다. 특수활동비는 정보탐색 및 사건수사 혹은 이에 준하는 국정수행활동에 사용되는 경비다. 그런데 일부 사용내역은 비공개가 가능해 용처를 둘러싼 논란이 끊이지 않고 있다. 부처별로 보면 국정원이 4498억 원을 사용해 전체의 55퍼센트를 차지했으며 국방부(1546억 원), 경찰청(1269억 원)이 뒤를 이었다. 대통령 비서실은 111억 원을 사용했다. 그동안 특수활동비는 '묻지 마 예산'이라는 비판 속에서 국회 예결산 심의 때마다 논란이 되었다. 김창호 국정홍보처장은 특수활

동비로 1회당 100~1000만 원을 받았으나 용도를 기록하지 않은 것으로 드러났다.[14]

한나라당 박재완 의원은 노무현 정부가 5년이 안 되는 기간 동안 주 2회꼴인 558번이나 중앙정부조직을 늘려왔다고 밝혔다. 지난 5년간 장관급은 21퍼센트, 차관급은 32퍼센트, 1~3급 고위공무원은 20퍼센트, 전체 행정부 공무원은 7.5퍼센트나 늘었다.[15] 2007년에는 모든 언론이 국무회의를 열 때마다 공무원을 늘리는 노무현 정권을 비난했다. 119 구조대원이나 경찰, 교사 등 꼭 필요한 인원도 있겠지만 고위직이 너무 많이 늘어난 것이다. 고위공무원은 퇴직한 후에도 산하기관이나 유관기관에 자리를 만들어 내려간다. 사회양극화와 소득 불균형이 커지는 가운데 고위직 공무원이 계속 늘어나자 민심은 조금씩 돌아서기 시작했다.

많이 늘어난 고위공무원

동아일보가 246개 지방자치단체를 조사한 결과 관내 인구가 줄어든 기초자치단체 148곳 가운데 145곳이 오히려 공무원을 늘린 것으로 나타났다. 대전시 대덕구는 2002년 말부터 2007년 말까지 1만 6651명의 인구가 감소했지만 공무원은 541명에서 662명으로 121명이 늘었다. 공무원 수를 줄인 지자체는 4명을 줄인 전남 나주시가 유일했다.

2007년 6월 말을 기준으로 2002년 말에 비해 지자체 공무원 정원은 24만 8141명에서 28만 887명으로 3만 2746명이 늘어났다. 이 기간에 중앙부처 공무원은 57만 6000명에서 60만 4000여 명으로 2만 8000여 명이 늘어나 지자체 공무원의 증원 폭이 훨씬 큰 것으로 나타났다.[16] 부산시는 매년 2만 명에서 5만 명씩 인구가 줄어드는데도 2007년 공무원 수가 2001년에 비해 13.2퍼센트나 증가했다.[17] 중기운용계획상 공무원 총인건비는 2007년 21조 8000억 원, 2008년 23조 4000억 원, 2011년 28조 6000억 원이다. 매년 총인건비 증가율은 7퍼센트 안팎이다.[18]

2007년 지방의원들은 의정활동비 올리기 경쟁에 돌입했다. 공공기관장 연봉은 2002년 이후 4년간 평균 45퍼센트 급증했다. 사장 연봉 상승률은 토지공사가 205퍼센트(8568만 원에서 2억 6170만 원)로 가장 높았다. 조폐공사(204퍼센트), 수출보험공사(146퍼센트) 등 100퍼센트 이상 오른 곳도 7곳에 달했다.[19]

공기업 사장과 감사 자리는 낙하산용이다. 어떤 정권도 이들의 봉급을 절반으로 깎는 개혁을 하지 못했다. '우리' 쪽 사람을 위한 자리보전용이기 때문이다. 이명박 정부는 출범하자마자 노무현 정권이 임명한 기관장에게 물러날 것을 요구했다. 공공기관장의 임기제를 정한 법이 있어도 소용없다. 그런데 그 자리에 이명박 정부는 논공행상용 낙하산 인사를 하지 않을 수 있을까?

2007년 3월, 동아일보는 공공기관 313곳 중 연봉 1억 원 이상을 받는 기관장과 감사 239명의 신상을 분석했다. 기관장의 40.5퍼센트는 공무원 출신이었고 감사의 57.6퍼센트는 정치권 출신이었다. 이에 동아일보는 공공기관의 감사 자리는 보은용 낙하산 인사라는 정치권 안팎의 소문이 사실인 것으로 확인됐다고 보도했다.[20]

반복되는 '우리' 사람을 위한 자리보전

2007년 5월, '이과수 폭포 감사 출장' 사건으로 파문을 일으킨 감사포럼 소속 공공기관 감사 21명은 대부분 정부여당과 관련 있는 사람들이었다. 그런데 공기업은 이런 낙하산 인사를 반대할까? 그렇지 않다. 낙하산 타고 내려온 사람은 내부 사정을 잘 모르고 낙하산 인사의 특성상 내부개혁을 하기도 어렵다. 오히려 힘 있는 사람이 내려오면 청와대와 정부 부처에 예산이나 인사문제에 대해 로비하기도 좋고 바람막이도 되어 주기 때문에 공기업 관계자들은 좋아한다. 결국 공기업의 비효율은 국민 부담이 되고 마는 것이다.

국정브리핑은 동아일보 기사에 대한 반박 자료를 냈다. 참여정부는 공공기관의 인사에 대해 분명한 원칙과 철학을 가지고 있다는 것이다. 또 해당 공공기관이 직면하고 있는 경영상 도전과제가 무엇인지를 분석한 후, 문제해결에 가장 적합한 인재를 배치한다고 주장했다.[21]

그럼 국정브리핑의 철학처럼 낙하산 인물이 원칙을 가지고 경영상 도전과제를 해결하려고 하면 어떻게 될까? 2007년 3월, 강동원 농수산물유통공사 감사가 《제가 바로 무능한 낙하산입니다》라는 공기업의 관행을 비판하는 책을 냈다. 책에는 부임 뒤 겪었던 황당한 사례들이 생생하게 담겨 있다.

"막 부임해 감사실 회의를 정례화하려니까 회의가 처음이라고 한다. 규정대로 하자고 했더니 전례가 없다고 한다. 뇌물수수 관련자들에게 파면, 해임, 정직 등의 중징계를 내렸더니 행정소송과 민사소송으로 맞섰다. 게다가 누군가의 투서로 감사원 특별조사본부의 특별감사까지 받아야 했다. 몸서리칠 만큼 처절하고 고독했다. 한마디로 '왕따' 신세였다." "나는 낙하산이 분명하다. 하지만 놀고먹으며 공기업을 말아먹는 무능한 감사가 아니라는 점을 입증하려고 무던히 애쓰고 있다."[22]

개혁작업을 관료사회에 맡기는 건 위험하다. 김대중 정부에서 청와대 경제수석을 지냈던 김태동 교수는 관료사회를 이렇게 진단했다. "고시로 출발해 관료생활을 수십 년째 하는 사람들은 동일직급에 있는 사람들끼리 승진경쟁이 치열하다. 당연히 자신의 안위와 입신문제에 신경을 써야 경쟁그룹에서 탈락하지 않는다. 따라서 구조개혁이 필요한 부문에 대한 의견을 관료집단에서 구하면 그 정권은 성공하기 어렵다."[23]

노무현 정부는 개혁작업을 관료사회에 기대서 하는 바람에 실패했다. 그럼 관료 말고 누가 이런 일을 할 수 있는가? 개혁진보진영이나 보수진영을 막론하고 한국에는 제대로 된 싱크탱크가 없다. 만들려는 노력도 부족하다. 노무현 정부는 삼성경제연구소의 머리를 빌렸다. 한나라당을 비롯한 정당의 정책연구소는 선거전략연구소에 가깝기 때문이다.

2004년 총선에서 국회 과반 의석을 차지했던 집권 열린우리당에도 정책연구원이 있었다. 부동산 값이 폭등해 노무현 정부와 열린우리당의 지지도가 바닥으로 추락해 버린 2006년 11월에 들어서야 정책연구원은 처음으로 학계의 전문가를 초청해 간담회를 열고 정책자료집을 냈다. 주제가 〈부동산가격 안정과 서민주거 안정을 위한 정책방안〉이었다.[24] 그나마 건설교통부의 방침에 대항한 환매조건부 분양 등의 정책이 이 자료집에 나온다. 즉 노무현 정부와 열린우리당의 부동산 정책은 건설교통부와 재정경제부의 관료들이 주도한 것이나 마찬가지다. 사정이 이러니 서슬 퍼런 정권 초기 시간이 지나면 다시 관료사회가 권력을 장악하는 것이다.

형식적인 국회 결산

공무원과 공기업은 우리나라에서 가장 커다란 이익집단이다. 이익집단은 자체 논리에 따라 움직이고 적절한 명분도 잘 내건다. 문제는 이들이 자기 호주머니 돈이 아니라 나라 돈을 쓴다는 점이다. 당연히 나라 돈을 썼으면 결산을 해야 한다. 작은 계모임을 해도 결산이 중요하다. 그러나 현재 국회 결산은 거의 형식만 남아 있다. 결산을 잘 해도 국회의원에게 돌아오는 건 없다. 언론이나 지역구민 누구도 주목하지 않는다. 다음에 올 떡에만 관심 있을 뿐이다. 솔직히 말해 건질 게 없는 장사를 누가 열심히 하겠는가? 이건 감사원 몫으로 넘어가는 것이다.

우리나라 예산낭비의 특징은 '컨벤션 센터'와 '보도블럭' 두 가지로 요약할 수 있다. 전국 지자체에서는 대형 전시장(컨벤션 센터) 건설 붐이 일고 있다. 국내의 전시·컨벤션 센터는 서울의 코엑스와 경기도의 킨텍스 등 모두 10곳에 달한다. 그런데 앞으로 대전과 인천에 2곳이 들어서고 신규로 건설을 추진하는 곳도 3~4곳이 넘는다. 그런데 서울 코엑스와 벡스코를 제외하고는 거의 모든 전시장이 적자를 면치 못하고 있다. 게다가 가동률이 50퍼센트에도 미치지 못하는 전시장이 여러 곳이다.

지난 2001년 문을 연 엑스코(대구)는 누적 적자액만 100억 원을 훌쩍 넘어섰다. 국제행사도 유치하지 못하고 있다. 현재는 임대료를 내려 전시회 등 유치경쟁을 하고 있다. 이런 상황인데도 지자체들은 먼저 '짓고 보자'며 정부에 손을 벌리고 있다. 한마디로 과잉투자다. 산자부의 한 관계자는 "각 지자체에서 너도나도 전시장을 짓거나 확장하려는 움직임을 보이고 있어 지방 전시장 난립이 우려된다"면서 "중앙정부 차원에서 규제할 권한이 없다"고 말한다.[25] 또 연말이 되면 연례행사처럼 멀쩡한 보도블럭을 갈아 끼운다. 예산을 해를 넘기지 않고 쓰기 위해서다. 그리고 보도블럭 공사는 단순한 공사라 비자금을 만들기에도 좋다. 기업이나 가계는 돈을 남기면 좋지만 공무원은 돈을 다 쓰지 못하면 다음 해 예산 배정에서 불이익을 받는다. 예산 심사 때마다 '예산 불용률'이 얼마인지 따지는 것이다. 보도블럭 교체가 너무 문제가 되자 건설교통부는 2007년 '보도블럭 전면 교체 주기 10년 제한' 지침을 만들어 지자체에 보냈다.

그런데 서울시는 2008년부터 2010년까지 5026억 원을 들여 시내 전체 보도 1635킬로미터 중 4대문안 중심도로와 자치구 주요도로 등 453킬로미터를 우선 정비하는 '서울 거리 르네상스 10개년 계획'을 발표했다. 이는 건교부의 지침에 맞지 않는다.[26]

'컨벤션 센터'와 '보도블럭'형 예산 낭비

보도블럭에 많은 예산을 투입하지만 디자인과 기능 면에서 걷고 싶은 거리는 얼마 되지 않는다. 울퉁불퉁하고 비가 오면 물이 고이는 보도가 많기 때문이다. 우리는 가장 기본적인 '거리'와 '걷는 길'을 잘 단장하지 못한다. 높고 크고 화려한 '컨벤션 센터'와 작고 일상적인 '보도블럭'은 우리 예산의 낭비실태를 상징한다.

서울 중구청이 2007년 말까지 숭례문 야간경비업체에 지급한 돈은 월 30만 원이었다. 하지만 그마저도 무상경비를 약속한 KT 텔레캅으로 바꿨다. 그리고 임진왜란과 6.25전쟁을 견뎌낸 숭례문은 한 노인의 방화로 불타버렸다. 참고로 중구청이 2007년 가로수를 소나무로 교체하기 위해 배정한 예산은 16억 원이었다.[27]

최근 국민들의 예산에 대한 관심이 부쩍 늘었다. 이로 인해 많은 제도가 개선되었다. 국회는 2004년부터 예산계수조정소위원회 회의록을 공개하고 있다. 국회 홈페이지에서 누구나 볼 수 있다. 그리고 국회방송은 예산 심의 과정을 그대로 보여준다. 비록 국회방송 시청률이 2007년 1월 현재 0.015퍼센트고, 스카이라이프 채널 79개 중 65위권에 머물고 있지만 관심을 가지면 충분한 정보를 얻을 수 있다.

기획예산처는 예산낭비신고센터를 운영하고 있다. 신고를 통해 예산을 절감할 경우 신고자에게 최대 3900만 원 한도에서 절감한 사업비의 10퍼센트를 포상금으로 지급한다. 예산절감으로 연결되지 못했더라도 상품권 등 사은품을 준다.[28] 2007년 1월 1일부터 시행하는 국가재정법에는 예산·기금의 불법지출에 대한 국민감시제도가 포함돼 있다. 예산 낭비를 막는 최선의 방법은 국민들이 예산을 자기 돈처럼 생각하게 만드는 일이다. 국민들이 예산을 자신의 돈으로 생각하면, 즉 자기의 이익과 직결된다고 생각하면 예산 배정에서부터 집행과 결산까지 깊은 관심을 보이게 될 것이다. 그렇기 때문에 서민층에게 대학등록금을 무이자로 대출하는 사업이나 장기전세주택 등과 같은 국민의 이해관계가 큰 우선 시행 사업 10개를 선정해서 예산을 배정하는 운동을 하는 것도 필요하다. 예산이 자기 호주머니의 돈처럼 느껴져야 국민들은 움직이는 법이다.

가장 뛰어난 마약견은 마약왕이 가지고 있다

예산낭비를 막는 가장 좋은 방법은 '내부고발'이다. '내부고발'이란 말이 어감이 좋지 않아 어떤 곳에서는 '공익고발'로 부르기도 한다. 모든 문제는 내부자가 제일 잘 알고 있는 것이다. 가장 좋은 마약견은 마약왕이 가지고 있다고 하지 않던가. 그들은 마약을 포장해서 마약견이 탐지해내면 탐지하지 못할 때까지 새로 포장한다고 한다.

조직 내부의 제보는 정확성과 신빙성이 높다. 당연히 효과도 좋다. 국고 환수액을 놓고 비교해보면 정확해진다. 2004년 내부 공익신고로 환수한 금액은 약 1328억 원인 반면 외부 신고로 환수한 금액은 약 17억 원으로 무려 78배의 차이를 보이고 있다.[29]

지난 2004년 9월, 건설기술연구원에 입사한 이모씨가 직장에서 처음 한 일은 출장비를 빼돌리는 일이었다. 신입직원인 그녀는 허위로 '출장기안서'를 작성해서 지급받은 출장비를 상사들에게 전달했다. 이런 일은 사후에 특별한 정산절차를 두지 않는 허술한 '공무원 여비규정' 때문에 발생했다. 이씨는 고민 끝에 내부 감사실에 진정서를 제출했지만 감사는 형식적으로 끝났다. 돌아온 것은 동료들의 집단적인 따돌림이었다. 국가청렴위 조사 결과 이 연구소는 2004년 10월부터 21개월 동안 직원 318명이 모두 1235건의 국내 출장을 거짓으로 신고해 출장비 4억 8000만 원을 횡령한 것으로 밝혀졌다. 이씨는 "지금은 사기업에 다니는데 일반 기업에서는 상상할 수 없는 일들이 국가기관에서는 일어나고 있다"고 말했다.[30]

그런데 국가기관뿐 아니라 일반기업에서도 상상할 수 없는 일들이 일어난다. 기업의 비리를 밝혀내는 데도 임직원의 내부고발이 절대적인 역할을 한다. 그러나 미국에서도 내부고발을 한 임직원 중 82퍼센트가 회사로부터 해고 압박을 받거나 사내에서 따돌림을 당하는 등 불이익을 받는 것으로 드러났다.[31] 이러한 문제로 공익신고자의 부패행위 신고는 2002년 137건에서 2003년 113건, 2004년 75건, 2005년 91건, 2006년 89건으로 노무현 정부 들어 오히려 줄어들었다.[32] 한국에서 내부고발자는 조직의 배신자다. 이 배신자는 연고와 인정으로 뭉친 조직이 철저하게 응징한다. 사회와 대중은 응징당하는 내부고발자를 방관한다. 감사원의 내부 비리를 고발했다가 파면당하고 이후 10년간 법정투쟁을 벌이며 '지옥'과 같은 생활을 해온 현준희 씨는 최근 '국민일보'와의 인터뷰에서 "다시 그 때로 돌아간다면 절대 내부고발은 하지 않을 겁니다"라고 말했다.

지난 2003년 우리신용정보 직원으로 내부 고발을 했던 김승민 씨 역시 회사에서 쫓겨난 건 물론이고 법정투쟁 비용을 대느라 수천만 원의 빚까지 졌다. 그는 "누가 내부고발 문제로 고민하고 있다면 절대 하지 말라고 말리고 싶습니다"라고 말했다.[33] 그러니 내부 고발자가 겪는 쓴 맛보다 더 많은 보상과 대가를 주는 제도를 만들고 실천해야 한다.

열린우리당 정성호 의원은 2005년 국정감사 정책자료집《공익제보자 보호제도》에서 민간단체와 기업의 공익제보자를 보호할 수 있도록 〈공익제보자 보호법〉 제정을 제안했다.[34]

미국은 1986년에 내부 고발자 보호와 보상을 규정한 〈부정청구법FCA〉을 개정해 강력한 현금보상과 함께 내부고발자를 해고하거나 괴롭히지 못하도록 보호하고 있다. 이 법으로 2005년도 미국 연방정부가 부패행위(사기계약)로부터 환수한 금액은 10억 달러 이상에 달한다. 이는 2005년 미국 정부의 지출예산 4만 5700억 달러의 0.02퍼센트 이상에 해당하는 금액이다. 우리나라의 2006년도 환수액은 총 10억 3700만 원으로 동년 중앙정부 총 지출예산 224조 1082억 원의 0.00004퍼센트에 불과하다.[35]

우리나라도 2005년 12월 30일 〈부패방지법〉을 개정하여 부패행위를 신고하면 보상금을 최고 20억 원까지 받을 수 있도록 지급기준을 대폭 올렸다. 그러나 보상건수와 금액은 〈부패방지법〉을 시행한 2002년부터 2006년까지 총 44건에 5억 2630만 원에 불

과했다. 이 정도로는 내부고발을 감행할 만큼 충분한 동기 부여
를 하기 어렵다.

한나라당은 17대 대통령선거에서 '예산 20조 원 절감과 균형
재정'을 공약으로 내세웠다. 2009년 기준으로 예산의 10퍼센트
상당인 20조 원을 절감한다는 것이다.[36] 그리고 이명박 정부는 공
약대로 예산의 10퍼센트를 줄이고 연기금의 경비도 같은 비율로
줄이겠다고 한다. 이 돈으로 법인세 등의 세금을 줄여 영어교육
강사 등 새로운 재정수요를 충당한다는 것이다. 문제는 줄인 돈
을 어디에 쓰는가다.

앞으로 늘어날 복지 및 교육재정의 수요를 감안하면 정부재정
의 낭비와 손실을 막는 일은 반드시 추진되어야 한다. 예산 낭비
는 예산의 속성이지만 결코 숙명일 수 없다. 그리고 정치인과 공
무원에게 이 일을 모두 맡길 수도 없다. 많은 사람이 관심을 가지
면 가질수록 예산은 그동안 가려졌던 '공익'이라는 아름다운 모
습을 드러낼 것이다.

1 유신재, 〈'바르게 살자' 돌멩이 훈시하자고 24억?〉, 《한겨레》, 2007년 8월 20일.

2 장석범, 〈경찰청장 취임 때마다 현판교체로 '혈세 5억'〉, 《문화일보》, 2008년 1월 28일.

3 홍범택, 〈정년 앞둔 공무원 연간 2639명 안방근무, 연 1500억 원 낭비〉, 《내일신문》, 2007년 8월 31일.

4 길진균, 〈재정자립 15% 안 되는 65곳 중 44명이 3000만 원 넘는 차 탄다〉, 길진균, 〈시골 군수님도 '장관급 차' 번쩍 번쩍〉, 《동아일보》, 2007년 4월 27일.

5 〈이명박 "예산 20조 줄일 비책 있다"〉, 《매일경제신문》, 2007년 2월 3일,

6 김수언, 〈"D등급은 지원 늘리고 A 등급은 되레 삭감"〉, 《한국경제》, 2007년 11월 14일.

7 〈반환 미군기지 첫 공개 …… 캠프 에드워드 2만㎡ 오염〉, 《연합뉴스》, 2007년 12월 20일.

8 〈청탁 때문에 밥도 못 먹을 지경〉, 《굿데이》, 2004년 9월 30일.

9 배성규, 〈국회 예결소위 6조 원대 로비전〉, 《조선일보》, 2007년 11월 21일.

10 김종윤, 〈총선 '선심예산' 4500억 원 늘었다〉, 《중앙일보》, 2008년 2월 5일.

11 박병률, 〈내년 지역 SOC 예산 크게 늘렸다〉, 《국제신문》, 2007년 12월31일.

12 이기환, 〈국보·보물 65% '실측도면' 없다〉, 《경향신문》, 2008년 2월 14일.

13 이재명, 〈서울시 간부 공무원들 나랏돈으로 직원 경조사비〉, 《한겨레》, 2007년 10월 9일.

14 양성욱, 〈각 부처 특수활동비 올 8000억 돌파〉, 《문화일보》, 2007년 10월 24일.

15 홍석준, 〈현 정부, 5년새 558번 정부조직 늘려〉, 《조선일보》, 2008년 1월 30일.

16 장강명, 〈2002년 말~2007년 6월 지자체 246곳 정원 분석〉, 《동아일보》, 2008년 1월 26일.

17 김태현, 〈부산인구 연 2만~5만 명 줄어드는데 공무원 숫자는 되레 13%나 늘어〉, 《한국경제》, 2008년 1월 26일.

18 〈공무원 총인건비 5년간 8조 늘어난다〉, 《내일신문》, 2008년 10월 10일.

19 전수용, 〈공공기관장 연봉잔치, 노무현 정부 4년간 평균 45% 급증〉, 《조선일보》, 2007년 10월 31일.

20 〈신은 왜 이들에게만 내려주나〉, 《동아일보》, 2007년 3월 17일.

21 〈동아일보 "공공기관 낙하산 인사 비판"에 대한 반박〉, 《국정브리핑》, 2007년 3월 22일.

22 〈"나는 낙하산 …… 하지만 놀고먹지는 않는다"〉, 《한겨레》, 2007년 3월 26일.

23 〈정권이 떠들어도 시간은 간다〉, 《이코노미스트》, 923호, 2008년 2월 5일, 20쪽.

24 열린정책연구원, 《부동산가격 안정과 서민주거 안정을 위한 정책방안》, 2006년 11월 23일.

25 윤성철, 〈전국 지자체 전시컨벤션센터 신설·확장경쟁 '과잉투자' 우려〉, 《부산일보》, 2007년 5월 3일.

26 김성배, 〈서울시 보도정비, 건교부와 갈등 예고〉, 《내일신문》, 2007년 12월 18일.

27 김종민, 〈중구청, 영화제와 구청장 홍보에 '돈 펑펑' …… 숭례문 관리엔 '짠돌이'〉, 《뉴시스》, 2008년 2월 12일.

28 〈'혈세 지킴이' 그대들 있으매〉, 《한겨레》, 2007년 3월 6일.

29 한국행정연구원, 《국가경쟁력 제고를 위한 부패문제 해소방안 연구》, 2005년, 78쪽.

30 김현경, 〈출장비 도둑질 내부고발, 돌아온 건 '집단 따돌림'〉, 《내일신문》, 2007년 10월 15일.

31 김승범, 〈기업 비리 내부 고발 임직원 82%가 해고·따돌림 당했다〉, 《조선일보》, 2008년 1월 26~27일.

32 국가청렴위원회, 《공익신고자 보호·보상제도 안내》, 2007년, 5쪽.

33 〈강준만 칼럼, 내부고발 죽이기〉,《한국일보》, 2006년 10월 24일.

34 국회의원 정성호,《2005년 국정감사 정책자료집, 공익제보자 보호제도》, 79쪽.

35 〈미국의 내부자 '예산유용 및 낭비신고' 보상 내용〉,《국회예산정책처》, 조사·분석 회신, 2007년 3월 1일.

36 한나라당,《제 17대 대통령선거 한나라당 공약집, 일류국가 희망공동체 대한민국》, 2007년, 북마크, 61쪽.

경제경영 자기계발 [자기관리] 가슴 두근거리는 삶을 살아라 [리더십과 경영전략] 서번트 리더십 서번트 리더십 2 First Break All the Rules 개인과 회사를 살리는 변화와 혁신의 원칙 공병호의 이런 간부 는 사표를 써라 이런 사원은 사표를 써라 피터드러커, CEO의 8가지 덕목 길을 묻는 리더를 위한 리더십 지도 산실 - 세상을 얻는 비즈니스 경쟁력 경영의 시선으로 미래를 생각하다 설득의 리더십 잘나가는 기업, 남다른 경영 도요타처럼 생산하고 관리하고 경영하라 도요타 개선력 도요타 초일류 경영 도요타 초일류를 만드는 조직문화 회사의 운명을 바꾸는 회의 혁명 30분 **마케팅·부동산·문학** [마케팅과 고객관리] CRM과 짜장면 배달 죽은 CRM 다시 살리기 로그분석과 e-CRM 시장에서 승리하는 마케팅의 기술 방문판매기술 고객의 마음을 사로잡는 DM&편지 유혜선의 당당한 서비스 블루스타킹 - 잠자는 카리스마에 키스하라 [만화] 혼자서도 잘 할 수 있는 만화 부동산 경매 첫걸음 초보자도 잘 할 수 있는 만화 가치투자 금융에서 주식까지 낄낄깔깔 만화 부동산 권리분석 [주식] 가치투자 주식황제 존네프처럼 하

독자들을 먼저 생각하는 정직한 출판

시대의창
BEST BOOKS
정치·사회 도서목록
2008

시대의창

경제경영 자기계발 [자기관리] 가슴 두근거리는 삶을 살아라 [리더십과 경영전략] 서번트 리더십 서번트 리더십 2 First Break All the Rules 개인과 회사를 살리는 변화와 혁신의 원칙 공병호의 이런 간부 는 사표를 써라 이런 사원은 사표를 써라 피터드러커, CEO의 8가지 덕목 길을 묻는 리더를 위한 리더십 지도 산실 - 세상을 엄는 비즈니스 경쟁력 경영의 시선으로 미래를 생각하다 설득의 리더십 잘나가는 기업, 남다른 경영 도요타처럼 생산하고 관리하고 경영하라 도요타 개선력 도요타 초일류 경영 도요타 초일류를 만드는 조직문화 회사의 운명을 바꾸는 회의 혁명 30분 **마케팅·부동산·문학** [마케팅과 고객관리] CRM과 짜장면 배달 죽은 CRM 다시 살리기 로그분석과 e-CRM 시장에서 승리하는 마케팅의 기술 방문판매기술 고객의 마음을 사로잡는 DM&편지 유혜선의 당당한 서비스 블루스타킹 - 잠자는 카리스마에 키스하라 [만화] 혼자서도 잘 할 수 있는 만화 부동산 경매 첫걸음 초보자도 잘 할 수 있는 만화 가치투자 금융에서 주식까지 낄낄깔깔 만화 부동산 권리분석 [주식] 가치투자 주식황제 존네프처럼 하

새로운 사회를 여는 희망의 조건

새로운사회를여는연구원 지음 | 424쪽 | 16,000원

노동자, 농민, 대학생, 자영업인! 신자유주의의 고단한 일상을 부수고 희망을 만들어갈 우리의 미래다!
'97년 체제' 를 거치며 비뚤어져가고 있는 한국 경제의 지배구조와 산업 구조를 적나라하게 보여준다. 그리고 누가 경제 민주화를 향한 대안실현의 주체로 서야 하는지 이야기한다.

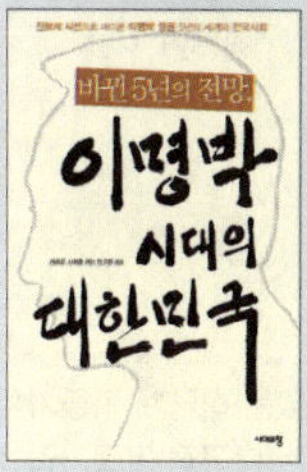

이명박 시대의 대한민국

새로운사회를여는연구원 지음 | 296쪽 | 13500원

진보의 시선으로 내다본 이명박 정권 5년의 세계와 한국사회
17대 대선에서 나타난 민심의 향방과 진보의 희망, 미국을 비롯한 세계 경제 변화 속에서 내다보는 한국 경제의 전망 등 우리 사회의 12개 분야별 핵심 의제를 분석하여 앞으로의 전망을 보다 구체화했다.

● 만화로 보는 현대사 인물 시리즈

만화 전두환 1, 2

백무현 지음 | 각 227쪽, 203쪽 | 9,900원

만화로 보는 전두환 공화국, 피로 얼룩진 엽기의 현대사
1979년 12·12 하극상 반란부터 전두환, 노태우 전직 대통령이 구속되는 15년간의 현대사를 다루었다. 12·12사태, 5·17쿠데타, 5·18광주민중항쟁, 6월 항쟁, 전·노 구속 사태 등 대한민국 현대사에 큰 획을 그은 굵직한 사건들과 그 이면에 숨어 있는 권력의 음모를 집요하게 파헤쳤다.

만화 박정희 1, 2

백무현 지음 | 각 220쪽, 202쪽 | 9,900원

왜곡된 신화, 영웅인가 기회주의자인가
박정희의 출생부터 10·26까지 굴절된 한국 현대사를 짚어보고 박정희의 친일행각과 군부독재의 잔악상을 폭로했다. 만주군관학교 입교 과정, 남로당 입당과 배신, 5·16 군사 쿠데타, 인혁당 사건, 김형욱 실종 사건, 부마민중항쟁 등을 여과 없이 그려냈다.

한미FTA, 하나의 협정 엇갈린 '진실'
이해영 · 정인교 지음 | 372쪽 | 15,000원

한미 자유무역협정, 우리 삶을 어떻게 바꿔놓을 것인가
한미FTA 찬반 양 진영에서 가장 활발하게 활동하고 있는 대표선수 두 명(정인교-인하대 경제학부 교수 vs 이해영-한신대 국제관계학부 교수)이 총 20시간에 걸쳐 맞짱토론을 벌였다. 찬반의 시각에서 바라본 한미FTA의 개괄적인 요점 정리를 시작으로 총 세 파트로 구성되어 있다.

누가 우리의 밥상을 지배하는가
브루스터 닌 지음 | 안진환 옮김 | 432쪽 | 16,500원

밥상을 내주는 것은 목숨을 내주는 것이다
ADM과 함께 전 세계 곡물시장의 75%를 점유하고 있는 미국계 곡물기업 카길의 사업에 대한 분석과 비판을 담았다. 저자는 다국적 곡물기업 카길이 각국의 식량주권 지배를 꾀하고 있음을 알리고 식량주권의 잠식이 얼마나 무서운 일인지 경고한다.

차베스, 미국과 맞짱뜨다
베네수엘라 혁명 연구모임 지음 | 288쪽 | 12,000원

베네수엘라의 혁명적 변화와 그 중심에 있는 차베스 대통령
미 제국주의와 자본주의를 넘어 21세기 사회주의로 향하는 베네수엘라와 이 혁명적인 변화를 이끄는 차베스 대통령의 도전의 역사를 그렸다. 저자들은 남미는 물론 전 세계적으로 반미 활동의 선봉장으로서 외교 활동을 활발히 벌이는 차베스의 모습을 생생하게 보여준다.

모던 지하드 ; 테러, 그 보이지 않는 경제
로레타 나폴레오니 지음 | 이종인 옮김 | 544쪽 | 18,000원

테러의 정치사회적 신비함 뒤에 존재하는 보이지 않는 경제를 들춰내다
'테러'에 대해 우리의 상상을 뛰어넘는, 그 이면을 파헤쳐 보여주고 있다. 또 테러하면 떠오르는 정치, 사회, 종교적 사고의 틀을 벗어나 경제적 관점에서 테러를 분석했다.

아라비안나이트
리처드 F. 버턴 지음 | 김하경 옮김 | 350면 내외 | 전5권 49,000원

재미와 속도를 배가한 천일야화
2만 매에 이르는 리처드 F. 버턴의 방대한 영역본을 7,000매(전5권)로 편역하여(내용을 모두 수록하되 과감하게 문장의 군살을 빼고, 의미반복 부분을 축약하고, 구성을 새롭게 다듬어) "누구나 쉽고 재미있게 읽을 수 있도록" 새롭게 재구성하였다. 가장 스피디하고 흥미진진한 '아라비안나이트'를 접할 수 있을 것이다.

국새 1, 2
이봉원 지음 | 각 246쪽, 210쪽 | 7,500원

잃어버린 국새를 찾아라
한국전쟁 중에 분실된 것으로 알려진 대한민국 임시정부 국새와 임시정부 27년의 역사를 기록한 문헌들이 발견되며 벌어지는 사건들을 그린 가상 역사소설이다. 이야기는 2005년 임시정부의 국새와 문헌이 중국 베이징 류리창 골동상가에서 발견됐다는 소식이 언론에 보도되는 것으로 시작된다.

(근간) 소설 녹두 전봉준
송기숙 지음 | 총 12권 | 가격 미정

봉건조선의 심장을 꿰뚫은 민중의 분노
조선 말기, 외세의 압력과 경제적 파탄이라는 역사적 속박과 봉건관료·토호의 수탈로 한계 상황에 직면한 농민들은 급진적 정치개혁을 요구하며 갑오동학 농민전쟁을 일으킨다. 그 중심에 있었던 녹두장군 전봉준의 삶이 13여 년에 걸친 답사와 방대한 사료를 통해 생생하게 되살아난다.

[부록]
《녹두장군》을 읽은 문학·역사학계 인사가 풀어내는 삶의 이야기와 작품을 깊이 이해하는 데 도움이 되도록 인명사전, 동학일지, 어휘풀이를 함께 수록했다.

* 세트를 구입하시는 독자께 증정합니다.

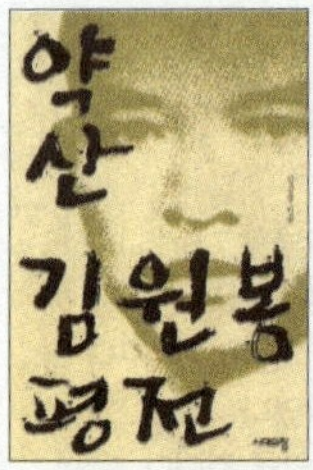

약산 김원봉 평전
김삼웅 지음 | 656쪽 | 16,500원

아직도 '해방' 되지 못한 20세기 최고의 독립운동가
우파의 김구 선생과 함께 만주 지역의 대표적인 독립운동 지도자였음에도 불구하고 남과 북, 모두에게 배척받았던 약산 김원봉 선생의 삶을 재조명해냈다. 이 책은 기존의 어떤 책보다도 약산 김원봉을 심도 있게 다룬 평전다운 최초의 평전이라고 할 수 있다.

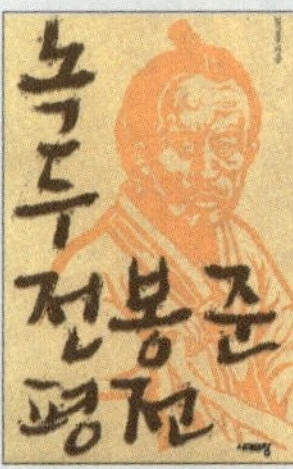

녹두 전봉준 평전
김삼웅 지음 | 565쪽 | 16,500원

한국 근대사의 걸출한 지도자, 녹두 전봉준
1894년 고부에서 일어나 이듬해 3월 처형되기까지 전봉준이 진두지휘한 동학농민전쟁을 통해 19세기 말 이 땅의 민중이 어떻게 역사의 구심점으로 떠올랐는지를 보여준다.

단재 신채호 평전
김삼웅 지음 | 516쪽 | 16,500원

민족적 양심을 지키며 살다 간 고결한 혁명가
독립운동가로서 험난한 길을 걸었던 단재 신채호 선생에 대한 다양한 해석과 비판을 실었다. '역사'에만 시선을 고정한 채 의롭고 고결한 인생을 살다 간 신채호 선생의 강인한 면모를 확인할 수 있을 것이다.

백범 김구 평전
김삼웅 지음 | 628쪽 | 16,500원

백범의 진면목을 총체적으로 보여준 노작
백범 김구 선생의 생애와 사상을 시간적인 전후 맥락에 맞추어 '평전'의 형식으로 재구성했다. 백범 김구를 자연인, 혁명가, 정치인, 교육자, '문화주의' 신봉자 등 다양한 시점에서 분석했다.

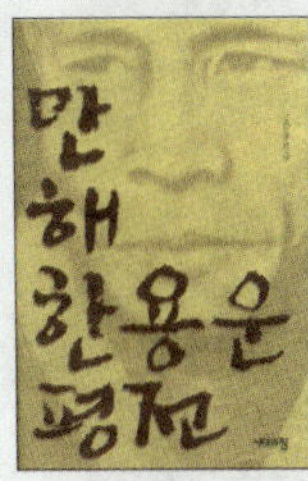

만해 한용운 평전
김삼웅 지음 | 627쪽 | 16,500원

고난의 민족사와 함께 한 애국지사
독립투사로서, 실천적 종교가로서, 시인이자 소설가로서의 파란만장한 삶을 살았던 만해 한용운 선생을 찬찬히 조명했다. 다양한 정체성만큼이나 많은 활동을 벌이며 조국의 독립을 위해 투쟁한 만해 한용운의 행적과 사상을 엿볼 수 있다.

씨알 함석헌 평전
이치석 지음 | 664쪽 | 16,500원

인간 함석헌, 언론인 함석헌, 사상가 함석헌을 오롯이 관조할 수 있는 평전다운 최초의 평전
함석헌의 삶과 사상을 입체적으로 조명하였고 연대기적 순서를 바탕으로 객관적인 역사 사실의 서술뿐 아니라 철학적·종교적 심리변화 과정을 상세하게 분석하였다.

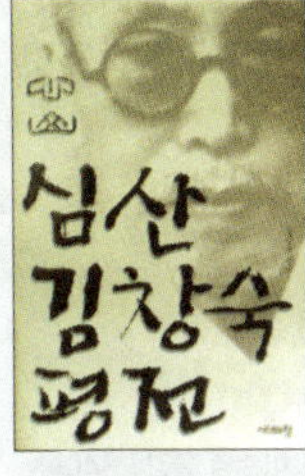

심산 김창숙 평전
김삼웅 지음 | 538쪽 | 16,500원

항일 투쟁과 민족통일운동에 바친 참선비의 삶
일제 강점기에는 항일 투쟁을 벌이고, 해방 뒤에는 치열하게 반독재 민족통일운동을 벌인 심산 김창숙. 그는 일제의 감옥에서 모진 고문 끝에 두 다리가 마비되어 평생토록 앉은뱅이로 삶을 보냈다. 올곧은 선비정신으로 반외세·반분단·반독재 투쟁에 앞장서온 그의 삶을 되돌아보았다.

임종국 평전
정운현 지음 | 628쪽 | 16,500원

임종국 선생의 생애와 저술 활동, 사상에 대한 총체적 해설
친일 청산의 기회를 마련한 임종국 선생의 생애와 저술 활동, 사상에 대한 총체적 해설을 담은 평전이다. 정운현 친일반민족행위진상규명위원회 사무처장이 친일 연구에서 얻은 자료 그리고 선생의 주변 인물들과의 인터뷰를 통해 얻은 자료들을 가지고 생동감 넘치게 엮었다.

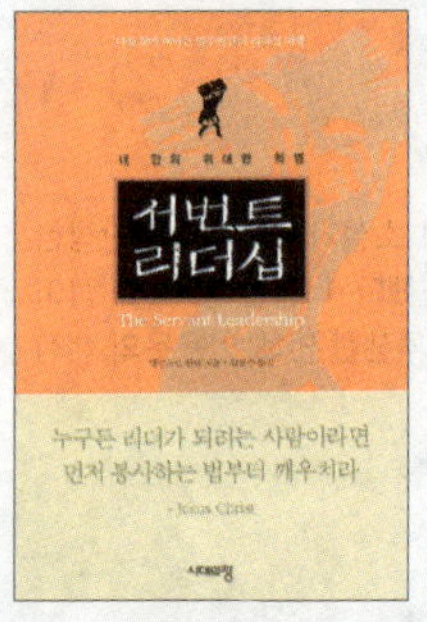

서번트 리더십

제임스 C. 헌터 지음 | 김광수 옮김 | 264쪽 | 10,500원

변함없는 리더십의 유일한 원칙은 "서번트"
회사와 가정에서 위기에 직면한 주인공이 삶의 전기를 찾아 한 수도원으로 떠나고 그곳에서 전설적인 CEO 렌 호프만이 운영하는 '리더십 세미나'를 통해 새로운 삶의 자세와 인간관계의 원칙들에 눈떠가는 과정을 소설 기법으로 그려냈다. 여정의 길목을 짚어가듯 리더십의 핵심 개념들을 하나하나 짚어감으로써 진정한 리더십의 본질을 깨우쳐준다.

서번트 리더십 2

제임스 C.헌터 지음 | 김광수 옮김 | 263쪽 | 12,000원

갈등을 해결하고 통합을 이루는 인간관계의 리더십
상사와 관리자를 코치와 조언자로 변모시키는 '엄격하면서도 부드러운' 리더십 접근법을 상세히 소개한다. 전작에 비해 훨씬 더 많은 정보와 체계화된 개념 설명으로 독자들에게 쉽게 다가가고 있으며 리더십의 이론적 영역뿐 아니라 현실적인 실천방안까지 포괄적으로 다루었다.

피터 드러커, CEO의 8가지 덕목

요람 제리 윈드, 프레드문트 말리크, 피터 드러커 지음 | 이수영 옮김 | 340쪽 | 16,500원

시대를 이끌어갈 '보수주의적 가치' 와 '효율적 경영' 을 위한 제언
피터 드러커와 그의 사상과 철학, 경영방침 등을 통해 기업을 경영하거나 연구하고 있는 학자들이 모여 만든 이 책은 보수주의적 가치와 효율성에 관한 16편의 에세이, 그리고 피터 드러커와의 인터뷰를 실었다. 피터 드러커는 이 책에서 경영의 기본 가치이자 리더가 갖추어야 할 효율적인 경영을 위한 8가지 덕목을 설명했다.

통일, 우리 민족의 마지막 블루오션
전상봉 지음 | 448쪽 | 15,000원

남과 북 그 만남의 역사, 희망을 위한 발걸음
통일은 반드시 이뤄야 할 과업이라는 것을 전제로 분단된 우리의 현대사, 남과 북의 통일을 위한 노력들 그리고 통일을 이루기 위해 우리 앞에 놓인 과제들을 짚어나갔다.

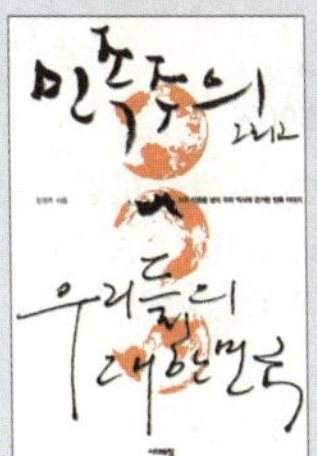

민족주의 그리고 우리들의 대한민국
민경우 지음 | 272쪽 | 12,000원

현대를 사는 우리에게 '민족' 이란 무엇인가를 심도 있게 고찰
통일 문제에서 가장 기본이 되는 민족·민족주의 문제를 세계적인 보편성과 접목하여 생각한 다음, 통일 문제 해결 과정에서 창출될 역동적 에너지를 사회경제적인 개혁, 동북아시아 평화, 탈근대적 전망의 실현 등에 맞춰 다각도로 분석했다.

대한민국에서 반드시 알아야 할 노동법 130
김동재 지음 | 456쪽 | 18,000원

행복한 직장경영을 위한 기초교본
'대한민국 노동법' 다시 공부하기
보통사람들을 위한 노동법 공부 교재다. 130가지 키워드로 핵심만 뽑았으며, 저자가 노동현장 일선에서 수행한 숱한 상담과 자문을 통해 축적한 자료를 토대로 알기 쉽고 명료하게 구성했다.

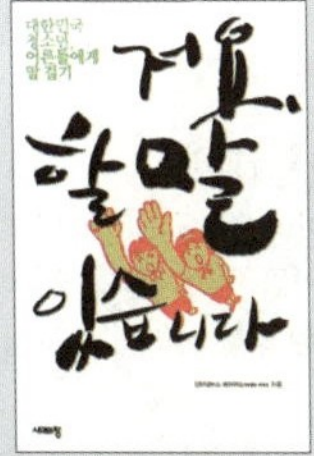

저요, 할 말 있습니다
인터넷뉴스 바이러스 지음 | 319쪽 | 12,900원

대한민국 청소년, 어른들에게 말 걸다
인터넷뉴스 《바이러스》 기자들이 '우리 사회의 희망이자 미래' 인 청소년들의 삶의 현장을 2년간 발로 뛰며 취재한 내용을 담았다. 청소년이 '우리 사회의 주인' 임을 당당하게 밝히면서 그들을 '미성숙한 존재' 로 대우하는 학교와 사회를 비판한다.

새로운 사회를 여는 상상력
김문주, 김병권, 박세길, 손석춘, 정명수 지음 | 375쪽 | 13,000원

생활인이 꿈꾸는 한국 사회의 진보적 대안
'새사연'을 준비하고 결성한 100인 가운데 초기 준비위원들이 '새로운 사회'를 주제로 연 좌담을 생생하게 담았다. 경제, 통일, 정치로 나누어 새로운 사회의 구체적 윤곽을 제시했고, 좌담의 끝에는 '새사연'을 창립 하기까지의 과정을 담담하게 담았다.

베네수엘라, 혁명의 역사를 다시 쓰다
김병권 , 손우정, 안태환, 여경훈, 이상동 지음 | 502쪽 | 16,500원

새로운 역사를 쓰고 있는 베네수엘라의 역동적인 혁명의 바람
혁명적 대통령 차베스가 이끄는 '베네수엘라 혁명'의 외면적 모습과 내 면적 실체를 면밀히 파악한 이 책은 우리에게 미국의 패권에 당당하게 맞서는 대안은 무엇일지 생각할 기회를 제공한다.

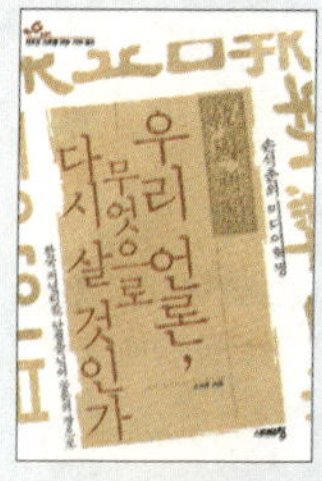

우리 언론, 무엇으로 다시 살 것인가
손석춘 지음 | 167쪽 | 8,900원

진정한 언론개혁의 시작, '해방공론장'
언론개혁의 시대적 의미와 언론 위기의 실체를 파헤치고 올바른 언론개 혁을 위한 대안을 내놓았다. 이를 통해 '개인으로서의 공중이 토론하고 논의하여 여론을 형성하는 마당'이라는 의미를 갖고 있는 해방공론장을 제시한다.

우리 농업, 희망의 대안
박세길 지음 | 200쪽 | 8,900원

우리나라의 지속 가능한 농업을 위한 설득력 있는 대안
21세기 산업 전반에 걸친 사회 변화와 강대국 사이에 낀 우리나라의 내 · 외부적 상황을 종합하여 우리 농업의 올바른 대안을 이야기한다. 저 자는 '국민 모두가 당사자가 되는 국민농업' '신자유주의를 넘어서는 지 속 가능한 국민농업' 이렇게 두 가지를 제창하고 있다.

촘스키, 세상의 물음에 답하다 1, 2, 3

노엄 촘스키 지음 | 피터 미첼 & 존 쇼펠 엮음 | 이종인 옮김 | 각 307쪽, 287쪽, 305쪽 | 11,000원

지배권력의 '금기' 를 까발리는 촘스키와의 대화, 10년의 기록
촘스키가 지난 10년 동안 간담회, 연설회, 세미나 등을 통해 '세상' 의 물음에 답한 내용들 중 촘스키 사상의 고갱이와 세상을 읽는 통찰의 큰 줄기를 보여주는 것들을 모아 엮었다.

시대의 양심 20인, 세상의 진실을 말하다

노엄 촘스키 지음 | 강주헌 옮김 | 389쪽 | 15,000원

노엄 촘스키, 하워드 진, 에드워드 사이드 등의 외침
인터뷰의 대가 데이비드 바사미언은 1997년부터 진보 성향의 잡지인 《더 프로그레시브》에서 인터뷰를 진행했다. 이 책은 그 인터뷰들 중에서 20개를 뽑아 한데 모은 책이다. 인터뷰 대상자들은 노엄 촘스키, 하워드 진, 에드워드 사이드 등을 비롯하여 학자, 작가, 영화배우, 언론인 등이다.

야만의 주식회사 G8을 말하다

노엄 촘스키, 수전 조지 외 19인 지음 | 이종인 옮김 | 387쪽 | 15,000원

소수의 탐욕을 위해 다수의 희생을 강요하는
그들만의 '신자유주의' 그 허울을 발가벗긴다
노엄 촘스키, 수전 조지 등 진보적인 저술가와 활동가 21명이 오만방자한 G8의 악행을 조목조목 따진다. 또 신자유주의, 자유무역 같은 '좋은' 단어들이 그 추악한 본모습을 얼마나 교묘하게 숨기고 있는지를 폭로한다.

(근간) 촘스키, 그가 꿈꾸는 세상

볼프강 B. 스펄리크 지음 | 강주헌 옮김 | 약 260쪽 | 약 12,000원

'거대한 촘스키의 산맥' 을 보여주는 가장 완벽한 안내서
여러 분야에 걸친 촘스키 사상과 학문의 정수를 일목요연하게 보여주는 책이다. 그동안 많은 사람들이 저마다의 관심 분야에서 '작은 촘스키' 만을 만나왔다면 이 책으로 인해 마침내 '거대한 촘스키의 산맥' 을 만나게 될 것이다.

우석훈, 이제 무엇으로 희망을 말할 것인가

우석훈 · 지승호 지음 | 312쪽 | 13,500원

나는, 너는, 그리고 우리는 이제 무엇으로 희망을 말할 것인가
우석훈은 전업 인터뷰어 지승호와의 인터뷰를 통해 일그러진 욕망으로
빚어진 시장만능시대의 절망과 그 절망을 씨앗으로 삼은 희망이 무엇인
지를 말한다. 시가 죽어버린 자리에 개발복음만 넘쳐나는 한국 사회의 현
실을 때로는 날카롭게 때로는 심드렁하게 그리고 명랑하게 이야기한다.

장하준, 한국경제 길을 말하다

장하준, 지승호 지음 | 303쪽 | 13,500원

장하준, '편리한 거짓'에 맞짱뜬 '불편한 진실'의 메신저
"어떻게 하면 더 많은 사람들의 삶이 나아질까?" "얽히고설킨 우리 사회
의 갈등을 풀고 깊을 대로 깊어진 상처를 치유하는 실현가능한 대안은
뭘까?"에 초점을 맞춘 장하준과 지승호의 적나라한 대화록이다.

하나의 대한민국, 두 개의 현실

지승호 지음 | 344쪽 | 13,500원

대한민국 7인의 지성, 90%의 약자를 위한 참 정치를 말하다
대한민국의 내로라하는 7인의 지성으로부터 우리 사회 안에 존재하는
두 개의 가치관 그리고 그 가치관의 충돌로 나타나는 사회 현상에 대한
의견을 들어봤다. 한국 사회의 핵심적인 쟁점들에 대한 솔직하고 적나라
한 대화록이다.

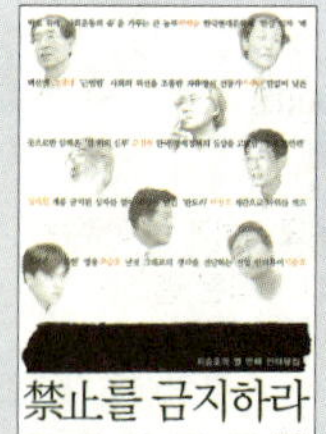

금지를 금지하라

지승호 지음 | 376쪽 | 13,500원

禁止와 差別에 반역한 사람들과의 대화록
2005~2006년에 벌어진 우리 사회의 중요한 사건들의 속내를 인터뷰
를 통해 속시원히 밝혔다. 정치 · 경제 · 사회(언론) · 문화를 통틀어 논란
이 되었고, 지금까지 그 실체가 왜곡되어 있거나 시시비비가 분분한 문
제들을 정면으로 다루고 있다.